本书由
中央高校建设世界一流大学（学科）
和特色发展引导专项资金
资助

 中南财经政法大学"双一流"建设文库

创 | 新 | 治 | 理 | 系 | 列

我国《民法典》编纂中的法律资源选择

麻昌华等 著

长江出版传媒
湖北人民出版社

图书在版编目(CIP)数据

我国《民法典》编纂中的法律资源选择/麻昌华等著.
武汉：湖北人民出版社,2019.12
ISBN 978-7-216-09926-4

Ⅰ.我… Ⅱ.麻… Ⅲ.民法—研究—中国 Ⅳ.D923.04

中国版本图书馆 CIP 数据核字(2020)第 018637 号

责任编辑：余兆伟
封面设计：陈宇琰
　　　　　张　弦
责任校对：范承勇
责任印制：王铁兵

我国《民法典》编纂中的法律资源选择
WOGUO MINFADIAN BIANZUAN ZHONG DE
FALU ZIYUAN XUANZE

麻昌华等 著

出版发行：湖北人民出版社	地址：武汉市雄楚大道268号
印刷：武汉首壹印务有限公司	邮编：430070
开本：787毫米×1092毫米 1/16	印张：18.5
字数：310千字	插页：2
版次：2021年5月第1版	印次：2021年5月第1次印刷
书号：ISBN 978-7-216-09926-4	定价：68.00元

本社网址：http://www.hbpp.com.cn
本社旗舰店：http://hbrmcbs.tmall.com
读者服务部电话：027-87679656
投诉举报电话：027-87679757
（图书如出现印装质量问题，由本社负责调换）

总　序

"中南财经政法大学'双一流'建设文库"是中南财经政法大学组织出版的系列学术图书,是学校"双一流"建设的特色项目和重要学术成果的展现。

中南财经政法大学源起于1948年以邓小平为第一书记的中共中央中原局在挺进中原、解放全中国的革命烽烟中创建的中原大学。1953年,以中原大学财经学院、政法学院为基础,荟萃中南地区多所高等院校的财经、政法系科与学术精英,成立中南财经学院和中南政法学院。之后学校历经湖北大学、湖北财经专科学校、湖北财经学院、复建中南政法学院、中南财经大学的发展时期。2000年5月26日,同根同源的中南财经大学与中南政法学院合并组建"中南财经政法大学",成为一所财经、政法"强强联合"的人文社科类高校。2005年,学校入选国家"211工程"重点建设高校;2011年,学校入选国家"985工程优势学科创新平台"项目重点建设高校;2017年,学校入选世界一流大学和一流学科(简称"双一流")建设高校。70年来,中南财经政法大学与新中国同呼吸、共命运,奋勇投身于中华民族从自强独立走向民主富强的复兴征程,参与缔造了新中国高等财经、政法教育从创立到繁荣的学科历史。

"板凳要坐十年冷,文章不写一句空。"作为一所传承红色基因的人文社科大学,中南财经政法大学将范文澜和潘梓年等前贤们坚守的马克思主义革命学风和严谨务实的学术品格内化为学术文化基因。学校继承优良学术传统,深入推进师德师风建设,改革完善人才引育机制,营造风清气正的学术氛围,为人才辈出提供良好的学术环境。入选"双一流"建设高校,是党和国家对学校70年办学历史、办学成就和办学特色的充分认可。"中南大"人不忘初心、牢记使命,以立德树人为根本,以"中国特色、世界一流"为核心,坚持内涵发展,"双一流"建设取得显著进步:学科体系不断健全,人才体系初步成型,师资队伍不断壮大,研究水平和创新能力不断提高,现代大学治理体系不断完善,国际交流合作优化升级,综合实力和核心竞争力显著提升,为在2048年建校百年时,实现主干学科跻身世界一流学科行列的发展愿景打下了坚实根基。

习近平总书记指出:"当代中国正经历着我国历史上最为广泛而深刻的社会变革,也正在进行着人类历史上最为宏大而独特的实践创新。……这是一个需要理论而且一定能够产生理论的时代,这是一个需要思想而且一定能够产生思想的时代。"①坚持和发展中国特色社会主义,统筹推进"五位一体"总体布局和协调推进"四个全面"战略布局,实现"两个一百年"奋斗目标、实现中华民族伟大复兴的中国梦,需要构建中国特色哲学社会科学体系。市场经济就是法治经济,法学和经济学是哲学社会科学的重要支撑学科,是新时代构建中国特色哲学社会科学体系的着力点、着重点。法学与经济学交叉融合成为哲学社会科学创新发展的重要动力,也为塑造中国学术自主性提供了重大机遇。学校坚持财经政法融通的办学定位和学科学术发展战略,"双一流"建设以来,以"法与经济学科群"为引领,以构建中国特色法学和经济学学科、学术、话语体系为己任,立足新时代中国特色社会主义伟大实践,发掘中国传统经济思想、法律文化智慧,提炼中国经济发展与法治实践经验,推动马克思主义法学和经济学中国化、现代化、国际化,产出了一批高质量的研究成果,"中南财经政法大学'双一流'建设文库"即为其中部分学术成果的展现。

文库首批遴选、出版两百余册专著,以区域发展、长江经济带、"一带一路"、创新治理、中国经济发展、贸易冲突、全球治理、数字经济、文化传承、生态文明等十个主题系列呈现,通过问题导向、概念共享,探寻中华文明生生不息的内在复杂性与合理性,阐释新时代中国经济、法治成就与自信,展望人类命运共同体构建过程中所呈现的新生态体系,为解决全球经济、法治问题提供创新性思路和方案,进一步促进财经政法融合发展、范式更新。本文库的著者有德高望重的学科开拓者、奠基人,有风华正茂的学术带头人和领军人物,亦有崭露头角的青年一代,老中青学者秉持家国情怀,述学立论、建言献策,彰显"中南大"经世济民的学术底蕴和薪火相传的人才体系。放眼未来、走向世界,我们正以习近平新时代中国特色社会主义思想为指导,砥砺前行,凝心聚力推进"双一流"加快建设、特色建设、高质量建设,开创"中南学派",以中国理论、中国实践引领法学和经济学研究的国际前沿,为世界经济发展、法治建设做出卓越贡献。为此,我们将积极回应社会发展出现的新问题、新趋势,不断推出新的主题系列,以增强文库的开放性和丰富性。

"中南财经政法大学'双一流'建设文库"的出版工作是一个系统工程,它的推进得到相关学院和出版单位的鼎力支持,学者们精益求精、数易其稿,付出极大辛劳。在此,我们向所有作者以及参与编纂出版工作的同志们致以诚挚的谢意!

因时间所囿,不妥之处还恳请广大读者和同行包涵、指正!

中南财经政法大学校长

---

① 习近平:《在哲学社会科学工作座谈会上的讲话》,2016年5月17日。

序

编纂出一部体例科学、结构严谨、规范合理、具有中国特色、体现时代精神的民法典,是党的十八届四中全会明确提出的重大立法任务,是坚持走中国特色社会主义法治道路的重要体现,将为实现"两个一百年"奋斗目标、实现中华民族伟大复兴的中国梦提供坚实有力的法治保障。法的民族性存在于现实的法律资源之中,它是法律的生命力之所在。中国民法典的编纂必须考虑到法的民族性,在具体的制度、规范设计中汲取中华传统文化精华,让民法典扎根于中国的社会土壤,体现出中华民族的特有性格与时代精神。

法的民族性对民事立法的影响问题虽然早在德国民法典制定之前,以萨维尼为代表的历史法学派就已有涉及,但并没有直接提出"法的民族性"概念。在民法典编纂的理论研究中,我国关于民法的国际性或称共性的研究十分活跃,而关于法的民族性对民法典制定的影响及民法典的应对问题却鲜有涉及。这种研究现状导致在民事立法中,对法律资源进行选择时存在着两个方面的问题:一是着眼于西方国家法律制度和法学理论的引进而缺乏对中国现实社会条件的客观分析;二是忽视历史的传承性而缺乏对中华民族法文化的深入挖掘,尤其是对中华民族的民族传统、民族习惯以及由此决定的现实中国的社会关系对法律制度接收度的全面分析,以致设计出来的法律条文看起来很先进,却在现实社会中无法完全落地。

当今国外关于民事立法的研究虽然也转向了民法的国际性或称共性方面,以至在欧洲出现所谓的统一法典化运动,但那是以各民族国家已有民法典为前提的。在其民族国家的民法典制定过程中,无不对民法的民族性给予过应有的重视。典型者莫不以视法律为"民族精神体现"的德国历史法学派,其以法的民族性为基础,直接催生了旷世影响的《德国民法典》。"越是民族的,越是世界的",本书试图从民族性的角度出发,对中国民法典编纂中法律资源的选择标准进行研究,为中国民法典的生命力寻找一种新的理论源泉。

本书以中华民族的民族性对民法典编纂的影响为线索，研究法律制定中资源选择的标准及资源的民族性如何在立法中体现，通过对民事法律资源的民族性进行价值评判，寻找出民族性对中国民事法律制度的影响，为中国民法典编纂中民族性的规范整合提供理论依据。主要内容体现在以下几个方面：

第一，法律资源的民族性与国际性。法律资源是指表现为法规范、法文化、法习惯、法传统、法心理等各种客观存在。它是法律制定的基础；法的民族性是指存在于各种法律资源中的民族特性，包括民族的语言、传统、习惯、文化、心理、性格等因素；法的国际性也称普适性，是指能够普遍适用于各民族的法律共同规则。

第二，民事法律资源的民族性表现。任何一种法律，都是在一定的时空中生成的。民事法律资源可以表现为国家法，也可以表现为习惯或传统，在这些具体表现中，习惯或传统的形成时间是有差别的，有的是自古就有的，有的是近、现代形成的，但都会烙在该民族的现实交往或行为之上。我们在寻找法律资源的民族特性时，既要对自古以来形成的"传统"加以考察，也要对一定时间内形成的现代"传统"予以重视，而现代"传统"往往表现为我们常说的"中国特色"。民事法律资源的民族性表现很丰富，从制度层面上看，有典权制度、土地承包经营权制度等；从文化层面上讲，有相邻关系处理中的"礼让"，有死亡赔偿方式中的"尽孝"等。这些都是法律资源中的民族性表现。

第三，民法典编纂过程中法律资源选择的价值考量。民族性法律资源存在优劣之分，并非所有的法律资源都有利用价值。在民族性法律资源选择的过程中，公平、正义、发展等价值理念应当成为法学家、立法者和司法者的评判标准。公平、正义是具有普适意义的法律价值，违反公平、正义的民族习惯是陋习，应当加以摒弃。民法典的编纂是以促进民族国家的社会发展和文明进步为目标的，阻碍民族国家社会经济发展的民族习惯、民族观念也应当加以摒弃或限制。例如，我国有的少数民族有"一妻多夫"或"一夫多妻"的习惯，这不利于民族社会的发展，应当加以限制并逐步废除之。而符合公平、正义、发展价值观的民族习惯、民族文化、民族传统，在编纂民法典时就应该加以吸收利用，以保证民法典的生命力。

第四，民族性法律资源规范整合的民法典制度范围。在民法典编纂过程中，符合资源选择价值标准的民族性法律资源必然要被整合到法典规范之中，而近现代以来民法典发展的传统形成了具有普适意义的体系内容，这些内容作为人类共同的制度财富，在制定中国民法典时不可能被抛弃。因此，民族性法律资源的规范整合就是要把可以利用的民族性法律资源整合到民法典的具体制度规范之中，使其成为民法典规范的有机组成部分。在大陆法系民法典的体系框架内，哪些制度受到中国特有的民族性影响，这些民族性如何整合到具体的法规范之中，这是民法典制定所要解决的问题。民法典编制，以具体民事制度为基本考察点，着力探求民法典在体系建构、基本原则、总则制度、物权制度、债权制度、婚姻家庭制度、继承制度、侵权制度等方面所受的民族性影响及考虑影响因素之后的规范设计原则。比如，物权制度中的不动产转让的立法模式，之前，我国大部分农村的房屋没有办理产权证，登记生效在农村房屋的转让问题上就无法适用，规范设计时就应留有处理农村房屋买卖的法律空间等。

在民法典的编纂中，哪些制度规范需体现中华民族的民族性，以及如何体现。毫无疑问，在民法典的长期发展历史中，积淀了丰富的具有普适性的制度规则。这些制度规则在具体民族国家的适用中，由于资源基础的不同，会有一些适用条件的变化，这些规范具体化过程中的变化就是民法典编纂中的民族性。同时，中华民族在五千年的发展中，也形成了一些适用于中华民族的制度规则，这些制度规则如何在民法典中体现，也是民法典制定必须考虑的问题。

更为重要的是，具有民族特性的民事法律资源的取舍标准如何确立，应重点考虑以下三个方面：其一，我国是一个多民族国家，除了汉民族以外，还有五十五个少数民族。各少数民族在处理民事纠纷时均有许多自己的规则或习惯，这些规则或习惯能否纳入民法典之中，需要一个相对确定的价值标准来衡量。其二，在我国多民族的长期融合中，形成了中华民族这一高于各具体民族的统一民族，具有一些共同适用的规则或习惯，民法典对这些规则或习惯的态度也需要一个价值标准来衡量。其三，中华人民共和国成立七十年来，在传统与实现的交融、东方与西方的文化碰撞中也形成许多鲜活的法规范和法制度，民法典编纂首先应对这一部分的法律资源进行选择，其选择标准的确定涉及中华民族的发展。

在成果的研究中，课题组采取力求以实证研究为基础、多种方法并用的研究策略。一是实证研究方法。对于现实中国的民事法律资源的把握需要进行实证调查，对法律资源的民族性表现需要进行实证调查。研究中以民法典的具体制度为模块，设计出制度民族性表现的问卷，到各种类型的区域进行问卷调查，以掌握制度民族性的具体表现；以现行民事法律规范的适用为模块，以访谈的方式到法院、基层组织等相关单位进行调查，以把握民族性对法规范实施的影响情况。二是法的效用分析方法。民法典的编纂过程实际上就是一个制度设计的过程，按照新制度经济学的观点，制度设计是要讲究效用的。个别问题研究采取新制度经济学的成本——收益分析法对民事法律资源的民族性加以分析，探讨其进入民法典的正当性，以及在民法典编纂过程中对民族性法律资源利用的程度。三是比较分析的方法。比较大陆法系各主要国家的民法典制度设计与该国的民族特性的关系，可以发现民族性在民法典制定过程中的作用和影响；比较民法典规范在实践中的适用状况，可以发现民族性对民法典生命力产生的作用，分析民族性进入法规范的必要性和进入路径。

麻昌华

2019年6月

目 录

上编 实证调研分析

第一部分 项目调研总报告
——以豫、陕、冀、晋、鄂、徽、云、贵、粤九省调查为例　　2

第二部分 项目调研分报告（一）
——以河北、湖北、安徽、广东、山西五省调研为例　　44

第三部分 项目调研分报告（二）
——以河南、陕西农村调研为例　　79

第四部分 项目调研分报告（三）
——以贵州、云南农村调研为例　　99

下编 民法典民族性解读

第五部分 法的民族性与民法典的制定　　118

第六部分 民法总则民族性解读　　147

第七部分 物权法的民族性解读　　163

第八部分 债法的民族性解读　　180

第九部分 婚姻法的民族性解读　　191

第十部分 继承法的民族性解读　　210

第十一部分 侵权法的民族性解读　　226

附 录

一　2011年项目调研问卷　　244

二 2012年项目调研问卷	246
三 项目调研访谈提纲	249
四 个人访谈记录	250

参考文献	274
后　记	284

上编
实证调研分析

第一部分 项目调研总报告
——以豫、陕、冀、晋、鄂、徽、云、贵、粤九省调查为例

民族是一个在历史中形成的共同体。① 该共同体的形成及存续依赖于一些共同要素,如共同地域、共同语言、共同的行为方式、共同的政治经济生活、共同的文化和心理要素等,这些共同要素是在一定地域范围内的人们因为共同生活和相互交往而逐渐形成的。此种共同要素及其所表现出来的基本属性,构成一个民族的"标记",往往能够将该民族与其他地域范围内形成的民族区分开,此种具有区分、识别功能的共同要素及其属性,即为一个民族的民族性。在此种共同体内部,个体的生存、个体之间的交往构成共同体生活的主要内容,共同体的存续与发展依赖于个体行为规则的趋同、人际交往规则的统一,在此基础之上,习惯、风俗、道德、法律规范等作为相对稳定的规则日趋形成。因而,法律已然秉有自身确定的特性,其为一定的民族所特有,如同其语言、行为方式和基本的社会组织体制。法律随着民族的成长而成长,随着民族的壮大而壮大。民族的共同意识乃是法律的特定居所。②

一、调研目的

植根于市民社会的法——民法,与个体经济社会生活密切相关,其作为一种国家制定或认可并以国家强制力保证其实施的行为规范,必须要与该共同体因长期共同生活所形成的相对稳定的风俗、习惯、道德规范等传统行为规则保持一定的契合度,法律所体现的精神、意志要与共同体在历史中日渐形成的共

---

① 参见《斯大林选集》,人民出版社1979年版,第64页。
② 参见[德]弗里德里希·卡尔·冯·萨维尼:《论立法与法学的当代使命》,许章润译,中国法制出版社2001年版,第7～9页。

同心理、共同价值、共同意志等保持一致，即民法规范与制度要反映一个民族共同体的共同要素及其属性。《民法典》编纂的过程，实质上是一个民法规范选择、完善和体系化的过程。在民法规范选择、完善的过程中，如何对待广泛存在于民间社会的民事习惯规则，即将哪些习惯规则上升为民事法律，选择其上升为一国法律规范的合理性依据等问题，都是在《民法典》编纂时必须要考量的重要命题。

将民事习惯等民族性法律资源上升为民事法律，其前提在于了解和掌握广泛存在于民间社会的规范资源。《民法典》编纂中民族性法律资源的选择具有内容庞大、知识体系精细、法律资源历史性突出等鲜明特征。就民族性法律资源的内容而言，涉及民法体系中民法总则、物权法、债权法、婚姻法、继承法、侵权责任法等内容。此次调研的目的和主要任务，是要深入到民间掌握第一手的实践材料，搜索民间社会所存在的具有法律意义的规范资源以及现有法律规范在民间社会的适用状况，发现这些资源所具有的民族性特征，以期为未来我国《民法典》的编纂提供制度资源的依据和基础。

二、调研概况

为更充分地了解存在于民间社会的法律资源，2010 年度国家社会科学基金项目"《民法典》编纂中的法律资源选择"（项目编号 10BFX057）的社会调研工作在项目负责人的主持下，本着科学性与通俗性、历史性与现代性相结合的原则，对调查问卷和访谈提纲进行了精心设计和缜密推敲，最终形成了包括物权、债权、婚姻、继承、侵权等有关方面为主要内容的调研问卷，并对调研工作进行了严密的分工。

本课题调研工作共分为两期。第一期调研分三个调研小组，于 2011 年 7 月至 8 月期间，分别走访了河北省的衡水和沧州两个地区的四县 5 村，湖北省的荆州、黄石、十堰、洪湖、襄樊、大冶等地区县市，安徽省的铜陵地区、山西省的晋中地区以及广东省的潮州地区和惠州地区等县市。调研工作在当地政府和村民的积极配合下进展顺利，收回有效问卷共计 450 份。在实地调研期间，各调研小组成员还就民族性规范资源，如一些民事习惯的存在、适用、作用范围等问题，与村民、村委会成员、乡镇政府土地部门和派出所以及基层法院工作人员、律师等进行访谈，制作完成30余份访谈笔录。第二期调研分为两个调研小组，于2012年8月份深入到河南省通许、偃师、林州、桐柏四县市的6个乡镇，陕西省的蓝田、户县两县的4个乡镇，贵州省黔东南自治州从江县的5个村，云南省的楚雄彝族自治州、大理白族自治州、文山壮族苗族自治州的三县7个村等进行基层调研和访谈工作，共收回有效调查问卷893份，并对当地的一些村民、村干部、乡干部、法官等人员进行访谈14人次。两期共收回有效调研问卷1343份，制作访谈笔录44份。通过调研，不仅获取了大量的第一手关于我国农村物权、债权、婚姻、继承、侵权等方面的民事习惯材料，而且还发现了许多当代农村在社会主义市场经济体制改革背景下产生的新问题和新矛盾，为课题的研究提供了丰富的研究素材和现实依据。受访对象的热情配合使得调研组成员深受感动和鼓舞。在此向他们对本课题调研工作的大力支持表示深深的谢意和由衷的敬意！

纵观此次调研的实际情况，呈现出如下特点：首先，在调研地区的选择上，以黄河流域和长江流域为主体，兼顾了山区和平原的结合以及南方省份和北方省份的结合，调研的地区涵盖范围较广。黄河流域的调研地区选择了中游的陕西、山西两省和中下游的河南省；长江流域选择了中游的湖北省以及下游的安徽省，珠江流域选择在了广东省；北方河北省的调研工作选择在了人口比较密集的衡水地区和沧州地区。为了充分了解少数民族和山区的民事习惯状况，选择了贵州和云南两省的少数民族自治县和聚集区。其次，调研形式多样性和灵活性相结合，力争做到客观且全面。此次调研有两个中心任务：一是完成调研问卷所设计问题的调查；二是就相关问题与相关社会人员进行较为深入的访谈。针对调研任务的不同，采取了发放调研问卷和访谈相结合的形式，就调研问卷的填写进行阐述、解释，对一些重要的制度和规范资源如农村土地的利用、房屋租赁实践与习惯等，结合事先拟定的访谈提纲和调研过程中发现的重要问题，对有关人员进行访谈，以便深入了解该规范资源的实践应用和实际效果。通过调研，争取发现这些地区在贯彻实施民法规范过程中存在的问题，寻求本地区的民族习惯与现有民法规范的相异与相通之处。最后，本次调研在走访对象的选择上注意全面性和代表性。由于此次调研和访谈主要针对民法规范地域性适用以及风俗习惯资源等问题，具有突出的历史性和地域性，因而选择对当地历史问题和民风民俗了解的与年龄在36岁至80岁的中老年人作为主要调研对象。既包括暂时回家探亲的外出务工人员，也包括固守着土地一直依靠农业种植为生者；在访谈对象的选取上，综合考虑年龄、职业特点、社会经历等因素，重点选取有代表性的村民、村委会组成人员，基层法院、县政府、乡镇级政府有关工作人员以及律师等社会工作人员等，在调研和访谈对象的选取上注意全面性和典型性的结合。

三、调研数据统计

此次调研问卷的设计，从内容的选取上来看，主要集中在物权、债权、婚姻、继承、侵权等部分规范的适用以及相对应的习惯资源的存在状态。物权法规范部分主要选取了土地、房屋等不动产所有权的归属、动产以及不动产所有权转移的方式、农村宅基地的流转、房屋能否出典、农村丧葬用地类型、捡拾遗失物和发现埋藏物处置方式等问题。债法规范部分主要选取了房屋租赁实践中房屋维修费用的承担、房屋买卖出租中是否存在"中人"以及"中人"所应承担的责任、房屋买卖时出卖人的亲属以及同宗族的人是否存在优先购买权、房屋租赁期届满承租人对租赁物的改善和增设物的归属等问题。侵权法规范部分主要选取了邀人打群架中的责任承担、辱骂他人毁损他人名誉的责任承担方式、"生死状"的法律效力以及责任承担等问题。继承法规范部分主要选取了养子女对亲生父母是否享有继承权、遗产的继承顺序等问题。婚姻法规范部分主要选取了婚约的效力、解除婚约后彩礼处理方式、结婚的认定依据等问题。为宏观地了解调研对象对上述问题的认识现状，本统计表格以调研省份为单位，以调研问题为主线，将各地区调研情况综合列表如下。

问卷内容	问卷情况	河南省 290份	百分比	陕西省 171份	百分比	云南省 242份	百分比	贵州省 190份
1. 房屋权属证明	宅基地使用权证	171份	58.9%	119份	69.6%	89份	36.8%	24份
	房产证	53份	18.3%	31份	18.1%	136份	56.2%	165份
	村干部或邻居证明	62份	21.4%	15份	8.8%	15份	6.2%	1份
	其他形式	2份	0.6%	6份	3.5%	2份	0.8%	0份
2. 集体企业所有人归属	村委会	38份	13.1%	12份	7%	43份	17.7%	17份
	村民集体	162份	55.9%	113份	66.1%	134份	55.4%	151份
	企业承包人	71份	24.5%	29份	16.9%	61份	25.2%	20份
	乡镇政府	6份	2.1%	15份	8.8%	4份	1.6%	2份
3. 土地承包经营合同发包主体	国家	23份	7.9%	16份	9.3%	51份	21.1%	8份
	乡镇政府	77份	26.5%	36份	21.1%	48份	19.8%	13份
	村集体或村小组	149份	51.4%	101份	59.1%	123份	50.8%	159份
	口头协议	34份	11.7%	8份	4.7%	20份	8.3%	10份
4. 承包权利人不予耕种承包地处置方式	租给他人耕种	169份	58.3%	105份	61.4%	146份	60.3%	103份
	雇人耕种	73份	25.2%	25份	14.6%	38份	15.7%	65份
	暂交村集体处理	26份	8.9%	13份	7.6%	34份	14%	14份
	撂荒	14份	4.8%	19份	11.1%	24份	9.9%	8份
5. 土葬使用土地范围	村里公共墓地	113份	38.9%	37份	21.6%	93份	38.4%	122份
	使用村里荒地	64份	22.1%	58份	33.9%	53份	21.9%	30份
	自己承包地	75份	25.9%	52份	30.4%	67份	27.7%	32份
	向其他承包人有偿讨地	33份	11.4%	23份	13.5%	29份	11.9%	6份
6. 宅基地使用权可否转让	可以转让给本村村民	81份	27.9%	21份	12.3%	56份	23.1%	58份
	可以转让给村内村外任何人	58份	20%	40份	23.4%	73份	30.2%	82份
	不可以转让	92份	31.7%	57份	33.3%	65份	26.8%	40份
	不清楚	49份	16.9%	41份	24%	48份	19.8%	10份
7. 房屋买卖，亲属和同宗族人是否享有购买优先权	不存在优先权	170份	58.6%	99份	57.9%	143份	59.1%	6份
	亲属优先	18份	6.2%	26份	15.2%	31份	12.8%	26份
	都可以优先，不分先后	45份	15.5%	25份	14.6%	49份	20.2%	134份
	都可以优先，但亲属优先	46份	15.9%	18份	10.5%	19份	7.8%	24份

	河北省		湖北省		安徽省		广东省		山西省		总计	
百分比	100 份	百分比	200 份	百分比	30 份	百分比	20 份	百分比	100 份	百分比	1343 份	百分比
12.6%											403 份	45.1%
36.8%											385 份	43.1%
0.5%											93 份	10.4%
0%											10 份	1.1%
8.9%											110 份	12.3%
79.5%											560 份	62.7%
10.5%											181 份	20.3%
1.1%											27 份	3%
4.2%											98 份	10.9%
6.8%											174 份	19.5%
83.7%											532 份	59.6%
5.3%											72 份	8%
54.2%											523 份	58.6%
34.2%											201 份	22.5%
7.4%											87 份	9.7%
4.2%											65 份	7.2%
64.2%	54 份	54%	69 份	34.5%	13 份	43.3%	15 份	75%	9 份	9%	525 份	39.1%
15.8%	8 份	8%	40 份	20%	6 份	20%	2 份	10%	2 份	2%	263 份	19.6%
16.8%	8 份	8%	50 份	25%	5 份	16.7%	0 份	0	46 份	45%	335 份	24.9%
3.2%	39 份	39%	41 份	20.5%	6 份	20%	3 份	15%	43 份	43%	220 份	16.4%
30.5%	22 份	22%	31 份	15.5%	6 份	20%	2 份	10%	21 份	21%	298 份	22.2%
43.1%	6 份	6%	59 份	29.5%	4 份	13.3%	11 份	55%	10 份	10%	343 份	25.5%
21.1%	64 份	64%	114 份	57%	16 份	53.3%	4 份	20%	12 份	12%	464 份	34.5%
5.3%	8 份	8%	44 份	22%	4 份	13.3%	3 份	15%	57 份	57%	264 份	19.7%
3.2%	23 份	23%	113 份	56.5%	17 份	56.7%	15 份	75%	79 份	79%	665 份	49.5%
13.7%	16 份	16%	13 份	6.5%	7 份	23.3%	3 份	15%	8 份	8%	148 份	11%
70.5%	49 份	49%	42 份	21%	4 份	13.3%	1 份	5%	5 份	5%	354 份	26.4%
12.6%	12 份	12%	32 份	16%	2 份	6.7%	1 份	5%	8 份	8%	162 份	12.1%

续表

问卷内容	问卷情况	河南省 290份	百分比	陕西省 171份	百分比	云南省 242份	百分比	贵州省 190份
8. 房屋买卖取得方式	过户登记	105份	36.2%	63份	36.8%	92份	38%	167份
	签订契约，有中间人担保	131份	45.2%	77份	45%	87份	35.9%	14份
	口头约定	21份	7.2%	16份	9.4%	51份	21.1%	0份
	交付房屋钥匙	19份	6.5%	15份	8.9%	12份	4.9%	9份
9. 房屋是否可以出典	可以，典期双方自由约定							
	可以，典期固定为1年							
	不可以							
	不清楚							
10. 租赁房屋维修费的承担	大修归房东，小修归房客							
	大修小修都由房东承担							
	大修小修都由房客承担							
	双方协商承担							
11. 房屋买卖出租中人责任承担	没有中人							
	中人承担全部责任							
	先找责任人，不足部分再找中人							
	中人和责任人共同承担							
12. 租赁期满，租赁物的增设物处理	房客拆除后带走							
	无偿归房东							
	折价归房东							
	全价归房东							
13. 动产买卖交付方式	直接交付	174份	60%	123份	71.9%	173份	71.5%	157份
	找中间人证明	91份	31.4%	21份	12.3%	26份	10.7%	0份
	签订书面协议	13份	4.5%	20份	11.7%	25份	10.3%	19份
	作标记或其他形式	2份	0.7%	5份	2.9%	18份	7.4%	13份

	河北省		湖北省		安徽省		广东省		山西省		总计	
百分比	100 份	百分比	200 份	百分比	30 份	百分比	20 份	百分比	100 份	百分比	1343 份	百分比
87.9%	16 份	16%	115 份	57.5%	26 份	86.7%	12 份	60%	11 份	11%	607 份	45.2%
7.4%	63 份	63%	38 份	19%	1 份	3.3%	6 份	30%	31 份	31%	448 份	33.4%
0%	18 份	18%	34 份	17%	2 份	6.7%	0 份	0	53 份	53%	195 份	14.5%
4.7%	3 份	3%	21 份	10.5%	3 份	10%	2 份	10%	5 份	5%	89 份	6.6%
	8 份	8%	65 份	32.%	10 份	33.3%	10 份	50%	25 份	25%	118 份	28.1%
	9 份	9%	24 份	12%	0 份	0	1 份	5%	0 份	0	34 份	8.1%
	10 份	10%	45 份	22.5%	6 份	20%	1 份	5%	6 份	6%	68 份	16.2%
	73 份	73%	72 份	36%	14 份	46.7%	8 份	40%	69 份	69%	236 份	56.2%
	40 份	40%	63 份	31.5%	13 份	43.3%	3 份	15%	44 份	44%	163 份	36.2%
	27 份	27%	47 份	23.5%	7 份	23.3%	3 份	15%	9 份	9%	93 份	20.7%
	7 份	7%	9 份	4.5%	2 份	6.7%	1 份	5%	7 份	7%	26 份	5.8%
	26 份	26%	81 份	40.5%	8 份	26.7%	13 份	65%	40 份	40%	168 份	37.3%
	5 份	5%	48 份	24%	4 份	13.3%	2 份	10%	16 份	16%	75 份	16.7%
	15 份	15%	36 份	18%	4 份	13.3%	6 份	30%	19 份	19%	80 份	17.8%
	62 份	62%	75 份	37.5%	14 份	46.7%	4 份	20%	34 份	34%	189 份	42%
	18 份	18%	41 份	20.5%	8 份	26.7%	8 份	40%	31 份	31%	106 份	23.6%
	38 份	38%	94 份	47%	11 份	36.7%	15 份	75%	44 份	44%	202 份	44.9%
	46 份	46%	36 份	18%	5 份	16.7%	4 份	20%	6 份	6%	97 份	21.6%
	13 份	13%	60 份	30%	13 份	43.3%	0 份	0	47 份	47%	133 份	29.6%
	3 份	3%	10 份	5%	1 份	3.3%	1 份	5%	3 份	3%	18 份	4%
82.6%	20 份	20%	133 份	66.5%	13 份	43.3%	10 份	50%	56 份	56%	859 份	64%
0%	80 份	80%	60 份	30%	6 份	20%	8 份	40%	28 份	28%	320 份	23.8%
10%	0 份	0	10 份	5%	1 份	3.3%	1 份	5%	16 份	16%	105 份	7.8%
6.8%	0 份	0	9 份	0.5%	0 份	0	1 份	5%	1 份	1%	49 份	3.6%

续表

问卷内容	问卷情况	河南省 290 份	百分比	陕西省 171 份	百分比	云南省 242 份	百分比	贵州省 190 份
14. 大额借贷担保方式	自己的房屋	35 份	12.1%	30 份	17.5%	77 份	31.8%	104 份
	自己的承包地	12 份	4.1%	13 份	7.6%	20 份	8.3%	20 份
	其他财产	46 份	15.9%	15 份	8.8%	56 份	23.1%	27 份
	中间人担保	181 份	62.4%	112 份	65.5%	89 份	36.8%	39 份
15. 捡拾遗失物处理方式	归还失主，可以要求酬金	47 份	16.2%	29 份	16.9%	31 份	12.8%	30 份
	归还失主，不可以要求酬金	110 份	37.9%	76 份	44.4%	104 份	43%	105 份
	归自己	21 份	7.2%	18 份	10.5%	40 份	16.5%	10 份
	上交村委会或派出所	102 份	35.2%	48 份	28.1%	67 份	27.7%	45 份
16. 发现埋藏物处理方式	归自己	27 份	9.3%	40 份	23.4%	78 份	32.2%	63 份
	归国家	195 份	67.2%	107 份	62.3%	107 份	44.2%	87 份
	归集体	16 份	5.5%	7 份	4.1%	18 份	7.4%	24 份
	如能确定，归原所有人	44 份	15.2%	15 份	8.8%	39 份	16.1%	16 份
17. 打群架责任承担主体及责任划分	带头打架者承担全部责任	126 份	43.4%	45 份	26.3%	51 份	21.1%	115 份
	可由打架的任何一人承担全部责任	9 份	3.1%	6 份	3.5%	20 份	8.3%	13 份
	由带头者赔偿，不足部分有其他人赔偿	104 份	35.9%	67 份	39.2%	97 份	40.1%	52 份
	所有参与人平均分担	45 份	15.5%	52 份	30.4%	74 份	30.6%	10 份
18. 签订"生死状"受害人责任承担	致害人赔偿	53 份	18.3%	24 份	14%	43 份	17.8%	28 份
	不能要求赔偿	18 份	6.2%	55 份	32.2%	32 份	13.2%	11 份
	致害人给予一点补偿	14 份	4.8%	20 份	11.7%	17 份	7%	7 份
	没有该种情况	187 份	64.5%	71 份	41.5%	150 份	62%	144 份
19. 辱骂他人，责任形式	放鞭炮道歉							
	摆流水席向对方道歉							
	金钱赔偿							
	其他							

	河北省		湖北省		安徽省		广东省		山西省		总计	
百分比	100 份	百分比	200 份	百分比	30 份	百分比	20 份	百分比	100 份	百分比	1343 份	百分比
54.7%											246 份	27.5%
10.5%											65 份	7.3%
14.2%											144 份	16.1%
20.5%											421 份	47.1%
15.8%											137 份	15.3%
55.3%											395 份	44.2%
5.3%											89 份	10%
23.7%											262 份	29.3%
33.2%											208 份	23.3%
45.8%											496 份	55.5%
12.6%											65 份	7.3%
8.4%											114 份	12.8%
60.5%	31 份	31%	50 份	25%	7 份	23.3%	8 份	40%	12 份	12%	445 份	33.1%
6.8%	24 份	24%	72 份	36%	10 份	33.3%	5 份	25%	52 份	52%	211 份	15.7%
27.4%	31 份	31%	49 份	24.5%	11 份	36.7%	4 份	20%	25 份	25%	440 份	32.8%
5.3%	17 份	17%	25 份	12.5%	5 份	16.7%	3 份	15%	14 份	14%	245 份	18.2%
14.7%	28 份	28%	100 份	50%	17 份	56.7%	7 份	35%	19 份	19%	319 份	23.8%
5.8%	41 份	41%	26 份	13%	3 份	10%	5 份	25%	4 份	4%	195 份	14.5%
3.7%	21 份	21%	40 份	20%	6 份	20%	6 份	30%	52 份	52%	183 份	13.6%
7.6%	19 份	19%	32 份	16%	5 份	16.7%	2 份	10%	25 份	25%	635 份	47.3%
	10 份	10%	33 份	16.5%	3 份	10%	1 份	5%	0 份	0%	35 份	7.8%
	3 份	3%	21 份	10.5%	3 份	10%	3 份	15%	2 份	2%	38 份	8.4%
	56 份	56%	56 份	28%	7 份	23.3%	6 份	30%	31 份	31%	156 份	34.7%
	31 份	31%	102 份	51%	18 份	60%	10 份	50%	67 份	67%	228 份	50.7%

续表

问卷内容	问卷情况	河南省 290 份	百分比	陕西省 171 份	百分比	云南省 242 份	百分比	贵州省 190 份
20. 帮工人损失责任划分	被帮的人承担全部责任	93 份	32.1%	41 份	23.9%	62 份	25.6%	65 份
	帮工者自己承担责任	12 份	4.1%	7 份	4.1%	31 份	12.8%	12 份
	双方共同分担	85 份	29.3%	54 份	31.6%	63 份	26%	54 份
	被帮者给予适当补偿	87 份	30%	68 份	39.8%	86 份	35.5%	59 份
21. 养子女对亲生父母遗产是否享有继承权	没有	61 份	21%	58 份	33.9%	38 份	15.7%	72 份
	如生父母还有其他孩子，则没有	69 份	23.8%	34 份	19.9%	49 份	20.2%	12 份
	有，与被收养没有关系	93 份	32.1%	48 份	28.1%	120 份	49.6%	88 份
	有，但要减少份额	54 份	18.6%	30 份	17.5%	35 份	14.5%	18 份
22. 遗产继承优先权主体	配偶优先	107 份	36.9%	47 份	27.5%	76 份	31.4%	83 份
	子女优先	42 份	14.5%	63 份	36.8%	79 份	32.6%	34 份
	父母优先	20 份	6.9%	16 份	9.3%	32 份	13.2%	5 份
	平均继承	103 份	35.5%	43 份	25.1%	55 份	22.7%	68 份
23. 解除婚约是否承担赔偿责任	要，婚约有法律效力	88 份	30.3%	50 份	29.2%	96 份	39.7%	49 份
	要，一方为结婚做了准备	51 份	17.6%	29 份	16.9%	55 份	22.7%	56 份
	不要，除非恶意骗婚，骗取彩礼	113 份	38.9%	64 份	37.4%	65 份	26.9%	78 份
	不要，婚约没有法律效力	19 份	6.5%	22 份	12.9%	26 份	10.7%	7 份
24. 解除婚约后彩礼是否可返还及处理方式	需要，不返还找媒人或其他人协调	166 份	57.2%	102 份	59.6%	103 份	42.6%	127 份
	需要，不返还到法院起诉	77 份	26.5%	23 份	13.4%	31 份	12.8%	20 份
	不需要，彩礼是对方的赠予	24 份	8.3%	19 份	11.1%	60 份	24.8%	36 份
	不需要，除非是女方过错导致	15 份	5.2%	23 份	13.4%	48 份	19.8%	7 份
25. 结婚判断依据	办酒席	37 份	12.7%	23 份	13.4%	84 份	34.7%	33 份
	领结婚证	224 份	77.2%	140 份	81.9%	133 份	55%	157 份
	以夫妻名义同居	27 份	9.3%	4 份	2.3%	14 份	5.9%	0 份
	其他方式	0 份	0%	1 份	0.6%	11 份	4.5%	0 份

注：因第一期和第二期调研问卷的设计题目不同，单元表格中未列数据的表明该调研题目未涉及该地区。上述表格统计总份数超过总数的，表示有少部分人对某一个问题进行多选，总份数未超过总数的，表示有少部分人对某一个问题未选择。

	河北省		湖北省		安徽省		广东省		山西省		总计	
百分比	100 份	百分比	200 份	百分比	30 份	百分比	20 份	百分比	100 份	百分比	1343 份	百分比
34.2%											261 份	29.2%
6.3%											62 份	6.9%
28.4%											256 份	28.7%
31.1%											300 份	33.6%
37.9%											229 份	25.6%
6.3%											164 份	18.4%
46.3%											349 份	39.1%
9.5%											137 份	15.3%
43.7%											313 份	35.1%
17.9%											219 份	24.5%
2.6%											73 份	8.2%
35.8%											269 份	30.1%
25.8%											283 份	31.7%
29.5%											191 份	21.4%
41.1%											320 份	35.8%
3.7%											74 份	8.3%
66.8%											498 份	55.8%
10.5%											152 份	17%
18.9%											139 份	15.6%
3.7%											93 份	10.4%
17.4%											177 份	19.8%
82.6%											654 份	73.2%
											45 份	5%
											12 份	1.3%

四、调研材料分析

(一) 农村房屋权属证明问题

调查显示，45.1% 的农户办理了宅基地使用权证，43.1% 的农户同时申请办理了房产证，但部分农村宅基地确权登记发证工作滞后，加之历史的、个人意识原因，10.4% 的农户未办理证书，认为宅基地是由村集体统一分配，房屋都是自建而成，由村干部或邻居证明即可，是否办理宅基地使用权证和房产证不影响宅基地使用和房屋的所有。1.1% 的农户的权利意识非常淡薄，认为祖祖辈辈生活在当地，房屋是祖上留下来或自己翻新的，只要占有居住即可表示自己具有使用权。

目前，村民如果在集体土地上建房，须向村集体组织申请宅基地，经村集体报县级人民政府批准后，向县级土地行政主管部门申请办理集体土地使用权登记，并由县级人民政府颁发宅基地使用权证和准建证，之后，可凭宅基地证和准建证去申请办理房产证。宅基地证是当前村民合法拥有房屋和宅基地的权利凭证，可在集体成员内部转让，但不得向非集体组织成员转让。关于宅基地上的房屋等建筑物的权利确认，虽然我国《物权法》已有相关规定，可以办理房产证，但因宅基地使用权行使限制以及建筑物无法与土地分割，造成宅基地上房屋的房产证流于形式，没有实际意义，无法像国有土地上的房屋产权证一样可以抵押、转让。故而村民申请办理房屋产权证的积极性普遍不高。

据受访者反映，目前农村的宅基地管理工作薄弱混乱。虽然政府出台了具体申请和办理宅基地使用权证的程序和办法，但权属不清，面积超标、一户多宅、非法买卖、未批先建和乱占乱建等现象较为普遍，土地资源浪费、破坏耕地和宅基地纠纷等问题尤为突出，导致一些农民的合法权益受到严重侵害，扰乱了农村的社会管理秩序。同时，随着市场经济的快速发展，人口增加，村庄扩大，农村住宅建设日新月异，相邻关系已发生变化，因而有必要尽快对农村宅基地进行全面确权发证，规范农村的住宅建设，清理和整治违法乱建行为。

(二) 集体企业所有权归属问题

调查中，当问及村办集体企业应归谁所有时，12.3% 的村民认为归村委会所有，62.7% 的认为应归村集体共有，20.3% 的认为如村办企业承包后由承包人所有，3% 的认为归乡镇政府所有。据了解，农村的村办企业曾在 20

世纪八九十年代成为推动农村经济发展的一道亮丽的风景线,在一定程度上解决了剩余劳动力的出路问题,增加了部分农民的收入。但进入21世纪后,市场竞争愈来愈激烈,曾经红红火火的村办企业由于缺乏资金支持,技术含量低,产品竞争力不强,管理制度不规范纷纷倒闭或转包,个别效益较好的企业进行了股份制改革,村支书、村主任、村会计大都成为企业的总经理、董事或监事,但由于管理制度和管理措施陈旧落后,人情关系严重,缺乏有效监督,中饱私囊现象突出,造成严重的集体资产流失。而且,集体资产实质掌握在少数村干部手中,村民有怨难言。例如村办企业被承包,承包人只向村集体缴纳少量的承包费,村集体财产所有权被虚化,承包费的具体标准和分配、使用情况均由村委会负责,且财务收支不公开,村民集体无法行使真正的监督权。

《物权法》第59条规定:"农民集体所有的不动产和动产,属于本集体成员集体所有。"集体出资的企业的所有权变动等事项应当依照法定程序经本集体成员决定。但现实中村集体长期以来实行松散化的管理模式,物权法所规定的应由集体成员决定的事项却由村委会代表行使,未经法定程序进行暗箱操作,侵害了村民集体成员的合法权益。现行物权法对此种情形未规定相应的救济措施,需在民法典编纂中进行立法完善。

(三) 土地承包经营合同发包主体问题

调研数据显示,59.6%的村民认为自己是和村集体签订土地承包经营合同,19.5%和10.9%的村民认为和乡镇政府或国家签订,8%的村民没有签订过承包合同。上述数据表明当地村民对农村土地所有权的归属问题认识不一致,大部分人清楚农村土地归村集体所有,但有相当部分人基于土地承包经营权证是由县级政府颁发,仍然认为土地全部归国家所有。据了解,调研的大部分地区的村集体和村民签订有土地承包合同,发放了土地承包经营权证。2011年4月,河南省农业厅等六部门联合下发《河南省农村土地承包经营权登记试点工作方案》,正式启动了农村土地承包经营权登记试点工作。按照《方案》要求,确定我们调研的开封市通许县为"开展农村土地承包经营权登记试点县"。试点工作先在部分乡、村开展,待取得经验后再扩展到全县域,总体进度由试点县统筹安排。

2003年的《农村土地承包法》第18条规定:"家庭承包的承包方案,依法应经本集体经济组织成员的村民会议三分之二以上成员或三分之二以上村民代表的同意。"第48条规定:"发包方将农村土地发包给本集体经济组织以外的单位或者个人承包,应当事先经本集体经济组织成员的村民会议三分之二以上成员或者三分之二以上村民代表的同意,并报乡(镇)人民政府批准。由本集体经济组织以外的单位或者个人承包的,应当对承包方的资信情况和经营能力进行审查后,再签订承包合同。"据受访者反映,现实中我国农村土地承包的纠纷日益增多,其主要原因在于:一是发包程序不合法;二是合同内容和事项不完善。但在现实中,有的地方发包时没有签订承包合同,有的未按民主议定程序办理,有的土地承包合同利益、责任等重要条款欠缺,比如承包界址不明确,无明确的违约责任条款等,这些皆直接影响了土地承包合同的效力的认定和合同纠纷的处理。在审判实践中,由于村民委员会签订的土地承包合同纠纷有增加的趋势。根据最高人民法院《关于审理农业承包合同纠纷案件若干问题的规定(试行)》第25条规定:"人民法院不能因发包方违反民主议定程序越权发包而认定合同无效,但可根据实际情况,依照公平原则,对该承包合同的有关内容适当调整。"因此,对于存在程序瑕疵或手续不够完备的农村土地承包合同,不应轻易认定合同无效。此外,政府相关部门应加强对农村土地承包合同的监督管理,对未签订承包合同或未颁发承包权证书的,应及时办理;对已办理但不够完善的,应予以完善,以减少纠纷,依法保护村民的合法权益,维护农村秩序的稳定。

此外,根据2003年的《农村土地承包法》第3条规定,在农村土地承包中承包方应以家庭为单位,但是从其第6条、第7条和第30条等规定看,农户家庭成员个人也可以享有土地承包权,可是签订承包合同又必须以农户家庭的形式进行。可见,土地承包法对土地承包经营权主体的规定是比较混乱的。根据2003年的《农村土地承包法》第54条规定,发包方侵害土地承包经营权的,应承担返还原物、恢复原状、排除妨害、赔偿损失等民事责任。但是作为发包方的村委会或村民小组由于在现实中不是一个真实的经济实体,并没有责任承担能力,如发包方未按规定程序收回、调整承包地的,被侵权农户的权益实际上是无法得到救济的。上述问题产生的根本原因在于集体土地所有权主体虚化。因此,考虑我国农村的实际情况,未来立法应对我国现行的"队为基础、三级所有"的土地所有制度进行改革,将集体土地的发包权由村委会代表村集体统一行使较为符合实际,也便于土地承包合同纠纷的解决。

(四)承包权利人不予耕种承包地的处置方式问题

虽然国家推行的耕地承包政策 30 年不变、废止农业税等一系列举措,让农村人较过去更有保障了,但现实的压力让大多数农民还是无法安心于土地之上。与村民交谈,他们认为在家务农的收入与生活的开支需要相比还是差距较大,尤其在子女教育、大病医疗上的支出,进城打工赚钱仍为更多农村青壮年的选择。河南省和陕西省都是人口大省,在农村除了粮食生产外,村民外出务工已经成为当地农民经济收入的主要来源。通许县的一个乡干部说:"在我们县农民的收入构成中,粮食、副业和打工的比例大约是 1 : 3 : 6,年轻人都到南方打工了,只有到农忙时会回来一部分,平常村里大部分是留守的老人、妇女和孩子。"这一点我们调研的成员感触很深,在大部分调研的农村发放调研问卷时较少遇见青壮年男性村民。那么问题来了,青壮年外出打工导致的无人耕种的承包地如何处置呢?我们的调研结果是:夫妻均外出打工,无法耕种土地时,58.6% 的人选择转包,租给同村人耕种;22.5% 人选择雇人耕种;9.7% 和 7.2% 的人选择暂交村集体或撂荒。

农民享受的土地承包经营权是其农业收入的权利基础。随着农民进城务工等其他情况的出现,农民与土地的联系逐渐疏远,他们开始寻求土地承包经营权的流转。实践证明这种方式产生了积极的社会效应。而 2003 年的《农村土地承包法》却在农村土地承包经营权的流转上设定了两道关卡:其一表现在其第 37 条规定:"采取转让方式流转的,应当经发包方同意"。其二关于流转主体的限定,规定土地承包经营权转让后的受让主体即受让方是从事农业生产经营的农户。这样的规定存在两个问题:(1)理论上,经发包人同意才能转让违背了农地承包经营权的支配权性质,使得其在《物权法》中"用益物权"的定位有名无实;(2)实践中,经发包人同意才能转让也使土地所有权人对农地承包经营权流转有了干涉的空间,阻碍了土地承包经营权的自由流转。[①] 再加上第 37 条还规定了书面合同和备案的要式要件,现实的土地承包经营权流转中,由于未签订书面合同和向发包方备案产生纠纷众多。因此,应当沿袭我国《物权法》的立法精神将"转让"与"转包、出租、互换"等行为同等对待,在转包时转让人只需向发包人通知并备案即可,而无须获得发包人的同意。这样既未完全

[①] 参见陈小君:《后农业税时代农村土地法律制度的完善》,《南方农村报》报社编《"中国农村发展论坛"论文集》,2005 年,广州,第 137 页。

禁止土地承包经营权的转让，也不能在土地承包经营权转让之后自动变为非农的土地用益权，不会改变农地的使用用途。其次，如果将土地承包经营权流转的受让主体限定为农村集体成员，这样规定限制了土地承包经营权转让即受让方的范围。基于此，如果本集体经济组织内的农户不愿受让，那么承包人将无法转让其承包经营权，而找本集体经济组织以外的农户成本又过高，必将出现土地承包经营权转让落空，造成农村承包地抛荒弃耕。一方面，造成流转封闭，不利于农村土地资源的优化配置，另一方面，无法真正按照市场价格转让，不利于转让方转让收益的真正实现。

（五）土葬占用耕地的问题

在我国，有近70%的人生活在农村，农村人一直有着"人死后入土为安"的传统思想，但土葬的占地问题与我国耕地资源紧张的现状存在矛盾，要保护农村耕地首先必须解决好农村坟地占用耕地问题。近年来，国家已经出台了相关的政策法规，明令禁止坟地占用耕地，但是，坟地占用耕地的现象在部分农村依然十分严重，大片优质的耕地变成了故去人的坟包。针对这种状况，国家开始在农村推行尸体火化政策，并令各村划出了专门的坟地占用地，俗称"异地"，目的在于减少占用耕地这一现象。国家的"火化"政策已经实行多年，但被火化后村民仍然要进行土葬，土葬大有抬头之势，使殡葬改革节约土地资源的目的落空。在河南一些地方以罚款代替火化，只要向有关部门或村干部交3000～4000元，就可以土葬；还有的地方以罚代管，即等逝者土葬之后再上门罚款，不交钱就以"起尸火化"相要挟，死者家属只好交钱买平安。一些村民在亲人去世后，往往埋葬在自家的承包地里，客观上造成了全国耕地总量减少。我们对这个问题的调研数据显示：当地人对墓地的选择，39.1%的是使用村里的公共墓地，19.6%使用村里荒地，24.9%在自己的承包地进行土葬，16.4%通过支付一定的费用在他人的承包地土葬。可见，土葬占用耕地的现象还是很多，占到了41.3%。

农村的这种乱埋乱葬、占用耕地的现象令人担忧。在访谈中获悉主要由以下原因造成：（1）历史原因，在中华人民共和国成立初期，中国农村地区并没有推行尸体火化政策，在"守祖"的传统观念支配下，形成了同一宗族占用同一片坟地的现状，如果一个宗族的长辈的坟地在那块地里，那么晚辈去世后自然也是要葬在那里的，所谓"进祖坟守孝"。而且中国农村向来流行着"坟头大、家火旺"的迷信思想，于是坟地也就一步步占用了大片的土地；(2) 思想原因，风水之说自古就有，是地理位置等自然因素和社会因素的综合。在农村，选择安葬的地方首先考虑的是风水，不但要阳光好还要依山傍水，于是坟地占用良田也就不奇怪了。村民反映，在当地"火化"完毕，大家还是要装入棺材土葬的。所以他们认为不论是火葬还是直接土葬，最后都是占用一样的土地，而政府强制"火化"、收取火化费，还加重了农民的负担，火化所耗费的油和电以及冒出的黑烟也对环境有污染。村民们对火葬制度的反对态度，除了农民主观上的传统丧葬观念问题，也有客观上的殡葬服务和管理的问题。地方政府和殡葬管理部门提供的公共服务设施滞后，缺少规范统一的墓园，墓园管理不到位，部分农村还出现的"以罚代管"问题，属于管理"跑偏"，也是一种不正之风，这些都导致了农村的殡葬改革推进困难。目前河南省和陕西省分别出台了《关于加快推进殡葬改革工作的通知》和《关于推进城乡殡葬改革和公益性公墓建设的意见》，加大扶持力度，推进农村公共墓地的建设整体规划，实现生态殡葬和惠民殡葬。在法律上如何通过制度设计，实现保护耕地、化解矛盾，是我们需要思考的。

（六）宅基地使用权转让问题

宅基地使用权，是我国特有的一种用益物权形式，是农民因建设住宅而使用集体所有土地形成的土地使用权。其与农村集体经济组织成员资格联系在一起的，具有重要的社会福利和社会保障功能，且包含宪法所赋予农民之生存权这一重要内容。反映在制度设计上主要表现在身份的特殊性、设立的限制性、取得的无偿性、使用的永久性和用途的有限性。《物权法》明确肯定了宅基地使用权对农民的财产意义及物权属性，即宅基地使用权是一项独立的用益物权，对农民来说是一项重要的财产。从规范意义上看，该法所谓"宅基地使用权"仅指农民在农村集体的土地上建造住宅及其附属设施的权利。对宅基地使用权是否可以流转，物权法未作出明确规定，从而在实践中造成了许多问题。而《土地管理法》第 62 条第 3 款规定："农村村民出卖、出租住房后，再申请宅基地的，不予批准。"这并非对宅基地使用权转让的禁止，仅是对农民宅基地分配申请资格上的限制。《民法通则》第 80 条第 3 款规定："土地不得买卖、出租、抵押或者以其他形式非法转让。"这只能理解为对土地所有权的转让限制，并非属对宅基地使用权转让的禁止规定。国家土地管理局《确定土地所有权与使用权的若干规定》第 169 条规定："宅基地使用权不得单独转让。建造在该宅基地上的住房所有权转让的，宅基地使用权同时转让"。这里禁止的是宅基地使用权单独转让，但其效力只是行政规章。由上可见，我国现行立法关于宅基地使用权的规定分散，没有统一明确的规定，导致村民法律认知模糊，宅基地的转让秩序混乱。

关于宅基地使用权能否转让，我们的调查显示：22.2%的村民认为可以转让给本村村民，25.5%的村民认为可以任意转让，34.5%的村民认为不可以转让，19.7%的表示不清楚。实践中，宅基地私有的观念在农村已根深蒂固，有的农民甚至把自家的宅基地视为"祖传家业"。由于我国现行关于宅基地转让规定比较混乱，监督缺位，造成了村民们是否可以转让以及转让何人完全由个人决定的思想倾向。调研地区转让房产的情况时有发生，但单独转让宅基地的现象并不多见。随着城市化步伐的加快，农民作为重要的劳动力大量向城市转移，有的农民在城市选择长期居住后，便卖掉农村的房屋，宅基地使用权也随之转让，各方也不清楚农村房屋买卖所应适用的法律，双方你情我愿，交易完成，双方恪守约定的规则。随着城乡一体化步伐的加快，城市周边大量农村集体土地被征用或征收，受经济利益的驱动，村民愿意将闲置的房屋向市场销售。该类房屋买卖后，由于无法办理产权证，势必导致在今后的交易过程中产生纠纷，从而影响社会稳定。

关于宅基地使用权流转问题，未来制定的民法典必须直面正视，应对宅基地的流转方式做出明确规定，合理界定宅基地的出租与出让效力，是立法完善的一个关键环节。由于土地有其特殊性，一旦处理不妥就会造成难以弥补的社会问题，这已成为不少国家的历史教训。故而，在宅基地使用权流转问题上，我们应循序渐进，一方面，在农地权利体系构建中建立农村宅基地有偿使用制度，这既是宅基地使用权作为用益物权的具体表现，也有利于集体资金的筹集和提高土地的利用效率。农村宅基地有偿使用还是宅基地使用权有序流转的必要条件，另一方面，加强国家宏观调控作用，规范和引导农民集体利用土地进行活动。可以构建类似于国有土地有偿出让制度，在保留土地所有权的前提下，要求进行商业化利用的农户办理必要的商业化利用手续，并补交一定的费用。随着进城务工人员队伍的扩大，一方面，农村宅基地空闲问题日渐突出，为了充分利用农村土地，应在一定程度上适度放开农村宅基地流转。

（七）房屋买卖中亲属和同宗族人的优先购买问题

在中国古代，人们提倡孝道、注重伦常，而且跟街坊四邻都是祖祖辈辈生活在一起的熟人，大家的关系相对稳定，人员流动性非常小，长期遵循着"财产祖有"和"家族公产"的观念。在这样的社会环境里，出卖土地、房屋就成为公认的大事。土地和房产往往是几代人辛苦积累的家业，变卖祖产是大不孝的败家行为，不到万不得已是不会出此下策的。如果必须要出卖土地和房屋的，律法亦未禁止，但却有一些成文或者不成文的习惯——亲属、邻居享有对土地、房产的先买权。先买权是指有血缘关系的亲属和街坊四邻出同样的价钱有优先取得出卖房产、土地的权利。根据传统习惯，亲属是第一顺序的购买人，血缘关系越近就越享有优先权，反映了古人尽量把祖产留在同宗名下的愿望。近邻属于第二顺序的购买人，按照东西南北的顺序依次享有优先权。这里的近邻指的是其土地、房屋与要出卖方土地、房屋相毗邻的邻居，中间隔着别人的土地、房屋和公共道路的不在此列。只有在亲属、近邻都无意购买或者想买却承担不起出卖的价格时，才能把房产、土地转让给别人。但出卖人恶意侵害亲邻的先买权或亲邻滥用先买权不受法律保护。据历史资料显示，有关先买权的制度在北魏时已经出现，到唐宋时在国家的正式法律条文中有了具体规定。法律规定先买权的时效为三年，三年内先买权人如不提起诉讼，三年后官府不再受理。还有一种比较特殊的情况，就是如果谁家的墓地离出售的田地比较近，那么墓地主人享有比田地所有人的亲属和近邻更为优先的购买权，因为"以亲邻者，其意在产业，以墓田者，其意在祖宗"。伦理道德重于以产业获利是我国古代法律传统所遵循的一项基本原则。我国古代法律维护亲邻的先买权，其目的一是为了保护宗族财产不外流，二是为了尽可能避免在水利和土地界址等方面与外族起冲突，维护社会和谐。

随着社会经济的快速发展，现代农村的"财产祖有"观念和"家族公产"观念有所淡化，但在一些农村房屋交易实践中仍然习惯于适用亲邻优先权，至今在民间还流传着这样的说法"卖屋应卖给隔壁的，卖牛要卖给合犋的"，"远亲不如近邻"。应否赋予卖房人的亲属、同宗族的人以优先购买权，关系到卖房人、卖房人的亲属、同宗族的人以及其他交易对象的利益，也关系到交易自由的问题，因此从立法角度是否认可卖房人的亲属的优先购买权，必须权衡利弊，慎重对待。关于这一问题的立法处理，在我国现有立法以及司法解释中也可以找到一些相关的内容。比如，根据《最高人民法院关于审理城镇房屋租赁合同纠纷案件具体应用法律若干问题的解释》第24条第1款规定："当出租人将房屋出卖给近亲属的，房屋承租人主张优先购买权的，人民法院不予支持。"就出租房屋的出卖问题，根据《合同法》第 230 条规定："出租人出卖租赁房屋的，应当在出卖之前的合理期限内通知承租人，承租人享有以同等条件优先购买的权利。"该条明确赋予了房屋承租人的房屋优先购买权，也就是说，在租赁房屋出卖时，房屋承租人相对于其他的交易对象而言享有同等条件下的优先购买权。反观《最高人民法院关于审理城镇房屋租赁合同纠纷案件具体应用法律若干问题的解释》第 24 条规定，卖房人在出卖自己的出租房屋时，当出卖人将租赁房屋出卖给自己的近亲属时，房屋承租人在此种情况下是不能主张优先购买权的，此条文蕴含了一层意思，即当出卖人将租赁房出卖时，卖房人的近亲属实际上是享有同等条件下的优先购买权的，此优先购买权既然可以对抗房屋的承租人，更可以对抗其他的一般交易对象。因此，对于农村租赁房屋的买卖问题，可参照城镇租赁房屋出售规则进行处理，也即农村租赁房屋出售时，卖方的近亲属也有优先于承租人购买房屋的权利。

由此可见，不管是城镇租赁房屋还是农村租赁房屋在出卖时，卖房人都有权利优先将该房屋出卖给自己的近亲属，卖方的近亲属享有优先于房屋承租人主张购买的权利，卖方近亲属的优先购买房屋的权利可以对抗房屋承租人。但是，对于城镇房屋或者农村房屋买卖时，此种优先购买权是否可以对抗房屋出卖人，也就说，假如房屋出卖人宁愿将房屋卖给其他人，不愿卖给其近亲属，近亲属能否提出异议，对此法无明文规定。在我们的调研中，问及在房屋买卖中亲属和同宗族人是否享有购买优先权，49.5% 的调查对象认为不存在优先权，11% 的认为只有亲属优先，26.4% 的都可以优先，不分先后，12.1% 的认为亲属优先于同宗族的人。从我们调研数据反映的情况来看，大部分人认为不能赋予卖房人的近亲属以优先购买权，不能以此优先购买权来限制卖房人卖房的自由，这一点是尊重卖房人所有权、保障交易自由的重要体现，应为立法所肯定。但当出卖人把房子卖给自己的近亲属时，房屋的承租人主张《合同法》第 230 条规定的优先购买权的，卖房人的近亲属此时可以主张优先购买权，此优先购买权可以对抗房屋承租人，以保障出卖人近亲属的利益，为了兼顾房屋承租人的利益，考虑到房屋租赁的现实，司法解释将享有优先购买权的人限于近亲属，无疑是公平、合理的选择。

（八）房屋买卖的交易方式问题

交易习惯是一个民族、一个社会的深刻历史记忆，是地方交往的共识，交易习惯的变迁反映着社会共识的变迁。治理方式的改变会直接影响到民间在交往方式上的变化。关于农村房屋买卖的交易方式，我们的调研显示：33.4% 的受访对象认为应签订房屋买卖契约，且须有中间人担保；45.2% 的村民认为应当过户登记；14.5% 认为口头约定即可；6.6% 的人认为要交付房屋钥匙。据受访者反映，农村私有房屋交易一般要订立书面契约，但这种契约形式多样，没有固定的格式，主要包括房屋以及价款，很少有涉及宅基地使用权的。如果是经村委会见证的同村人之间的房屋买卖，即使不办理登记过户，也会得到村委会对交易的认可。实践中很少有进行房屋过户登记的，过户登记在交易人心中处于可有可无的地位。虽然不予过户，但买方会要求卖方交付宅基地使用权证和房产证，防止一房二卖。一般来看，同村人之间的房屋交易违约情况较为少见。如果出售给本村以外的人时，有的以赠与合同的形式办理房屋产权和土地使用权过户手续，私下则按双方签订的房屋买卖合同履行。在农村能够主持买卖房屋的人，一般是村内有一定威望、具有一定文化水平的人。中人只充当见证人的角色，不收取任何费用，也并不承担担保责任。对于房屋交易效力，过户登记并非村民交易意识中的大事，关键在于钱财两清。

另外，农村私有房屋交易呈现多元化趋势，所引起的纠纷日益增多。按规定，农村私有房屋交易一般只在本村村民之间进行。但在在城乡人口流动加速和城乡一体化的大背景下，农村住宅交易不仅在不同地区村民之间发生，而且农村村民与城镇居民之间的交易行为也开始增多。原因在于：一方面，由于城市建设的发展和户籍制度限制的逐步取消，大量的农村人口流向城市，导致农村地区出现许多闲置住房；另一方面，城市房价居高不下，部分城市居民为改变生活方式或居住环境，往往会到近郊农村以较低价格购买农民闲置房。这为农村私有房屋在农村村民和城镇居民间交易奠定了供求基础。农村集体经济组织相对涣散和监管缺位为此类交易行为的发生也提供了一定空间。我国现行民事立法主要适用于城市商品房交易，而对农村私有房屋买卖的规定甚少，引发了交易秩序的混乱和法律适用上的困难。因而必须加快相关立法，在立法层面给予正确规范和引导。

（九）典权问题

典权制度是中国传统社会特有法律制度，以其特有的功能根植于中国社会千百年之久。作为一种物权，典权的基本模式为：出典人将出典物转移给典权人；典权人在取得典物时向出典人支付典价。典价通常为典物出卖价格的50%～80%之间，典权人在取得典物之后，可以对其行使占有、使用、收益等权利。典权可以经回赎、找贴、绝卖等方式而消灭。我国《民法通则》没有确立典权制度。在我国《物权法》制定之时，关于是否应该规定典权，学者之间曾经存在着巨大的争议，在最终颁布实施的《物权法》没有规定典权。此次调研，课题组成员在设计调研题目时，专门设计了有关典权是否存在的问题，以探求典权在民间社会到底是否还存在，以及多大程度上起着作用。

我们对调研的结果深感出乎意料：其实大多数被调研者并不知典权为何物，即使有人听说过这一名词，也说不清楚何为典权。数据显示，在河北省衡水地区和沧州地区，73%的被调研对象不知何谓典权，湖北省和安徽省调研地区不清楚何谓典权的被调研者也达到了36%和46.67%，亦占多数。从调研地区的总体情况来看，有56.19%的被调研者不知何谓典权。通过对调研者的进一步解释说明，仍只有其中小部分人表示曾经听说过有这一形式存在，但根本不知道其制度价值是什么。可以说，典权这项传统且古老的制度，在实践层面已经是日渐淡出了人们的视野。

对于典权在我国立法中是否应明确，学界的观点不一。制定《物权法》过程中，在法学界曾展开了关于典权存废的激烈讨论，在《物权法》的二次审议稿中也曾出现典权的身影，但最终典权被删除。在《民法典》编纂之际，典权是否入典的问题再一次被提出来。有的学者认为典权应该在立法中明文规定，主要基于以下几个方面的原因：第一，民族文化因素是其首要原因。典权是中国特有的法律制度，在中国历史上曾存续近千年，具有深厚的民族性和本土性，在立法中规定典权是尊重民族文化的表现，更易于为广大人民群众所接受。第二，典权本身的功能性所决定的。典权具有社会融资和担保的功能，其既可保证不丧失对不动产的所有又可以获得融通资金，具有简便快捷的功能。第三，亦即现实需求。我国地域辽阔，各地民族习惯不同，因典权引起的纠纷不在少数，因此国家应加强立法促使纠纷的解决。第四，经济发展的需求。目前我国国民收入增加，很多居民已经步入小康生活，除了解决基本的居住之外开始投资房地产，很多居民已经拥有不止一套的商品性住房，如果允许在房屋上设定典权则可避免出租或者委托他人代管之麻烦。[①]

---

① 参见张新宝：《典权存废论》，《法学杂志》2005年第5期。

而反对典权立法的学者，针对上述理由提出了反驳意见：首先，我们在立法时要考虑民族习惯，但并不是任何的民族习惯我们都不加改变的予以承袭，要本着"取其精华，去其糟粕"的精神正确地对待民族习惯。典权曾在我国历史上担当了一个"有辱祖业，败家败族"的罪名，随着现代经济的发展和人们生活观念的改变，典权的存在已无必要；其次，典权的融资担保功能完全可以被现代的其他法律制度所替代。再次，随着法律的全球化和国际化的加强，我们应努力和世界其他国家的法律接轨，典权亦应被废止。最后，典权纠纷毕竟只是个案，我们不能因为个案而单独立法，这些纠纷完全可以通过最高法院的司法解释予以解决。

典权在中国已逐渐丧失其存在的经济、社会、历史和文化等基础。典权的传统功能逐渐被担保中的抵押等法律制度所取代，典权因其中国传统认为变卖祖产，仍败家之举，足使祖宗蒙羞，为众人所不齿，已消失在人们的视野之外，其积极的社会功能逐渐被其他相似的法律制度所取代；房屋作为典权融资担保的功能已失去经济和社会基础；典权本身表现出来的双方不平等性等固有缺陷也决定了其与现代民法的价值格格不入。

（十）租赁房屋修缮费用承担问题

房屋租赁是民间社会中较为普遍存在的现象，房屋租赁期间，对租赁物的修缮费用到底应如何承担，不同的地方存在着并不完全一致的做法。为较为深入了解租赁房屋修缮费用的承担情况，在调研地区调研时设计了关于租赁物修缮费用承担的问题。从调研情况来看，选择由出租方和租赁方双方协商的占相对多数，其中湖北省、安徽省、广东省、山西省调研地区选择应由双方协商承担的分别占到40.5%、26.67%、65%、40%，综合五省调研地区的整体情况来看，选择由双方协商承担的也达到37.33%。在走访过程中，很多受访者均认为，房屋租赁期间，租赁物的修缮费用应赋予出租人和承租人更多的意思自治，由租赁合同双方当事人自己决定，法律无须强制性介入。但在调研过程中，也发现一些调研地区存在着一些常用的习惯，即在房屋租赁合同当事人没有做出特别约定，事后双方又没法协商解决的情况下，往往将租赁房屋的修缮分为"大修"和"小修"而选择不同的修缮费用承担方式。比如，在河北省、山西省调研地区，选择"大修"所产生的费用由房东承担，"小修"产生的费用由承租人承担的比例分别达到40%和44%。就五省调研地区的总体情况来看，选择"大修归房东，小修归房客"的也占到36.22%。在调研过程中，还发现在调研地区还存在另外一种关于房屋修缮费用的承担方式，即房屋修缮费用不论大小均由房东承担，这占到一定的比例。综合五省调研数据统计来看，该比例达到20.67%。但是，选择"大修小修都由房客承担"的比例非常低，被调研者一般认为出租房屋的人收取了租金，本应承担修缮租赁房屋的费用。就选择"大修归房东，小修归房客"的比例与选择"大修小修都由房东承担"的比例比较来看，河北调研地区选择"大修归房东，小修归房客"的比例比选择"大修小修都由房东承担"的比例高出13个百分点（比例分别为40%、27%），湖北调研地区此种比例高出8个百分点（比例分别为31.5%、23.5%），安徽调研地区此种比例高出20个百分点（比例分别为43.33%、23.33%），山西调研地区占此种比例高出35个百分点（比例分别为44%、9%），广东调研地区此种比例持平（均为15%）。由此可见，从调研数据所反映的情况来看，在租赁房屋维修费的承担方面，如果当事人之间有协议或者事后能协商一致的，按照协议或者协商的意见处理。如果没有协议并且事后又无法协商一致的，存在着一种较为普遍的现象，即房屋大修的费用由房东承担，房屋小修的费用由房客承担。

　　租赁房屋修缮费用的承担，实际上指的就是，在房屋租赁实践中，是由出租人（房东）还是由承租人（房客）承担出租房屋的修缮义务。根据《合同法》第220条、221条的规定，租赁物的修缮，有约定的从其约定，没有约定的由出租人承担。从调研地区调研的总体情况来看，被调研者一般均认为，就房屋租赁期间租赁房屋的修缮费用可以由租赁双方当事人协商处理，也就说在租赁房屋的修缮费用承担方面，双方当事人有自主决定权，无须法律的强制性介入，调研所反映出来的情况与《合同法》的规定精神是一致的。但是，如果房屋租赁双方当事人对租赁期间内房屋修缮费用没有做出约定，事后又无法协商一致的，《合同法》规定出租房屋的一切修缮费用都由出租人承担。在调研过程中，一些地方的被调研者也是这么认为和操作的。但值得注意的是，还有相当一部分调研者认为，在其当地往往将租赁物的修缮分为"大修"和"小修"，而主张"大修"的费用由房东承担，"小修"的费用由房屋承租人承担。这一部分调研者认为，这种做法是非常合理的，因为在租赁期间，对房屋所进行的一些小修在所难免，一般所花费的费用也很低，动辄请房东来维修或者要求房东承担很小的费用，感觉不合情理。由此可见，在房屋租赁实践中，关于出租房屋修缮费用的承担，出租人和承租人当然可以事前约定或事后协商，在事前没有约定或者事后协商不成的，就五省调研所反映的情况来看，选择"大修归房东，小修归房客"的比例都普遍高于"大修小修都由房东承担"的比例，是较为普遍存在的一种习惯规则。因此，无论在将来的立法修正或者是法律适用的过程中，遵从这一习惯规则，是比较正当和合理的。

（十一）房屋买卖或出租中的"中人"及"中人"的责任问题

所谓"中人"，又称为"中间人"，是指在买卖或出租等交易活动中存在的为双方当事人调解、做见证或介绍买卖的人。"中人"的作用可以是在当事人之间提供交易媒介，促成交易。"中人"一般要在交易合同中签字，见证交易的存在，当事人在履行合同或者合同履行完毕后发生争议的，可找"中人"调解纠纷，当合同一方当事人不履行合同债务时，"中人"可能会承担债务履行的担保责任。现今的房屋买卖或出租中，"中人"是否仍然存在，"中人"是否要对交易承担责任以及承担什么样的责任等涉及重要的交易习惯问题。我们的调研显示，在河北省、湖北省、安徽省、广东省、山西省的调研地区，房屋买卖或者出租以及其他交易中存在"中人"现象的所占比例是较高的，分别达95%、76%、86.67%、90%、84%，而就五省调研地区的总体情况来看，认为有"中人"现象存在的比例也高达83.7%，由此可以看出，在民间社会有关交易当中，"中人"现象的存在具有一定程度上的普遍性。被调研者反映，在房屋买卖以及其他重要交易中，之所以找"中人"，其目的是为了保障交易的严肃性，以督促交易双方当事人对交易的重视。就选择"中人"现象存在的调研地区来看，当询问"中人"是否承担责任以及如何承担责任时，做法并不一致，有的认为由"中人"承担全部责任，有的认为由"中人"和交易当事人共同承担责任，还有的认为应先由交易当事人承担责任，不足部分才由"中人"承担。其中，选择应先由交易当事人承担责任，不足部分才由"中人"承担的所占比例最高，如河北省、湖北省、安徽省、山西省调研地区所占比例分别达到62%、37.5%、46.67%、34%，而就五省调研地区的整体情况来看，这一比例也高达42%。由此可见，认为存在"中人"现象的地区，绝对多数的被调研者认为交易一方当事人违约导致违约责任的，应先由交易当事人承担责任，不足的部分由"中人"承担，也就是说，"中人"承担的是补充责任。

在我们调研的地区，诸如房屋买卖或者出租以及类似的重要交易中，交易双方当事人往往都会寻找一个"中人"作保，"中人"在交易活动中具有多重的作用。首先,"中人"有介绍买卖、促成交易的作用。"中人"的此种作用主要表现为交易双方当事人提供交易信息和交易机会,即为交易双方当事人的交易"牵线搭钱",为交易的达成创造条件,促成交易。就这一点而言,"中人"的作用类似于《合同法》第23章规定的居间人,即向委托人报告订立合同的机会或者提供订立合同的媒介服务并收取报酬的人。居间人所提供的主要服务也是为交易当事人提供交易机会和交易信息,以促成交易。但在调研中,我们发现"中人"一般都是无偿的,这一点不同于收取报酬的居间人。"中人"可能是交易当事人的邻居,也可能是交易双方当事人都信得过的熟人,这也与营业的居间人是不同的。根据《合同法》第424条的规定,居间人一般都是专门从事提供交易信息和交易机会等交易服务并以此为营利的人。其次,"中人"往往都要在交易合同上签字。"中人"在交易合同上签字,主要目的是证明此次交易活动有某个"中人"的参加,"中人"起到交易见证人的作用。交易双方请"中人"参与到交易中来,是为了保障交易活动的严肃性,提高交易双方当事人对此次交易活动的重视程度,同时在合同履行过程中,当一方当事人不按照约定履行交易条件的,对方当事人往往通过"中人"从中协调,督促对方当事人按照约定履行交易条件,"中人"起到保障交易顺利进行的功能。再次,"中人"在交易中还起到纠纷调解和担保责任的作用。交易合同签订以后,因任何一方当事人的原因导致出现交易纠纷时,"中人"便会在发生争议的双方当事人之间进行沟通、协商,搭建磋商的平台,调解交易过程中出现的纠纷,保障交易的顺利进行。而当一方当事人不履行交易合同,造成对方当事人损失的,根据调研所反映的情况来看,认为"中人"要承担补充赔偿责任的占了绝对多数,等于要求"中人"起到交易保证人的作用。当然,"中人"的这种责任与其服务的无偿性在表面上看是有失公平的,深层次的原因应该是熟人社会的人情代价使然。总之,调研情况显示,"中人"在民间交易中有一定的活跃度,其对促成交易、保障交易顺利进行、及时有效化解交易纠纷方面都起到重要的作用。

(十二)租赁房屋改善物和增设物的处理

房屋租赁期间,为了使租赁房屋更好地满足承租人的使用需求,承租人往往需要对租赁房屋进行改善,增设一些必要的设施。租赁期满,对于租赁房屋的改善物或者增设物应如何处理,在实践中容易引发纠纷。我们的调研数据显示,大部分人认为应该由房屋承租人拆除后带走,比如在河北省、湖北省、安徽省、山西省、广东省等调研地区，选择这个选项的分别有 38%、47%、36.67%、75%、44% 的人，综合五省调研地区的总体情况来看，选择"由房客拆除后带走"的占 44.89%。之所以认为应该由承租人拆除后带走，是因为改善物、增设物往往是为了满足特定承租人的特定需要，这种改善物、增设物对房屋所有权人没有特别意义。但应该注意的是，就这五省调研地区的调研情况来看，也有比较多的一部分人选择折价归房东，其中湖北省、安徽省、山西省调研地区比例最高，分别达到 30%、43.33% 和 47%，综合调研地区的整体情况来看，选择"折价归房东"的占到 29.56%。另外一部分调研对象认为，增设物和改善物应无偿归房东，这在河北省调研地区所占比例最高，达到 46%，综合五省调研地区整体数据来看，此比例也达到 21.56%，认为增设物、改善物应全价归房东的比例最低，很多人认为增设物、改善物往往是为了承租人的需要而设置的，租赁期满全价归房东，对承租人来说不公平。由此观之，对于租赁期间租赁物的改善物、增设物应如何处理，并无完全一致的规则，但改善物、增设物的处理事关房屋出租人、承租人的利益，须有较为明确的规则予以指引。

租赁期间，承租人为满足租赁房屋使用上的特别需要，往往会对租赁房屋进行改善或者增设他物。根据《合同法》第 223 条的规定，经出租人同意，承租人可以对租赁物进行改善或者增设他物，但必须征得出租人同意，否则出租人有权解除合同并要求赔偿损失。经出租人同意所设置的改善物或者增设物，在租赁期满应如何处理，《合同法》第 223 条并没有规定。根据《最高人民法院关于审理城镇房屋租赁合同纠纷案件具体应用法律若干问题的解释》第 10 条的规定："承租人经出租人同意装饰装修，租赁期间届满或者合同解除时，除当事人另有约定外，未形成附合的装饰装修物，可由承租人拆除。因拆除造成房屋毁损的，承租人应当恢复原状。"该司法解释第 12 条规定："承租人经出租人同意装饰装修，租赁期间届满时，承租人请求出租人补偿附合装饰装修费用的，不予支持。但当事人另有约定的除外。"因此，对于租赁期内设置的增设物或者改善物到底应如何处理，房屋出租人和承租人当然可以进行事前约定或者事后协商，此种情况下不存在争议。

出租人和承租人事前没有约定，事后又无法协商一致的，根据司法解释的态度以及调研过程中所反映的实际情况来看，在处理租赁物的改善物或增设物时，往往将改善物和增设物区分为两类：一是与租赁物不可分割或难以分割的改善物和增设物，如房屋墙面的涂刷物、埋设在墙面内的电线等；二是可与租赁物进行分割的改善物和增设物,如增设的家具、吊灯等。对于一些可分割、可拆除的改善物和增设物,租赁期满,应由承租人拆除后带走,这既符合上述司法解释的规定,也和调研数据所反映出来的情况一致。如果出租人同意继续使用该增设物或者改善物的,可以折价归房屋的出租方,这对出租人和承租人都有利。对于不可分割或难以分割的改善物、增设物,由于无法拆除或者虽然可以拆除,但是会破坏租赁物和改善物的效用和价值的,应按照上述司法解释的规定,改善物、增设物应无偿归房东。一方面是基于某些不可分割的改善物、增设物的价值难以确定并且其价值一般都不大。另一方面改善物、增设物的设置往往是为了承租人的使用需要,对出租人来说价值有限,无偿归房东更显公平合理。

(十三) 动产买卖交付方式问题

动产所有权的移转,买卖双方直接交接为其主要方式,这与物权法规定一致,即民间通说的"一手交钱,一手交货",交付完毕,所有权移转。这种方式简便快捷,一般为动产移转的主要方式。调查显示,64%受访者采用直接交付方式,23.8%找中间人证明,7.8%签订书面协议,3.6%认为要作标记。在动产交易中,在中国农村早先习惯找一个双方都信任过的"中人"(即中间人)作为交易的见证人,中人在中国古代和近代一般都收取一定的酬金,负担保责任。中人能积极促成交易的完成。一旦发生纠纷,中间人能及时解决纠纷并能缓和民间矛盾。调研的一些农村仍然有请中人的习惯。双方当事人请第三者裁决作证,称为中人或证人。中人多由当事人双方协商聘请村上有名望之人或亲族长辈担任。民间遇分家、财产继承、招婿、借款(数额较大时)、买卖房屋等事时一般要请中人。中人负担保责任。请中人时一般要吃一顿好饭,民间曰"吃合业"。因此,中人在中国交易的历史舞台上发挥着不可估量的作用。但随着经济的发展和财富的增加,目前农村请中间人的情况越来越少。即使找中间人,中间人不负担保责任,只充当见证人的角色。20世纪80年代前,农村的大型牲畜比较多,在当地存在着牛或者马等牲畜的集中交易市场,俗称"牲畜市",这些市场只有在当地的"赶集"① 时

---

① 赶集,即当地农民在集市上进行集中买卖商品和服务。一个乡可以设几个集市,集市的时间和地点固定,一般设在一个乡的乡政府所在地或者是较大村,间隔时间为4～6天不等。主要是方便农民的生活和生产,集市上交易的商品即包括农民自产的农副产品也包括生活日用产品。在河北省的衡水区的武邑县的紫塔乡设有两个集市,分别在紫塔乡和石村,时间为逢每月的位数为六或者一的阴历日。

间开放,平时关闭,在"牲畜市场"活跃着一大批中间人,在当地被称为"金金"[①],这些人帮助买卖双方讨价还价,促成交易的顺利完成,并在交易成功后提取一定的佣金,佣金由卖方承担,数额由双方协商确定。"金金"先与卖方交涉,在确定好卖价后再去寻求合适的买方,"金金"与买方谈价时采取特殊方式,双方将手握在一起藏在袖口下,用手势和手指谈定交易数额。而当今农村大型机械化生产方式导致牲畜数量很少,牛和马等牲畜的集中买卖市场已不复存在。值得注意的是,在动产的移转上所谓"打标记"形式,如买卖双方在木头上或者是铁块上烙记号,这种古朴的动产移转方式随着现代文明的发展,已完全销声匿迹,已成为历史。

通过调研分析,农村的动产所有权的移转方式与我国《物权法》的相关规定并无冲突,动产所有权的变动以交付为根据,只是在交付时,为了保证交付的可信度,部分地区采取了找中间人作证的方式,这并未从本质上动摇我国《物权法》的相关规定,既然当地民众已经熟知和接受这种方式,又与我国立法相符,因此,国家无须过多干涉,应予以保留。

(十四) 大额借贷担保方式问题

长期以来,农民所拥有的土地使用权、房屋等资产难以进入资本市场。造成农民无法得到金融机构提供的服务,银行一般不贷款给普通村民。现实生活中,农村的民间借贷多数发生在亲戚、熟人、朋友之间。由于这些人平时熟悉,关系较为密切,尤其是在农村更加重视亲缘、血缘关系,因此出于信任或碍于情面,民间借贷关系往往是以口头协议的形式订立,无须进行担保。如果是向外人进行大额借款时,一般要提供担保,由于农民所拥有的土地使用权、房屋等并不像城市一样具有市场化价值,所以担保主要采取人保,即人的保证。一般是村内经济条件较好愿意担保的人充当保证人,也有找村干部当见证人的。如果无人愿意担保,则以房屋作保。经过调查,47.1%找中间人担保,用房屋担保的27.5.1%,承包土地担保的7.3%,以其他财产的占16.1%。通过了解,我们发现农村的民间借贷与城镇借贷相比有着其自身的特点:一是农村民间借贷的用途集中,主要是用于生产周转,其次为建房、生活消费;二是农村民间借贷金

[①] "金金"两个字目前尚未考察清楚是否为"金金",笔者曾经在当地询问了很多的人,被访谈者基本上都熟悉这个称谓,但是对于如何书写却意见不同,有"金金""金斤""斤斤"等。

额较小，但借款期限较长；三是农村借贷以互助性质居多，但近年来借用放贷、以利息为生的职业放贷人开始出现，应予注意的是农村闲散资金有经职业中介人集中后放高利贷或流向赌博等非法领域的趋势；四是城镇借贷规范化，担保方式明确，而农村借贷口头化，担保方式较少使用。

在农村民间借贷中，法律意识较强的村民也会采取书面形式，但借据和收据的书写经常不规范。由于文化水平限制或者法律知识的欠缺，在字条上书写的经常是别名，或者是用同音的别字来替代。出具的收据只写了还款金额，但并没有注明此为本金还是利息，这直接关系到期时最终的还款总额，容易引发争议。由于催款不及时而使借款的收回产生风险的现象也不乏其例。按照法律规定，双方约定还款之日起两年内不主张权利的，两年后起诉的，债务人产生了抗辩权，意味着债权人可能丧失胜诉权。由于农村借贷的缺乏规范化，是农村民间借贷纠纷多发的主要原因。出现纠纷后，私力救济这一古老的纠纷解决方式会常用在借贷纠纷解决上，以物抵款或用欺骗手段占有借款人的财物成为惯用的方法。然而，私力救济手段本身往往会激化矛盾，造成恶劣事件的发生。农村民间借贷促进了农村经济的发展，但同时增加了社会不安定因素。我国立法应加强农村产权制度改革，通过对土地承包经营权、宅基地使用权、集体建设用地上房屋所有权等权属进行确权登记颁证，建立农村资产流转平台，形成农村产权流转市场体系，是金融机构向农村市场开放，破解农村融资难问题，寻求一套适合农村借贷的法律制度。据了解，陕西高陵县开创了农村产权制度改革的先河，成为具有"陕西率先、西部领先、全国有影响"的"高陵模式"。

（十五）捡拾遗失物处理方式问题

根据《物权法》第 109 条规定："拾得遗失物，应当返还权利人。拾得人应当及时通知权利人领取，或者送交公安等有关部门。"我们在调研中问到捡拾遗失物如何处理时，44.2% 的村民认为应该归还失主，不可以要求酬金，29.3% 的认为会上交村委会或派出所，15.3% 的认为应归还失主，但可以要求酬金，只有 10% 认为可以归自己所有。在农村，捡拾价值较小的财物，如果有人来寻，捡拾人一般会物归原主，也不会要求酬金，否则，一般占为己有。如捡拾价值较大的财物，一般会向街坊邻居询问或向村委会说明，暂由捡拾人保管。由于距离乡镇派出所较远，较少会送交公安部门。如有失主来寻，捡拾人会核实遗失物，予以返还。现实中，失主大部分为熟人和街坊邻居，捡拾人很少会要求支付酬金。可见，在农村，拾金不昧仍然为我国传统美德。

我国《物权法》第113条规定："遗失物自发布招领公告之日起六个月内无人认领的，归国家所有。"但是，我国现行社会诚信体系缺失和受功利主义价值观影响，农村捡拾贵重财物据为己有的现象也屡见不鲜。虽然捡拾别人的遗失物拒不交出，数额较大，则构成非法侵占，依法应承担刑事责任。但适用刑罚的情况却很少见。一些受访人认为，捡拾贵重财物归还失主，大部分失主会予以酬谢，但也有个别失主只是口头感谢，没有物质酬谢。捡拾人即使有得到酬谢的意愿，由于碍于熟人社会中人的情面难以启齿。随着我国社会的转型，陌生人社会的范围正在扩大，拾得人享有报酬请求权和在一定条件下取得遗失物的所有权应是拾金不昧的应有之义，并不妨碍传统道德的继续发扬。鉴于民事权利是可以放弃的，也不会导致有人担心拾得人会利用法律赋予的权利发不义之财。获酬制度并不违背拾金不昧的本质特征，是对不昧行为的积极肯定，也是推进文明、促进道德建设的方式之一。正如霍姆斯法官所言，法律乃是我们道德生活的见证和外部积淀。因此，赋予拾得人报酬请求权和拾得人附条件取得所有权是拾金不昧这一道德规范的外部积淀。

（十六）发现埋藏物处理方式问题

埋藏物虽然在日常生活中不具有重要地位，但埋藏物的归属仍然是法律中一个重要课题。埋藏物的发现也是各国物权法中不可或缺的制度。我国《民法通则》第79条规定："所有人不明的埋藏物、隐藏物，归国家所有。接收单位应当对上缴的单位或者个人，给予表扬或者物质奖励。"上述规定采取了1964年《苏俄民法典》有关埋藏物的规定。但与我国不同的是，《苏俄民法典》规定上交之人有权获得所交财物价值25%的奖金。而我国重点强调精神奖励，对物质奖励未予明确规定。关于埋藏物的处埋方式，调查显示，55.5%的人认为埋藏物应归国家所有，12.8%的认为如能确定原所有人，应予以归还，23.3%的认为可以归自己所有，只有7.3%的认为应归集体。据受访者反映，实践中如在自己的承包地或宅院地下发现埋藏物的，除非有人举报，一般由发现人占为己有。发现人上交国家的积极性并不高。

比较而言，大多数大陆法系国家立法恰当地考量了人的思想意识的觉悟程度和水平，并以此为基础对人的行为提出了适宜的要求。如《法国民法典》对发现埋藏物于该法第716条第2款规定："一切埋藏或隐藏的物品，任何人不能证明其所有权，且发现纯为偶然者，称为埋藏物。"法国民法采取发现人取得所有权主义。即在自己土地上发现的埋藏物归自己所有；在他人土地上发现的埋藏物，一半属于发现人，一半属于土地所有权人。而《德国民法典》第984条规定，埋藏物以隐藏于他物中经过较长时期为成立要件，未经过较长的时期的不构成埋藏物。构成发现埋藏物，不仅仅要求找到埋藏物。在发现埋藏物的效力上采取发现人取得所有权主义，埋藏物的一半属于发现人，一半属于包藏物的所有人。日本《民法》第241条规定，埋藏物在依特别法进行公告6月内，其所有人仍不明时，发现人即取得取所有权，但是于他人物内发现的埋藏物，发现人与其物之所有人折半取得其所有权。可见，我国立法一律采用公有主义，显然拔高和扩大了现实条件下人的思想意识的觉悟程度，过高地估价了人们的自觉性。在民法典编纂中应抛弃现有的公有主义，结合我国的现实，积极借鉴其他大陆法系国家采取的发现人有限取得埋藏物所有权的做法和经验。

（十七）打群架责任承担主体及责任划分问题

据调查，目前农村打群架主要集中在家族矛盾、宅基地纠纷、"老婆舌头"倒闲话以及孩童间打闹致伤的索赔纠纷等方面。随着社会文明的进步，打群架的情形已普遍减少。关于打群架责任的承担问题，调查数据显示，认为带头人承担全部责任的占33.1%，带头者承担承担责任、其他参与人承担补充责任的占32.8%，所有参与人平均分担的占18.2%，承担连带责任的占15.7%。这些选项的选择，是受访和问卷者基于自己的朴素思想意识、生活的环境、基于自己的理解或曾经经历过经验立场做出的，因此在一定程度上反映了普通民众对此问题的态度和看法。按照农村习惯，大部分认为责任主要由带头打架者承担。只有当带头人无力承担全部责任时，会要求其他参与人承担剩余责任。在打群架中，如果未造成严重伤害，派出所一般按照邻里关系纠纷处理，不会过多干预，大多由双方自行协商解决，如协商不成，再诉诸法律。如在林州农村，邻居之间有时发生一些误会和纠葛。有了矛盾，多能严以律己，彼此谅解，很快消除。但也有的一方想不通，长时怄气。遇此，对方主动上门认错或开导，并且托人解劝，对于长期难以解开的疙瘩，人们常在办理红白大事时来解决。一般有三种情况：一是办事者主动邀请对方；二是对方主动亲临帮忙；三是由理事者出面说合，使双方到一起"说说"，俗话为"遇事解疙瘩"。另外，还有一部分调研对象认为应由"邀人者承担全部责任"，即其他参与人不承担责任。从受访者认识来看，出于亲属或朋友熟人等情面帮助邀人者还要承担责任于理于情也说不过去，应该由邀人者本人承担全部责任；一些受访者还谈到当地发生的打群架和聚众斗殴等事件等只处理领头人，其他参与者一般都没有处分，这些与传统思维"枪打出头鸟""罪不罚众"等思维有关。

邀人打架致人伤亡，属于共同侵权行为，关于其责任承担，我国现有立法和司法已形成了相对稳定的处理机制。1986年的《民法通则》以民事基本法的形式确立了共同侵权行为的一般原则和责任方式，其第130条规定："二人以上共同侵权造成他人损害的，应当承担连带责任。"我国《侵权责任法》第8条规定："二人以上共同实施侵权行为，造成他人损害的，应当承担连带责任。"第9条规定："教唆、帮助他人实施侵权行为的，应当与行为人承担连带责任。"第10条规定："二人以上实施危及他人人身、财产安全的行为，其中一人或者数人的行为造成他人损害，能够确定具体侵权人的，由侵权人承担责任；不能确定具体侵权人的，行为人承担连带责任。"现有立法关于共同致人伤亡应共同承担责任的立法规定，在调研地区受到绝对多数被调研者的支持，但是在一些较为偏远的农村地区，囿于人情及"枪打出头鸟""罪不罚众"等的影响，也有一部分人认为邀人者应承担更多的责任。因此，对于共同致人伤亡的责任承担，由共同参与人承担连带责任，但在内部责任分担上应考虑到邀人者所起的主要作用，责令其承担主要的责任。

（十八）签订"生死状"死伤的责任承担问题

在我国，"生死状"是古代擂台比赛之前比赛双方签定的一个"富贵在天，生死由命"的在一方死亡情况下的免责条约。据资料表明，我国古代和现代官方基本不认同任何民间私下商定"生死状"之类协议的效力，而涉及生命予夺情形的官方更是明文规定不予承认。这说明我国古代公力救济的发达，这一点从我国古代众多的酷刑可见一斑。古代对"生死状"的认同基本只存在于西方社会，不过西方是另外一种称呼"决斗"或"荣誉决斗"。决斗最早兴起于中世纪早期的西欧，后来传入其他地区，直到第一次世界大战前后才绝迹。最早欧洲的法兰克人就将决斗作为一种证明自己的方式，选择司法决斗的人，是愿意以死来捍卫清白的。尽管被视为迷信，但司法决斗绝非背离理性而存在，其产生和运作植根于特定的历史背景和社会状况，具有独特功能。但是，现代世界各国的法律已经普遍摒弃了古代社会决斗精神的认同。如果你与别人决斗，不管是轻伤重伤乃至死亡，都会引起法律责任。在国内和国外均否认"生死状"

免责效力的背景下，我们欲通过调查了解"生死状"在民间是否还有存在的情形，设计了该题目。从调研反馈的信息来看，该种情况在目前农村已很少出现。47.3%的受访的村民表示农村目前没有这种情况。如果出现签订"生死状"决斗伤亡的，23.8%的村民认为应由致害人赔偿，认为不能要求赔偿的占14.5%，有13.6%的人认为可以适当给予一点补偿。

传统中所谓签"生死状"的免责事由时至今日已受到刑法和民法的干预与调整，不被法律所认可。但在现代社会，仍可见到类似于"生死状"的影子，如在四川金堂县，百名环卫工为保工作签"生死状"，称工作时出意外自己负责，即在某些用工合同中所见到的"工伤概不负责"条款。从表面上看，用人单位用一纸合同明确约定"工伤概不负责"，劳动者选择同意，似乎是用工合同双方当事人意思自治的结果。但从本质上看，困于生计的打工者与追求营利的用人单位之间并不具有经济地位上的平等性，如此协议仅仅是形式平等，实质上毫无平等和公平可言。我国《合同法》第52条明确规定："违反法律、行政法规的强制性规定的合同无效。"第53条规定，约定免除造成对方人身伤害的免责条款是无效的。我国刑法也规定了故意或过失致人伤害或死亡的，触犯刑法规定的要受到刑罚制裁。"生死状"无论以何种形式，都是无效。人的生死不能作为合同内容即合同标的，除非经人民法院审判判决，任何个人、任何组织无权剥夺公民的生命权。在调研过程中，仍有部分被调研者认为签了"生死状"，致害人就可以不承担责任，因此需对普通民众加大法律宣传的力度，发挥法律的引导功能，使普通群众避免因不懂法而触犯了法律。

（十九）辱骂他人侵害名誉权的民事责任方式问题

辱骂他人侵害他人名誉，在普通民众生活中司空见惯，就辱骂他人毁损他人名誉时该怎么处理，不同调研地区不同被调研对象看法也不一致。其中，选择金钱赔偿方式的，河北省调研地区比例最高，达到56%，在其他各省地区所占比例均超过20%，从所调研地区综合情况来看，选择金钱赔偿达34.7%。但是，在调研和走访过程中，有一种现象特别值得关注，即被调研对象一般都认为，在农村辱骂他人，除了金钱赔偿的方式以外，非金钱赔偿的方式更多，比例更大一些。比如在湖北省、安徽省、广东省、山西省调研地区选择其他处理方式的分别占51%、60%、50%、67%。综合调研地区的情况来看，也达到50.7%，也就是说，在民间社会，辱骂他人毁损他人名誉，各地存在着不同的形式，比如通过放鞭炮进行道歉、摆流水席向对方道歉等多种"赔礼道歉"的形式。赔礼道歉是过错方把内心歉意用语言行动表达出来的一种行为，是过错方主观上受良心驱使，为减轻自己良心痛苦而自觉自愿所做的一种行为。从调查情况看，这些"赔礼道歉"的形式也易于为双方当事人接受，这与中国传统"和为贵"的思想是一致的。

辱骂他人毁损他人名誉，赔礼道歉的责任形式具有存在上的普遍性。这次调研所反映出的民间大众对"赔礼道歉"责任形式的推崇，并不违反我国现行法律的规定。我国民事责任法律有将"赔礼道歉"作为责任形式的法制传统。早在中华人民共和国成立之前，在解放区的司法调解中，就使用赔礼道歉的方法。中华人民共和国成立后至改革开放前，我国的法院成为专政的工具，主要处理敌我矛盾，而作为人们内部矛盾的轻微的民事案件主要由单位领导、居委会、生产大队干部用调解的方式处理，他们一般会利用权力促使其中一方向另一方赔礼道歉，以达到促进邻里和睦，教育和影响群众，维护社会稳定的目的。而在"文革"期间，我国公民的民事权利特别是人格权受到严重侵害。制定《民法通则》时，一方面，是为了吸取我国"文革"期间发生过的严重侵害人格权的教训；另一方面，也是总结我国处理民事纠纷的传统经验，赔礼道歉就写入了1986年颁布的《民法通则》里。① 中国民法将赔礼道歉作为强制责任立法，"在基本法中规定赔礼道歉的民事责任形式，是我国的首创"②。已颁布实施的《侵权责任法》仍然认同并沿用，使之以强制赔礼道歉的形式成为侵权行为的一种非经济救济手段。

赔礼道歉源自以恻隐之心和羞耻之心为基础的人的良心（conscience）。③ 良心是人的道德自律的体现，是人内心的道德法庭，在规范人的社会行为中起着极为重要的作用。因此，良心应得到尊重和鼓励。行为人因其过错行为经自我反省而产生内疚感和悔恨，由内疚感和悔恨召唤而至的良心在行为上表现为赔礼道歉。赔礼道歉原本属于道德行为，有着精神抚慰、息事宁人、化解纠纷的作用，历来为中华文化与文明所推崇。

---

① 参见魏振瀛：《论请求权的性质与体系——未来我国民法典中的请求权》，《中外法学》2003年第4期；魏振瀛：《侵犯人身权的民事责任》，《法学杂志》1988年第1期。
② 魏振瀛：《侵犯人身权的民事责任》，《法学杂志》1988年第1期。
③ 参见王立峰：《民事赔礼道歉的哲学分析》，王利明主编《判解研究》2005年第2辑，人民法院出版社2005年版，第27页；冀宗儒：《论赔礼道歉作为民事救济的局限性》，《人民司法》2005年第9期。

现代司法崇尚人文关怀，主张节约诉讼资源，赔礼道歉如能为法律所用，将有助于其社会作用的充分发挥，不仅会在金钱之外给予受害人精神创伤非经济的补救，而且能通过避免纠纷激化为诉讼来有效节约司法资源。

因此，在单纯以金钱赔偿为手段的经济救济难以完全补救受害人的精神损失的背景下，在法律中确立赔礼道歉的相关制度以鼓励促进其社会作用的发挥是非常具有意义的。

（二十）帮工人损失责任划分问题

邻人有难，出手相助，是中华民族的传统美德。助人为乐原本是好事善举，但在帮工活动中也会发生一些意外，产生纠纷甚至对簿公堂。实践中，义务帮工是我国农村地区普遍存在的一类社会关系，在操办婚丧嫁娶等红白喜事、自建房屋、抢收抢种等急需人手之时，街坊邻居、远亲等前来帮忙而不收取报酬，是十分常见的。在此过程中，可能发生帮工人致人损害或自己因为帮工行为受损的情形，实践中也不乏此类因此而起纠纷的案例。所谓义务帮工，是指为了满足被帮工人生产或生活方面的需要，帮工人不以追求报酬为目的，为被帮工人无偿提供劳务的行为。其与雇佣关系不同的是，雇佣关系是雇员在从事从属性劳动中发生的财产关系和人身关系。帮工人不收取被帮工人报酬，帮工活动是无偿的，是助人为乐行为；而雇主与雇员之间则存在着特定的经济利益关系，雇员为雇主创造利益并获取报酬，是等价有偿的商业行为。在帮工中发生事故责任该如何划分？调查显示，认为被帮人承担全部责任的占29.2%，双方共同分担的占28.7%，33.6%的人认为被帮者给予适当补偿，仅有6.9%人认为帮工者自己承担损失。

为解决实践中存在的帮工人致人损害的责任承担问题，《最高人民法院关于审理人身损害赔偿案件适用法律若干问题的解释》第13条和第14条确立了义务帮工责任这一独立的为他人行为责任类型。[①] 上述司法解释基本符合我国农村义务帮工的实际情况，而我国《侵权责任法》第35条规定："个人之间形成劳务关系，提供劳务一方因劳务造成他人损害的，由接受劳务一方承担侵权责任。

---

① 该解释第13条规定："为他人无偿提供劳务的帮工人，在从事帮工活动中致人损害的，被帮工人应当承担赔偿责任。被帮工人明确拒绝帮工的，不承担赔偿责任。帮工人存在故意或者重大过失，赔偿权利人请求帮工人和被帮工人承担连带责任的，人民法院应予支持。"其第14条规定："帮工人因帮工活动遭受人身损害的，被帮工人应当承担赔偿责任。被帮工人明确拒绝帮工的，不承担赔偿责任；但可以在受益范围内予以适当补偿。帮工人因第三人侵权遭受人身损害的，由第三人承担赔偿责任。第三人不能确定或者没有赔偿能力的，可以由被帮工人予以适当补偿。"

提供劳务一方因劳务自己受到损害的，根据双方各自的过错承担相应的责任。"可见，我国《侵权责任法》未从立法角度将义务帮工责任单独规定为一类侵权行为形态，此类侵权行为通常通过雇主责任解决。未来立法中应当参考现行司法解释的做法，单独规定义务帮工责任，明确帮工人帮工行为的判断标准为主客观相结合，即应当结合被帮工人的意图和帮工行为的外在表现综合认定。

（二十一）养子女对亲生父母遗产是否享有继承权问题

在对养子女对亲生父母遗产是否享有继承权进行调查时，25.6%的认为没有继承权，18.4%的认为，如果还有其他子女，则没有继承权，39.1%的认为有继承权，15.3%的认为可以适当继承。养子女是指因收养关系的成立而为收养人所收养的子女。根据我国《收养法》第23条："自收养关系成立之日起，养父母与养子女间的权利义务关系，适用法律关于父母子女关系的规定；养子女与养父母的近亲属间的权利义务关系，适用法律关于子女与父母的近亲属关系的规定。养子女与生父母及其他近亲属间的权利义务关系，因收养关系的成立而消除。"从上述规定可知，养子女与养父母以及生父母之间的继承关系有两点：第一，养子女是养父母的第一顺位法定继承人；第二，养子女与生父母间的权利义务关系已消除，养子女无权继承生父母的遗产。

虽然养子女与生父母之间在法律上的权利义务因收养关系的成立而消除，但是血缘关系是无法割断的。对此，《最高人民法院关于贯彻执行〈中华人民共和国继承法〉若干问题的意见》第19条[①]体现了继承法律关系上权利与义务对等的原则。目前在农村，收养关系大部分是在被收养人刚出生不久时成立，送养人和收养人之间都有约定，除非第三人恶意破坏，被收养人一般并不知自己的亲生父母，因而也不存在继承亲生父母遗产的情形。一旦知道自己的身世，只有在亲生父母无子女继承时才可以继承。

（二十二）法定继承顺序和范围问题

在遗产的法定继承顺序上，我们调研的结果是：受访的35.1%认为配偶应优先继承，24.5%的认为子女应优先继承，30.1%的认为配偶、子女和父母都

[①] 该条规定："被收养人对养父母尽了赡养义务，同时又对生父母扶养较多的，除可依继承法第十条的规定继承养父母的遗产外，还可依继承法第十四条的规定分得生父母的适当的遗产。"

在第一顺序平均继承，只有 8.2% 的认为父母应优先继承。在调查中发现，被继承人去世后，遗产一般不予分割继承，而由配偶负责掌管遗产，只有在双方均去世后，才由数子分割继承，外嫁女一般不参与继承。如果有数个子女的，房屋等不动产遗产一般由与被继承人公共生活的儿子继承，动产遗产按照子女的人数平均继承。在被继承人有子女继承的情况下，其父母一般不参与继承。

关于继承范围，《继承法》第 10 条[①]将法定继承人的范围严格限制在三等血亲范围以内。根据《继承法》第 32 条规定[②]，如果无法定继承人的公民在生前没有订立遗嘱，则其财产将被依法收归国家或者其生前所在集体所有制组织所有。我们调研发现，如果没有上述三等血亲范围以内的法定继承人，农村继承习惯是一般由四等亲以内的旁系亲属继承，很少有将遗产交归国家或集体所有。

综观其他国家继承法，各国法律规定的继承人范围和顺序宽窄和多寡有所不同。其中以采"亲属无限制继承主义"的德国所规定的继承人范围最宽，几乎包括了所有有血缘关系的亲属和配偶。而法国、美国和日本等大部分国家则采取的是"亲属继承限制主义"。但这种限制只是对旁系血亲的限制，有的限于十二亲等，有的限于十亲等，有的限于六亲等，对直系血亲则一般无亲等限制。但是，与上述任何一个国家相比，我国继承人的范围和顺序则明显狭小。在范围上仅限于三亲等以内，顺序也只有两个。我国是一个家庭观念很强的国家，非常重视家庭成员之间的亲情。从历史传统上看，四等亲以内的亲属关系都是相当密切的，把四等亲以内的非直系亲属纳入法定继承人的范围，是同我国的历史传统和民族习惯相适应的。未来立法应考虑我国传统的继承顺序习惯和扩大继承人范围，最大程度上减少公权对私有财产的干预。

（二十三）关于婚约的问题

我国古代六礼中前四礼都与婚约有关。到了近代，婚约制度一直延续着。但是我国 1950 年和 1980 年颁布的《婚姻法》以及 2001 年 4 月对 1980 年婚姻法修正后都未规定婚约问题。由于缺少法律对婚约事前指引和事后调整，在现实生活中因婚约引起的问题层出不穷。

---

① 该条规定："遗产按照下列顺序继承。第一顺序:配偶、子女、父母。第二顺序:兄弟姐妹、祖父母、外祖父母。继承开始后，由第一顺序继承人继承，第二顺序继承人不继承。没有第一顺序继承人继承的，由第二顺序继承人继承。"
② 该条规定："无人继承又无人受遗赠的遗产，归国家所有;死者生前是集体所有制组织成员的，归所在集体所有制组织所有。"

在我国农村，结婚前一般都要订立婚约，婚约是男女双方将来缔结婚姻的事先约定。双方在婚约期间，通过进一步的了解，认为对方不适合作为终身伴侣，协商解除的，双方一般不会互相要求损害赔偿。但是在一方无正当理由而要求解除婚约，或一方有严重违反婚约和损害对方利益的行为，另一方提出解除婚约的，补偿或赔偿的问题就容易引起争议。关于解除婚约应否承担赔偿责任，我们的调研结果是：31.7%的受访对象认为婚约有效力，解除要承担赔偿责任；21.4%的认为如果一方已为结婚做了准备，解除婚约方就要承担责任；35.8%的认为一般情况下不需要，除非恶意骗婚和骗彩礼；还有8.3%的认为婚约没有法律效力，不需要承担责任。

婚约的解除往往还涉及"彩礼"的返还，这是实践中常常发生纠纷的地方。彩礼，有的地方也称为聘礼、纳彩等，是中国几千年来的一种婚嫁习俗。按照传统的风俗习惯，男方要娶他家女子为妻时，应当向女方下聘礼或彩礼。彩礼给付的多少，依据当地的习惯和当事人自己的经济情况而定，但是一般说来数额不低。以结婚为条件而赠送的"彩礼"或其他财产，在婚约无法履行的情况下，赠与人能否请求返还，不返还的如何解决，我们的调研显示：55.8%的人认为解除婚约后彩礼需要返还，不返还就找媒人或中间人协调；17%的人也认为需要返还，不返还的向法院起诉；15.6%的人认为不需要返还；10.4%的人认为女方有过错时才返还。可见，大部分受访者认为彩礼属于附条件的赠与，解除婚约后，应当返还。

关于婚约的效力，各国法律有不同的规定。有的国家认为婚约不是独立的契约，不承认这是一种契约之债，所以任何人不得根据婚约而提起结婚之诉，也不得追究违约责任；有的国家则把婚约视为以婚约为目的的契约行为，可以追究毁约人的违约责任。有的国家虽然在一定条件下，即以有过错为前提，规定了因婚约解除所生的损害赔偿责任，但是实行责任法定原则，即责任的类型与内容由法律确定，不承认当事人有约定责任类型与内容的权利。在我国现行的一方违反婚约，无论其是否有过错，均不能要求其承担损害赔偿责任的规定过于绝对，不利于婚约关系的调整和纠纷的解决，应由立法对此予以明确规定。关于彩礼返还，我国《婚姻法解释（二）》已经对彩礼是否应与返还作了明确的规定，根据最高人民法院《关于人民法院审理离婚案件处理财产分割问题的若干具体意见》第19条解释，借婚姻关系索取的财产，离婚时，如结婚时间不长，或者因索要财产对方生活产生困难的，可酌情返还。对取得财物的性质是索取还是赠与难以认定的，可按赠与处理。在实践中法院对此问题处理通常倾向于彩礼酌情返还。因此，对处理解除婚约后的彩礼返还问题，立法应结合农村婚俗习惯，采取慎重而客观的态度，对其明确规定。如果处理不当就会导致矛盾升级。

（二十四）结婚判断依据问题

调查显示，73.2%的受访者认为领取结婚证是判断依据，19.8%的认为是办酒席，5%认为同居即可。现实中，虽然大部分村民认为只有办理结婚证才受法律保护，但仍有很多农村，直到现在还以摆喜宴为正式结婚的标志，宣示婚姻的成立。有的农村孩子，早早辍学，帮父母在家干活，或者就出去打工挣钱。家里愿意让他们早点结婚，一是为了省事，孩子结婚了，父母的任务就完成了。另一个原因是，女孩的父母认为，孩子出嫁了才真正有了依靠，才可以放心，所以，女孩不到二十岁就说婆家，刚到二十岁就结婚了。男孩子结婚也相应提前。婚姻法虽明确规定法定结婚年龄，但在农村，花点钱就可以更改年龄，所以，早婚风气比较普遍。有的家庭为了传宗接代，逃避计划生育惩罚，先摆喜宴，举行典礼仪式，等女方生下男孩后才与男方去领结婚证。有的未生男孩遭男方抛弃，因未领结婚证使其权益无法受到法律的保护。近年来，随着城镇化进程的不断推进，大量农村青年纷纷选择外出打工。然而，随着进城务工农民经济条件、生活环境等方面发生改变，传统的农村婚姻家庭观念也受到了冲击。聚少离多、闪婚、家庭暴力，成为当下农村离婚案的主因，导致农村的离婚率明显上升，引发社会与家庭的不稳定。

五、调研结论

通过对上述调研数据的分析，我们发现现实与立法之间在有些问题上存在着一定的差异性，这些差异主要来自于民间历史传统的不同，有特殊的民族性和地域性。在社会延续和历史的长河中，这些民族习惯被遗留下来并且被当地民众所熟知从而被有序的贯彻和实施，因此，在《民法典》的编纂中，立法者应认真对待和处理。在编纂《民法典》的过程中，立法界和理论界应充分利用和大胆吸收我国民间所广泛存在着的传统、文化、习惯、风俗等本土的法律资源，用更加开放的胸襟兼容并蓄，使《民法典》中的纳入规范更具开放性，在法律术语、制度设计、规则制定方面体现出我国特有的民族性制度资源。

从世界范围来看，无论是大陆法系国家还是英美法系国家，民事习惯一直是民法的一个重要的渊源，特别是在现代民法中，习惯作为民法的重要渊源已经得到世界各国的认可。从我国历史的角度来看，在我国的古代社会，习惯一直是调整民事生活的主要法源。清末民初，我国进行了大规模的法律移植，借鉴西方国家立法经验，实现我国法律的现代化。在此过程中，立法机关非常重视习惯在法律体系中的地位，展开大规模民商事习惯调查，并把大量民事习惯编入民法典。而中华人民共和国成立后，关于婚姻法、继承法和合同法等民事立法都没有重视民事习惯的法律资源选择。最近几年的民法草案和物权法也同样没有对民事习惯予以重视。

综上所述，编纂《民法典》的过程，实质上就是一个民法规范的选择、完善和体系化的过程，其中，如何处理现有民法规范与民间习惯的关系、如何对待广泛存在于民间社会的民事习惯规则，是必须要考虑的一个重要命题。我们主张，在民法典编纂中法律资源的选择上，要充分考虑并利用一些广泛存在于我们日常生活中的传统行为规则，要将一些有着广泛社会基础、较为稳定的调整民事关系的传统行为规则上升为法律或者为其进入法规范体系提供通道。如此，不仅能丰富民法规范的内容，更重要的是，由此编纂出来的《民法典》能最大限度上体现中华民族共同体的"民族"和"本土"特色，更容易被共同体内部的个体所广泛接受。因此，在我国的民法典编纂过程中，既要积极借鉴国外先进的立法经验，又要高度重视将民族习惯作为重要法律资源的做法，对民事习惯在我国民法体系中进行一个合理的定位，积极对其进行调查和研究，将其作为民事立法和司法的重要资源进行利用和吸收，为中国民法典的生命力寻找一种新的理论源泉，真正体现我国民法典的民族性与国际性的统一。

六、调研的不足之处

总结整个调研工作，我们发现调研的个别题目设计不尽合理，有些题目针对性不强，有些题目的侧重点存在偏差。调研问卷的一些事项设计没有考虑现实的可行性。如调研对象的姓名等事项可不予设计，受访者出于某种考虑，不愿填写自己的姓名，调研地区无须特别详细，以提高调研效率和节约调研时间。

另外，由于农村的方言和俚语较重，调研中存在着语言沟通不畅等问题。本次调研的最大困难和缺憾在于，农村外出打工的青壮年较多，大部分是留守的妇女、儿童和老人，文化程度偏低，有些老人视力不好，在一定程度上影响了调研的全面性和准确性。

第二部分　项目调研分报告（一）
——以河北、湖北、安徽、广东、山西五省调研为例

一、调研概况

本期课题组成员共分成三个调研小组，于 2011 年 7 月至 8 月份，分别走访了河北省的衡水和沧州两个地区的四县 5 村，湖北省的荆州、黄石、十堰、洪湖、襄樊、大冶等地区县市，安徽省的铜陵地区，山西省的晋中地区以及广东省的潮州、惠州地区等。调研工作在当地县乡镇政府和村民的积极配合下进展顺利，其中，在河北省发出调研问卷 130 份，收回有效问卷 100 份，在湖北省发出调研问卷 260 份，收回有效问卷 200 份，在安徽省铜陵地区发出调研问卷 50 份，收回有效问卷 30 份，在山西省的晋中地区发出 110 份调研问卷，收回有效问卷 100 份，在广东省发出有效调研问卷 30 份，收回 20 份，各省区共发放调研问卷 580 份，收回有效问卷共计 450 份。各调研小组成员在实地调研期间，还就民族性规范资源如一些民事习惯的存在、适用、作用范围等问题与村民、村委会成员、乡镇政府土地部门和派出所以及基层法院工作人员、律师等进行访谈，制作完成 30 余份访谈笔录。

二、调研数据统计

此次调研问卷的设计，从内容的选取上来看，主要集中在物权法、债权法、

侵权责任法部分规范资源的适用以及相对应的习惯资源的存在状态。物权法规范部分主要选取了动产以及不动产所有权转移的方式、农村宅基地的出租、房屋能否出典、农村丧葬用地供应等问题，侵权责任法规范部分主要选取了邀人打群架中的责任承担、辱骂他人毁损他人名誉的责任承担方式、"生死状"的法律效力以及此种情形下的责任承担等问题，债法规范部分主要选取了房屋租赁实践中房屋维修费用的承担、房屋买卖出租中是否存在"中人"以及"中人"所应承担的责任、房屋买卖时出卖人的亲属以及同宗族的人是否存在优先购买权问题、房屋租赁期间承租人对租赁物进行改善或者增设其他设施，租赁期满，改善物和增设物的处理等问题。为较为清晰地了解调研地区人员对上述问题的回答现状，本统计表格以调研地区为单位，以所设计的调研问题为主线，将各地区调研情况综合列表如下。

表1 河北省调研情况分析

问卷内容	问卷情况	衡水地区 70 份						沧州地区 30 份		河北省总计 100 份	
		武邑县 30 份		枣强县 20 份		景县 20 份		吴桥县 30 份			
交付动产	标记	0 份	0	0 份	0	0 份	0	0 份		0 份	0
	双方直接交接	6 份	20%	0 份	0	3 份	15%	11 份	36.67%	20 份	20%
	找中间人交接	24 份	80%	19 份	95%	18 份	90%	19 份	63.33%	80 份	80%
	其他形式	0 份	0	1 份	5%	0 份	0	0 份		0 份	0
不动产如房屋买卖的形式	到房产部门办登记	5 份	16.67%	3 份	15%	4 份	20%	4 份	13.33%	16 份	16%
	中间人保证签字	16 份	53.33%	14 份	70%	14 份	70%	19 份	63.33%	63 份	63%
	谈好就可，不需其他手续	6 份	20%	3 份	15%	2 份	10%	7 份	23.33%	18 份	18%
	交钥匙为准	3 份	10%	0 份	0	0 份	0	0 份	0	3 份	3%
宅基地是否可出租	可以，但只租给本村村民	8 份	26.67%	1 份	5%	8 份	40%	5 份	16.67%	22 份	22%
	可出租给任何人	6 份	20%	0 份	0	0 份	0	0 份	0	6 份	6%
	不可以出租	12 份	40%	18 份	90%	12 份	60%	22 份	73.33%	64 份	64%
	不清楚	4 份	13.33%	1 份	5%	0 份	0	3 份	10%	8 份	8%

续表

问卷内容 \ 问卷情况		衡水地区 70 份						沧州地区 30 份		河北省总计 100 份	
		武邑县 30 份		枣强县 20 份		景县 20 份		吴桥县 30 份			
房屋是否可以出典	可以，典期双方自由约定	5 份	16.67%	1 份	5%	1 份	5%	1 份	3.33%	8 份	8%
	可以，典期固定为 1 年	8 份	26.67%	0 份	0	1 份	5%	0 份	0	9 份	9%
	不可以	3 份	10%	0 份	0	1 份	5%	6 份	20%	10 份	10%
	不清楚	14 份	46.67%	19 份	95%	17 份	85%	23 份	76.67%	73 份	73%
土葬所占用土地	村有公共墓地	9 份	30%	18 份	90%	12 份	60%	15 份	50%	54 份	54%
	使用村里荒地	2 份	6.67%	0 份	0	0 份	0	6 份	20%	8 份	8%
	自己承包地	4 份	13.33%	1 份	5%	0 份	0	3 份	10%	8 份	8%
	向其他承包人有偿讨地	18 份	60%	2 份	10%	11 份	55%	8 份	26.67%	39 份	39%
邀人打架致人伤亡，谁承担责任	邀人者承担全部责任	11 份	37%	10 份	50%	3 份	15%	7 份	23.3%	31 份	31%
	所有参与人共同承担	2 份	6.7%	1 份	5%	7 份	35%	14 份	46.7%	24 份	24%
	由邀人者承担，不足由其他参与人承担	16 份	53.3%	4 份	20%	7 份	35%	4 份	13.3%	31 份	31%
	所有参与者均分	4 份	13.3%	5 份	25%	3 份	15%	5 份	16.7%	17 份	17%
辱骂他人，如何承担责任	放鞭炮道歉	0 份		9 份	45%	0 份		1 份	3.3%	10 份	10%
	摆流水席向对方道歉	1 份	3.3%	0 份		0 份		2 份	6.7%	3 份	3%
	金钱赔偿	13 份	43.3%	7 份	35%	13 份	65%	23 份	76.7%	56 份	56%
	其他	17 份	56.7%	5 份	25%	7 份	35%	4 份	13.3%	31 份	31%
签了生死状伤残的，如何赔偿	致害人赔偿	3 份	10%	5 份	25%	6 份	30%	4 份	13.3%	28 份	28%
	不能要求赔偿	11 份	36.7%	11 份	55%	9 份	45%	10 份	33.3%	41 份	41%
	致害人给予一点赔偿	10 份	33.3%	1 份	5%	2 份	10%	8 份	26.7%	21 份	21%
	其他	6 份	20%	2 份	10%	3 份	15%	8 份	26.7%	19 份	19%

续表

问卷内容	问卷情况	衡水地区 70 份						沧州地区 30 份		河北省总计 100 份	
		武邑县 30 份		枣强县 20 份		景县 20 份		吴桥县 30 份			
租赁房屋维修费的承担	大修归房东，小修归房客	8 份	27%	9 份	45%	9 份	45%	14 份	46.67%	40 份	40%
	大修小修都由房东承担	7 份	23%	9 份	45%	3 份	15%	8 份	26.67%	27 份	27%
	大修小修都由房客承担	3 份	10%	1 份	5%	3 份	15%	0 份	0	7 份	7%
	双方协商承担	12 份	40%	1 份	5%	5 份	25%	8 份	26.67%	26 份	26%
房屋买卖、出租是否有中人，中人承担何种责任	没有中人	1 份	3.33%	3 份	15%	0 份	0	1 份	3.33%	5 份	5%
	中人承担全部责任	6 份	20%	0 份	0	5 份	25%	4 份	13.33%	15 份	15%
	先找责任人，不足部分再找中人	16 份	53.33%	15 份	75%	11 份	55%	20 份	66.67%	62 份	62%
	中人和责任人共同承担	7 份	23.33%	2 份	10%	4 份	20%	5 份	16.67%	18 份	18%
买卖房屋，卖方的亲属、同宗族的人是否有优先购买权	不存在优先权	8 份	26.67%	5 份	25%	3 份	15%	7 份	23.33%	23 份	23%
	只有亲属优先	7 份	23.33%	2 份	10%	4 份	20%	3 份	10%	16 份	16%
	亲属、同宗族的人都可以优先	13 份	43.33%	13 份	65%	11 份	55%	12 份	40%	49 份	49%
	亲属优先于同宗族的人	2 份	6.66%	0 份	0	2 份	10%	8 份	26.67%	12 份	12%
租赁期满，租赁物上的增设物如何处理	房客拆除后带走	17 份	56.67%	6 份	30%	4 份	20%	11 份	36.67%	38 份	38%
	无偿归房东	5 份	16.67%	14 份	70%	13 份	65%	14 份	46.67%	46 份	46%
	折价归房东	7 份	23.33%	0 份	0	3 份	15%	3 份	10%	13 份	13%
	全价归房东	1 份	3.33%	0 份	0	0 份	0	2 份	6.67%	3 份	3%

表 2　湖北省调研情况分析

问卷内容	问卷情况	荆州地区 52份		黄石地区 30份		十堰地区 20份		洪湖地区 38份		襄樊地区 30份		大冶地区 30份		湖北省 共200份	
	标记	1份	1.92%	0份	0	0份	0	1份	2.63%	0份	0	7份	23.3%	9份	0.5%
交付动产	双方直接交接	41份	78.9%	15份	20%	14份	70%	22份	57.9%	22份	73.3%	19份	63.3%	133份	66.5%
	找中间人交接	9份	17.3%	16份	53.3%	4份	20%	14份	36.9%	15份	50%	2份	0.7%	60份	30%
	其他形式	5份	9.62%	0份	0	2份	10%	1份	2.63%	0份	0	2份	0.7%	10份	5%
不动产如房屋买卖的形式	到房产部门办登记	42份	80.8%	16份	53.3%	19份	95%	27份	71.1%	3份	10%	8份	26.7%	115份	57.5%
	中间人保证签字	4份	7.69%	9份	30%	0份	70%	5份	13.2%	3份	10%	17份	56.7%	38份	19%
	谈好就可，不需其他手续	2份	3.85%	8份	26.7%	1份	5%	7份	18.4%	16份	53.3%	0份	0	34份	17%
	交钥匙为准	5份	9.62%	1份	3.33%	0份	0	1份	2.63%	9份	30%	5份	16.7%	21份	10.5%
宅基地是否可出租	可以，但只租给本村村民	3份	5.77%	7份	23.3%	3份	15%	7份	18.4%	11份	36.7%	0份	0	31份	15.5%
	可出租给任何人	3份	5.77%	0份	0	2份	10%	40份	10.5%	7份	23.3%	7份	23.3%	59份	29.5%
	不可以出租	29份	558%	18份	60%	9份	45%	23份	60.6%	17份	56.7%	18份	60%	114份	57%
	不清楚	17份	32.7%	5份	16.7%	5份	25%	3份	7.89%	9份	30%	5份	16.7%	44份	22%
房屋是否可以出典	可以，典期双方自由约定	13份	25%	5份	16.7%	9份	45%	9份	23.7%	26份	86.7%	3份	10%	65份	32.%
	可以，典期固定为1年	10份	19.2%	0份	0	2份	10%	1份	2.63%	6份	20%	5份	16.7%	24份	12%
	不可以	8份	15.4%	1份	3.33%	5份	25%	19份	50%	0份	0	12份	40%	45份	22.5%
	不清楚	21份	40.4%	24份	80%	5份	25%	9份	15.8%	3份	10%	10份	30%	72份	36%

续表

问卷内容	问卷情况	荆州地区 52份		黄石地区 30份		十堰地区 20份		洪湖地区 38份		襄樊地区 30份		大冶地区 30份		湖北省 共200份	
土葬所占用土地	村有公共墓地	25份	48.1%	9份	30%	8份	4%	5份	13.2%	11份	36.7%	11份	36.7%	69份	34.5%
	使用村里荒地	3份	15.4%	18份	60%	1份	5%	6份	15.8%	1份	3.33%	6份	20%	40份	20%
	自己承包地	7份	13.5%	0份	0	10份	50%	19份	50%	3份	10%	11份	36.7%	50份	25%
	向其他承包人有偿讨地	12份	23.1%	3份	10%	2份	10%	8份	21.1%	14份	46.7%	2份	0.7%	41份	20.5%
邀人打架致人伤亡，谁承担责任	邀人者承担全部责任	11份	21.2%	8份	26.7%	5份	25%	15份	39.5%	7份	23.3%	4份	13.3%	50份	25%
	所有参与者共同承担	27份	51.9%	15份	50%	13份	65%	5份	13.2%	12份	40%	10份	33.3%	72份	36%
	由邀人者承担，不足由其他参与人承担	12份	23.1%	6份	20%	2份	10%	14份	36.8%	8份	26.7%	7份	23.3%	49份	24.5%
	所有参与者均分	3份	5.8%	5份	16.7%	3份	15%	3份	7.9%	5份	16.7%	6份	20%	25份	12.5%
辱骂他人，如何承担责任	放鞭炮道歉	1份	1.9%	15份	50%	1份	5%	2份	5.3%	1份	3.3%	13份	43.3%	33份	16.5%
	摆流水席向对方道歉	0份		5份	16.7%	0份		6份	15.8%	6份	20%	4份	16.7%	21份	10.5%
	金钱赔偿	18份	34.6%	6份	20%	6份	30%	10份	26.3%	12份	40%	4份	20%	56份	28%
	其他	33份	63.5%	12份	40%	14份	70%	20份	52.6%	16份	53.3%	7份	40%	102份	51%
签了生死状伤残亡的，如何赔偿	致害人赔偿	20份	38.5%	16份	53.3%	10份	50%	16份	42.1%	23份	76.7%	15份	50%	100份	50%
	不能要求赔偿	13份	25%	5份	16.7%	5份	25%	0份		0份		3份	10%	26份	13%
	致害人给予一点赔偿	7份	13.5%	8份	26.7%	4份	20%	12份	31.6%	3份	10%	6份	20%	40份	20%
	其他	10份	19.2%	4份	13.3%	2份	10%	9份	23.7%	5份	16.7%	2份	7%	32份	16%

续表

问卷内容		荆州地区 52份		黄石地区 30份		十堰地区 20份		洪湖地区 38份		襄樊地区 30份		大冶地区 30份		湖北省 共200份	
问卷情况															
租赁房屋维修费的承担	大修归房东，小修归房客	10份	19.23%	16份	53.33%	7份	35%	11份	28.94%	8份	26.67%	11份	36.67%	63份	31.5%
	大修小修都由房东承担	13份	25%	3份	10%	5份	25%	8份	21.05%	7份	23.33%	11份	36.67%	47份	23.5%
	大修小修都由房客承担	4份	7.69%	3份	10%	0份	0	0份	0	0份	0	2份	4.11%	9份	4.5%
	双方协商承担	25份	48.07%	8份	26.67%	8份	40%	19份	50%	15份	50%	6份	6.67%	81份	40.5%
	没有中人	10份	19.23%	14份	46.67%	3份	15%	5份	13.16%	9份	30%	7份	23.33%	48份	24%
交易是否有中人，同中人如何担责	中人承担全部责任	11份	21.15%	4份	13.33%	5份	25%	3份	7.89%	3份	10%	10份	33.33%	36份	18%
	先找责任人，不足部分再找中人	20份	38.46%	6份	20%	7份	35%	22份	57.89%	12份	40%	8份	26.67%	75份	37.5%
	中人和责任人共同承担	11份	21.15%	6份	20%	5份	25%	8份	21.05%	6份	20%	5份	16.67%	41份	20.5%
卖房人的亲属、同宗族的人先购买权	不存在优先权	40份	76.92%	11份	36.67%	16份	80%	14份	36.84%	19份	63.33%	13份	43.33%	113份	56.5%
	只有亲属优先	1份	1.92%	1份	3.33%	0份	0	2份	5.26%	3份	10%	6份	20%	13份	6.5%
	亲属、同宗族的人都可以优先	8份	15.38%	8份	26.67%	3份	15%	13份	34.21%	5份	16.67%	5份	16.67%	42份	21%
	亲属优先于同宗族的人	3份	5.77%	10份	33.33%	1份	5%	9份	23.68%	3份	10%	6份	20%	32份	16%
租赁物之增设物处理	房客拆除后带走	40份	76.92%	18份	60%	5份	25%	10份	26.32%	13份	43.33%	8份	26.67%	94份	47%
	无偿归房东	1份	1.92%	2份	6.67%	5份	25%	13份	34.21%	7份	23.33%	8份	26.67%	36份	18%
	折价归房东	8份	15.38%	10份	33.33%	10份	50%	14份	36.84%	10份	33.33%	8份	26.67%	60份	30%
	全价归房东	3份	5.77%	0份	0	0份	0	1份	2.63%	0份	0	6份	20%	10份	5%

表 3　安徽省调研情况分析

问卷内容	问卷情况	铜陵地区 30 份		安徽省共计 30 份	
交付动产	标记	0 份	0	0 份	0
	双方直接交接	13 份	43.33%	13 份	43.33%
	找中间人交接	6 份	20%	6 份	20%
	其他形式	1 份	3.33%	1 份	3.33%
不动产如房屋买卖的形式	到房产部门办登记	26 份	86.67%	26 份	86.67%
	中间人保证签字	1 份	3.33%	1 份	3.33%
	谈好就可，不需其他手续	2 份	6.67%	2 份	6.67%
	交钥匙为准	3 份	10%	3 份	10%
宅基地是否可出租	可以，但只租给本村村民	6 份	20%	6 份	20%
	可出租给任何人	4 份	13.33%	4 份	13.33%
	不可以出租	16 份	53.33%	16 份	53.33%
	不清楚	4 份	13.33%	4 份	13.33%
房屋是否可以出典	可以，典期双方自由约定	10 份	33.33%	10 份	33.33%
	可以，典期固定为 1 年	0 份	0	0 份	0
	不可以	6 份	20%	6 份	20%
	不清楚	14 份	46.67%	14 份	46.67%
土葬所占用土地	村有公共墓地	13 份	43.33%	13 份	43.33%
	使用村里荒地	6 份	20%	6 份	20%
	自己承包地	5 份	16.67%	5 份	16.67%
	向其他承包人有偿讨地	6 份	20%	6 份	20%
邀人打架致人伤亡，谁承担责任	邀人者承担全责	7 份	23.3%	7 份	23.3%
	所有参与人共同承担	10 份	33.3%	10 份	33.3%
	由邀人者承担，不足由其他参与人承担	11 份	36.7%	11 份	36.7%
	所有参与者均分	5 份	16.7%	5 份	16.7%
辱骂他人，如何承担责任	放鞭炮道歉	3 份	10%	3 份	10%
	摆流水席向对方道歉	3 份	10%	3 份	10%
	金钱赔偿	7 份	23.3%	7 份	23.3%
	其他	18 份	60%	18 份	60%
签了生死状伤残的，如何赔偿	致害人赔偿	17 份	56.7%	17 份	56.7%
	不能要求赔偿	3 份	10%	3 份	10%

续表

问卷内容	问卷情况	铜陵地区 30 份		安徽省共计 30 份	
签了生死状伤残的，如何赔偿	致害人给予一点赔偿	6 份	20%	6 份	20%
	其他	5 份	16.7%	5 份	16.7%
租赁房屋维修费的承担	大修归房东，小修归房客	13 份	43.33%	13 份	43.33%
	大修小修都由房东承担	7 份	23.33%	7 份	23.33%
	大修小修都由房客承担	2 份	6.67%	2 份	6.67%
	双方协商承担	8 份	26.67%	8 份	26.67%
房屋买卖、出租是否有中人，中人承担何种责任	没有中人	4 份	13.33%	4 份	13.33%
	中人承担全部责任	4 份	13.33%	4 份	13.33%
	先找责任人，不足部分再找中人	14 份	46.67%	14 份	46.67%
	中人和责任人共同承担	8 份	26.67%	8 份	26.67%
买卖房屋，卖方的亲属、同宗族的人是否有优先购买权	不存在优先权	17 份	56.67%	17 份	56.67%
	只有亲属优先	7 份	23.33%	7 份	23.33%
	亲属、同宗族的人都可以优先	4 份	13.33%	4 份	13.33%
	亲属优先于同宗族的人	2 份	6.67%	2 份	6.67%
租赁期满，租赁物上的增设物如何处理	房客拆除后带走	11 份	36.67%	11 份	36.67%
	无偿归房东	5 份	16.67%	5 份	16.67%
	折价归房东	13 份	43.33%	13 份	43.33%
	全价归房东	1 份	3.33%	1 份	3.33%

表4 山西省调研情况分析

问卷内容	问卷情况	晋中地区 100 份		山西省共计 100 份	
交付动产	标记	1 份	1%	1 份	1%
	双方直接交接	56 份	56%	56 份	56%
	找中间人交接	28 份	28%	28 份	28%
	其他形式	16 份	16%	16 份	16%
不动产如房屋买卖的形式	到房产部门办登记	11 份	11%	11 份	11%
	中间人保证签字	31 份	31%	31 份	31%
	谈好就可，不需其他手续	53 份	53%	53 份	53%
	交钥匙为准	5 份	5%	5 份	5%

续表

问卷内容	问卷情况	晋中地区 100 份		山西省共计 100 份	
宅基地是否可出租	可以，但只租给本村村民	21 份	21%	21 份	21%
	可出租给任何人	10 份	10%	10 份	10%
	不可以出租	12 份	12%	12 份	12%
	不清楚	57 份	57%	57 份	57%
房屋是否可以出典	可以，典期双方自由约定	25 份	25%	25 份	25%
	可以，典期固定为1年	0 份	0	0 份	0
	不可以	6 份	6%	6 份	6%
	不清楚	69 份	69%	69 份	69%
土葬所占用土地	村有公共墓地	9 份	9%	9 份	9%
	使用村里荒地	2 份	2%	2 份	2%
	自己承包地	46 份	46%	46 份	46%
	向其他承包人有偿讨地	43 份	43%	43 份	43%
邀人打架致人伤亡，谁承担责任	邀人者承担全部责任	12 份	12%	12 份	12%
	所有参与人共同承担	52 份	52%	52 份	52%
	由邀人者承担，不足由其他参与人承担	25 份	25%	25 份	25%
	所有参与者均分	14 份	14%	14 份	14%
辱骂他人，责任承担形式	放鞭炮道歉	0 份	0%	0 份	0%
	摆流水席向对方道歉	2 份	2%	2 份	2%
	金钱赔偿	31 份	31%	31 份	31%
	其他	67 份	67%	67 份	67%
签了生死状伤残的，如何赔偿	致害人赔偿	19 份	19%	19 份	19%
	不能要求赔偿	4 份	4%	4 份	4%
	致害人给予一点赔偿	52 份	52%	52 份	52%
	其他	25 份	25%	25 份	25%
租赁房屋维修费的承担	大修归房东，小修归房客	44 份	44%	44 份	44%
	大修小修都由房东承担	9 份	9%	9 份	9%
	大修小修都由房客承担	7 份	7%	7 份	7%
	双方协商承担	40 份	40%	40 份	40%
房屋买卖、出租是否有中人，中人承担何种责任	没有中人	16 份	16%	16 份	16%
	中人承担全部责任	19 份	19%	19 份	19%
	先找责任人，不足部分再找中人	34 份	34%	34 份	34%
	中人和责任人共同承担	31 份	31%	31 份	31%

续表

问卷内容	问卷情况	晋中地区 100 份		山西省共计 100 份	
买卖房屋，卖方的亲属、同宗族的人是否有优先购买权	不存在优先权	79 份	79%	79 份	79%
	只有亲属优先	8 份	8%	8 份	8%
	亲属、同宗族的人都可以优先	5 份	5%	5 份	5%
	亲属优先于同宗族的人	8 份	8%	8 份	8%
租赁期满，租赁物上的增设物如何处理	房客拆除后带走	44 份	44%	44 份	44%
	无偿归房东	6 份	6%	6 份	6%
	折价归房东	47 份	47%	47 份	47%
	全价归房东	3 份	3%	3 份	3%

表 5 广东省调研情况分析

问卷内容	问卷情况	惠州地区 10 份		潮州地区 10 份		广东省 20 份	
交付动产	标记	1 份	10%	0 份	0	1 份	5%
	双方直接交接	7 份	70%	3 份	30%	10 份	50%
	找中间人交接	2 份	20%	6 份	60%	8 份	40%
	其他形式	0 份	0	1 份	10%	1 份	5%
不动产如房屋买卖的形式	到房产部门办登记	4 份	40%	8 份	80%	12 份	60%
	中间人保证签字	5 份	50%	1 份	10%	6 份	30%
	谈好就可，不需其他手续	0 份	0	0 份	0	0 份	0
	交钥匙为准	1 份	10%	1 份	10%	2 份	10%
宅基地是否可出租	可以，但只租给本村村民	2 份	20%	0 份	0	2 份	10%
	可出租给任何人	2 份	20%	9 份	90%	11 份	55%
	不可以出租	4 份	40%	0 份	0	4 份	20%
	不清楚	2 份	20%	1 份	10%	3 份	15%
房屋是否可以出典	可以，典期双方自由约定	3 份	30%	7 份	70%	10 份	50%
	可以，典期固定为 1 年	0 份	0	1 份	10%	1 份	5%
	不可以	0 份	0	1 份	10%	1 份	5%
	不清楚	7 份	70%	1 份	10%	8 份	40%
土葬所占用土地	村有公共墓地	9 份	90%	6 份	60%	15 份	75%
	使用村里荒地	1 份	10%	1 份	10%	2 份	10%
	自己承包地	0 份	0	0 份	0	0 份	0
	向其他承包人有偿讨地	0 份	0	3 份	30%	3 份	15%

续表

问卷内容	问卷情况	惠州地区 10 份		潮州地区 10 份		广东省 20 份	
邀人打架致人伤亡，谁承担责任	邀人者承担全部责任	5 份	50%	3 份	30%	8 份	40%
	所有参与人共同承担	1 份	10%	4 份	40%	5 份	25%
	由邀人者承担，不足由其他参与人承担	2 份	20%	2 份	20%	4 份	20%
	所有参与者均分	2 份	20%	1 份	10%	3 份	15%
辱骂他人，如何承担责任	放鞭炮道歉	0 份	0%	1 份	10%	1 份	5%
	摆流水席向对方道歉	0 份	0%	3 份	30%	3 份	15%
	金钱赔偿	4 份	40%	2 份	20%	6 份	30%
	其他	6 份	60%	4 份	40%	10 份	50%
签了生死状伤残的，如何赔偿	致害人赔偿	5 份	50%	2 份	20%	7 份	35%
	不能要求赔偿	0 份	0%	5 份	50%	5 份	25%
	致害人给予一点赔偿	3 份	30%	3 份	30%	6 份	30%
	其他	2 份	20%	0 份	0%	2 份	10%
租赁房屋维修费的承担	大修归房东，小修归房客	0 份	0	3 份	30%	3 份	15%
	大修小修都由房东承担	1 份	10%	2 份	20%	3 份	15%
	大修小修都由房客承担	0 份	0	1 份	10%	1 份	5%
	双方协商承担	9 份	90%	4 份	40%	13 份	65%
房屋买卖、出租是否有中人，中人承担何种责任	没有中人	0 份	0	2 份	20%	2 份	10%
	中人承担全部责任	4 份	40%	2 份	20%	6 份	30%
	先找责任人，不足部分再找中人	2 份	20%	2 份	20%	4 份	20%
	中人和责任人共同承担	4 份	40%	4 份	40%	8 份	40%
买卖房屋，卖方的亲属、同宗族的人是否有优先购买权	不存在优先权	6 份	60%	9 份	90%	15 份	75%
	只有亲属优先	2 份	20%	1 份	10%	3 份	15%
	亲属、同宗族的人都可以优先	1 份	10%	0 份	0	1 份	5%
	亲属优先于同宗族的人	1 份	10%	0 份	0	1 份	5%
租赁期满，租赁物上的增设物如何处理	房客拆除后带走	6 份	60%	9 份	90%	15 份	75%
	无偿归房东	3 份	30%	1 份	10%	4 份	20%
	折价归房东	0 份	0	0 份	0	0 份	0
	全价归房东	1 份	10%	0 份	0	1 份	5%

表 6　五省调研情况分析总

问卷情况	问卷内容	河北省 100 份		湖北省 200 份		安徽省 30 份		广东省 20 份		山西省 100 份		全国共计 450 份	
交付动产	标记	0 份	0	9 份	0.5%	0 份	0	1 份	5%	1 份	1%	11 份	2.62%
	双方直接交接	20 份	20%	133 份	66.5%	13 份	43.33%	10 份	50%	56 份	56%	232 份	55.24%
	找中间人交接	80 份	80%	60 份	30%	6 份	20%	8 份	40%	28 份	28%	182 份	43.33%
	其他形式	0 份	0	10 份	5%	1 份	3.33%	1 份	5%	16 份	16%	28 份	6.67%
不动产如房屋买卖的形式	到房产部门办登记	16 份	16%	115 份	57.5%	26 份	86.67%	12 份	60%	11 份	11%	180 份	42.86%
	中间人保证签字	63 份	63%	38 份	19%	1 份	3.33%	6 份	30%	31 份	31%	139 份	33.1%
	谈好就可，不需其他手续	18 份	18%	34 份	17%	2 份	6.67%	0 份	0	53 份	53%	107 份	25.48%
	交钥匙为准	3 份	3%	21 份	10.5%	3 份	10%	2 份	10%	5 份	5%	34 份	8.1%
宅基地是否可出租	可以，但只租给本村村民	22 份	22%	31 份	15.5%	6 份	20%	2 份	10%	21 份	21%	82 份	19.52%
	可出租给任何人	6 份	6%	59 份	29.5%	4 份	13.33%	11 份	55%	10 份	10%	90 份	21.43%
	不可以出租	64 份	64%	114 份	57%	16 份	53.33%	4 份	20%	12 份	12%	210 份	50%
	不清楚	8 份	8%	44 份	22%	4 份	13.33%	3 份	15%	57 份	57%	116 份	27.62%
房屋是否可以出典	可以，典期双方自由约定	8 份	8%	65 份	32.%	10 份	33.33%	10 份	50%	25 份	25%	118 份	28.1%
	可以，典期固定为 1 年	9 份	9%	24 份	12%	0 份	0	1 份	5%	0 份	0	34 份	8.1%
	不可以	10 份	10%	45 份	22.5%	6 份	20%	1 份	5%	6 份	6%	68 份	16.19%
	不清楚	73 份	73%	72 份	36%	14 份	46.67%	8 份	40%	69 份	69%	236 份	56.19%

续表

问卷内容		河北省 100 份		湖北省 200 份		安徽省 30 份		广东省 20 份		山西省 100 份计		全国共计 450 份	
土葬所占用土地	村有公共墓地	54 份	54%	69 份	34.5%	13 份	43.33%	15 份	75%	9 份	9%	160 份	38.1%
	使用村里荒地	8 份	8%	40 份	20%	6 份	20%	2 份	10%	2 份	2%	58 份	13.81%
	自己承包地	8 份	8%	50 份	25%	5 份	16.67%	0 份	0	46 份	45%	109 份	25.95%
	向其他承包人有偿讨地	39 份	39%	41 份	20.5%	6 份	20%	3 份	15%	43 份	43%	129 份	30.71%
邀人打架，谁承担责任	邀人者承担全部责任	31 份	31%	50 份	25%	7 份	23.3%	8 份	40%	12 份	12%	108 份	24%
	所有参与者共同承担	24 份	24%	72 份	36%	10 份	33.3%	5 份	25%	52 份	52%	163 份	36.2%
	由邀人者承担，不足由其他参与人承担	31 份	31%	49 份	24.5%	11 份	36.7%	4 份	20%	25 份	25%	120 份	26.7%
	所有参与者均分	17 份	17%	25 份	12.5%	5 份	16.7%	3 份	15%	14 份	14%	64 份	14.2%
辱骂他人，责任形式	放鞭炮道歉	10 份	10%	33 份	16.5%	3 份	10%	1 份	5%	0 份	0%	35 份	7.8%
	摆流水席向对方道歉	3 份	3%	21 份	10.5%	3 份	10%	3 份	15%	2 份	2%	38 份	8.4%
	金钱赔偿	56 份	56%	56 份	28%	7 份	23.3%	6 份	30%	31 份	31%	156 份	34.7%
	其他	31 份	31%	102 份	51%	18 份	60%	10 份	50%	67 份	67%	228 份	50.7%
签了生死状，如何赔偿	致害人赔偿	28 份	28%	100 份	50%	17 份	56.7%	7 份	35%	19 份	19%	171 份	38%
	不能要求赔偿	41 份	41%	26 份	13%	3 份	10%	5 份	25%	4 份	4%	79 份	17.6%
	致害人给予一点赔偿	21 份	21%	40 份	20%	6 份	20%	6 份	30%	52 份	52%	125 份	27.8%
	其他	19 份	19%	32 份	16%	5 份	16.7%	2 份	10%	25 份	25%	83 份	18.4%

续表

问卷情况 / 问卷内容	河北省 100 份		湖北省 200 份		安徽省 30 份		广东省 20 份		山西省 100 份		全国共计 450 份	
租赁房屋维修费的承担												
大修归房东，小修归房客	40 份	40%	63 份	31.5%	13 份	43.33%	3 份	15%	44 份	44%	163 份	36.22%
大修小修都由房东承担	27 份	27%	47 份	23.5%	7 份	23.33%	3 份	15%	9 份	9%	93 份	20.67%
大修小修都由房客承担	7 份	7%	9 份	4.5%	2 份	6.67%	1 份	5%	7 份	7%	26 份	5.78%
双方协商承担	26 份	26%	81 份	40.5%	8 份	26.67%	13 份	65%	40 份	40%	168 份	37.33%
房屋买卖中人出租中人责任承担												
没有中人	5 份	5%	48 份	24%	4 份	13.33%	2 份	10%	16 份	16%	75 份	16.67%
中人承担全部责任	15 份	15%	36 份	18%	4 份	13.33%	6 份	30%	19 份	19%	80 份	17.78%
先找责任人，不足部分再找中人	62 份	62%	75 份	37.5%	14 份	46.67%	4 份	20%	34 份	34%	189 份	42%
中人和责任人共同承担	18 份	18%	41 份	20.5%	8 份	26.67%	8 份	40%	31 份	31%	106 份	23.56%
卖房人的亲属等的优先购买权												
不存在优先权	23 份	23%	113 份	56.5%	17 份	56.67%	15 份	75%	79 份	79%	247 份	54.89%
只有亲属优先	16 份	16%	13 份	6.5%	7 份	23.33%	3 份	15%	8 份	8%	47 份	10.44%
亲属、同宗族的人都可以优先	49 份	49%	42 份	21%	4 份	13.33%	1 份	5%	5 份	5%	101 份	22.44%
亲属优先于同宗族的人	12 份	12%	32 份	16%	2 份	6.67%	1 份	5%	8 份	8%	55 份	12.22%
租赁期满，租赁物上增设物处理												
房客拆除后带走	38 份	38%	94 份	47%	11 份	36.67%	15 份	75%	44 份	44%	202 份	44.89%
无偿归房东	46 份	46%	36 份	18%	5 份	16.67%	4 份	20%	6 份	6%	97 份	21.56%
折价归房东	13 份	13%	60 份	30%	13 份	43.33%	0 份	0	47 份	47%	133 份	29.56%
全价归房东	3 份	3%	10 份	5%	1 份	3.33%	1 份	5%	3 份	3%	18 份	4%

注：上述表格统计总份数超过总数的，表示有少部分人对某一个问题进行多选，总份数未超过总数的，表示有少部分人对某一个问题未选择。

三、调研内容分析

(一) 物的所有权的转移

根据物的物理属性及移动后是否影响其价值,被分为动产和不动产,在我国《物权法》上动产所有权的转移主要采取交付方式,不动产如房屋和土地采取登记形式。这与世界上其他国家的规定基本一致。

但在我国历史上,动产和不动产的所有权移转方式却与上述《物权法》的规定不完全相同。动产所有权的移转,买卖双方直接交接为其主要方式,这与现代物权法规定相似,即民间通说的"一手交钱,一手交货",钱货交付完毕动产所有权移转,这种方式简便快捷,一般为动产移转的主要方式。比如,通过对湖北省荆州、洪湖、襄樊、十堰及黄石地区的调研发现,在湖北省,有113人支持在动产交付中应由买卖双方当事人直接交接,占到了66.5%,通过对安徽铜陵地区的调研,发现在动产交付方式上与湖北地区极为相似,实行双方直接交接占了绝对多数,从调研的五省部分地区来看,买卖动产的,双方当事人直接交接占到55.24%,由此可见,就动产交易而言,动产的直接交接即意味着动产所有权的转移,这与我国《物权法》的规定相同。但值得注意的是,在动产的移转上所谓"打标记"形式,如买卖双方在木头上或者是铁块上烙(打)记号,而这种古朴的动产移转方式随着现代文明的发展,已完全销声匿迹,已成为历史。

找中间人或保证人为见证人,成为动产移转的另外一种方式,在中国民间和历史上,动产交付中,习惯找一个双方都信任的第三人作为交易的见证人,中间人在当地德高望重或具有与交易相关的特殊技能,中间人除具有积极促成交易完成的功能外,还具有证约的作用,当双方因交易发生纠纷,习惯找中间人解决,中间人的建议易被双方接受,从而能快速及时地解决纠纷,缓解民间矛盾,因此,中间人在中国交易的历史舞台上发挥着不可估量的作用。比如,在河北省衡水和沧州两地区的调研数据显示,这两个地区在动产的交易上,80%的人仍保留着找中间人的习俗,比如,这两个地区在牛的买卖上采取独特的形式,在当地,存在着牛或者马等牲畜的集中交易市场,俗称"牲畜市",这些市场只有在当地的"赶集"时间开放,平时关闭,在"牲畜市场"活跃着一大批中间人,在当地被称为"金金",这些人帮助买卖双方讨价还价,促成交易的顺利完成,并在交易成功后提取一定的佣金,佣金由卖方承担,数额由双方协商确定。"金金"先与卖方交涉,在确定好卖价后再去寻求合适的买方,"金金"与买方谈价时采取特殊方式,双方将手握在一起藏在袖口下,用手势和手指谈定交易数额。在依靠非机械化农业种植的这些地区,"牲畜市场"曾起到了积极的推动作用,随着科技进步和国家科技下乡活动的推行,这些地区在农业种植上已主要采取机械化,依靠牛或者马耕作的局面已经不复存在,"牲畜市场"也依渐消退,昔日风光的活跃的"牲畜市场"亦渐为冷清,我们在访谈中去了这些曾经的"牲畜市场",昔日的喧嚣和辉煌早已无影,只有几个曾经用来拴牛的日渐腐朽的木桩子证明了它曾经的存在。虽然"牲畜市场"和"金金"已经不存在了,但是买卖动产寻求中间人的方式在当地一直延续使用着。

  与动产交易相对的是不动产的交易,对于不动产如房屋所有权的移转,我国《物权法》及相关法律均做出了明确规定,房屋所有权的移转,必须到房产部门办理过户变更登记手续。从所调研地区的实际情况来看,湖北省调研地区有57.5%、安徽省调研地区有86.67%、广东省调研地区有60%的被调研者均支持房屋所有权移转应到房产部门办理登记。但是,值得提出的是,而从河北省衡水地区和沧州地区的调研数据显示,这两地区的不动产交付方式与我国物权法的规定相去甚远,只有16%的被调研者支持应到房产部门办理房产登记,而63%的被调研者仍采取世代相传的方式——找中间人做保证的方式。买卖房屋,被调研者中的18%的人认为房屋买卖和其他动产买卖没有什么本质的区别,他们遵循着朴素的信用原则,认为只要双方谈好就可以了,3%的人认为房屋买卖的关键形式就是拿到钥匙,只要钥匙拿到了,房屋所有权就是自己的了。由此可见,在湖北省、安徽省、广东省等调研地区,贯彻执行着我国立法关于不动产所有权转移的规定,而河北省衡水地区和沧州地区的不动产交易烙上了动产交易的烙印,在民间63%的被调研者认为在房屋交易中仍采取找中间人签字作保形式,不需要到房产部门登记。据调研了解,在这些农村地区并未发生过因房屋交易而发生的纠纷。但是,随着进城务工人员的不断增加,以及农民生活水平的提高,在当地很多农民开始在镇甚至县城买房,这涉及商品房的买卖问题,16%被调研者采取到房产部门办理房屋登记手续。

(二)农村宅基地使用权的出租

  宅基地使用权,是我国特有的一种用益物权形式,是农民因建设住宅而使用集体土地所形成的土地使用权。宅基地使用权是与农村集体经济组织成员的资格紧密地联系在一起的，在一定程度上具有社会福利和社会保障功能，且包含宪法所赋予的农民之生存权这一重要内容。《物权法》明确肯定了宅基地使用权对农民的财产意义及物权属性，即宅基地使用权是一项独立的用益物权，对农民来说是一项重要的财产。从规范意义——《物权法》第154条中的"村民"用语——上看，该法所谓"宅基地使用权"仅指农民在农村集体的土地上建造住宅及其附属设施的权利。[①] 对宅基地使用权是否可以流转，立法没有做出明确规定，从而在实践中造成了很多问题。这就使得我们有必要审视现行法律，结合中国国情在实践中寻找解决途径。此次调研访谈的数据显示，对宅基地是否可以出租给他人，全国调研地区调研结果基本一致，支持宅基地不可以出租的，在被调研者中占到了很大的比例，比如，在河北省、湖北省、安徽省调研地区，支持宅基地不可以用来出租的分别占到了64%、57%和53.33%，从五省调研地区的总体情况来看，支持宅基地不可以用来出租的占到50%，这与目前的国家政策及相关立法规定的精神相一致。但是，从调研地区调研的实际情况来看，有一部分被调研者认为宅基地是可以出租的，但是只能出租于本村村民，这在河北省、山西省调研地区所占比例均超过了20%，河北省为22%，山西省为21%，所调研地区的综合调研比例也达到19.52%，这说明在广大农村，仍有相当一部分人认为，农村宅基地应当可以出租，以充分发挥农村宅基地的使用功能，但是为了克服农村宅基地的流转范围被不当扩大，应当将宅基地流转限制在本村村民之间。通过调研和访谈，我们也发现了另外一些问题，比如在被调研地区，对宅基地的流转方式存在不同的认识，相比宅基地的出租，出卖更为流行和易于被当地民众所接受，即使支持宅基地不可以出租者也认为宅基地可以出卖，这些问题在实践中比较突出，将来在完善有关宅基地立法时，应充分考虑到这些问题的立法解决。

(三) 典权

在我国《物权法》制定之时，关于是否应该规定典权，学者之间曾经存在着巨大的争议，在后来颁布实施的《物权法》最终没有规定典权。此次调研，课题组成员在设计调研题目时，专门设计了有关典权是否存在的问题，以探求

[①] 参见陈小君:《农村土地制度的物权法规范解析（下）——学习〈关于推进农村改革发展若干重大问题的决定〉后的思考》,《法商研究》2009年第1期。

典权在民间社会到底是否还存在，以及多大程度上起着作用。通过调研所反映的情况来看，有点出乎意料，大多数被调研者竟然从来没有听说过典权，有些人虽然听说过典权但不知道典权到底是什么东西。比如，在河北省衡水地区和沧州地区的调研中发现73%的被调研对象不知何谓典权，湖北省和安徽省调研地区不清楚何谓典权的被调研者也达到了36%和46.67%，亦占多数，从调研地区的总体情况来看，有56.19%的被调研者不知何谓典权。通过调研者的进一步解释说明，仍只有其中小部分人曾经听说过有这一问题存在过，但根本不知道其价值到底在什么地方。调研中，还发现有关典权的相关规定在调研地区已经不复存在，典权这项传统且古老的制度在所调研的大部分地区竟然成为了历史。

（四）坟地是否占用耕地

在我国，有近70%的人生活在农村，在农村一直保持着"人死后入土为安"的传统思想，因此，坟地成为我国土地立法中亟须解决的一个关键性问题。近年来，国家已经出台了相关的政策法规，明令禁止坟地占用耕地，但是，坟地占用耕地的现象在部分农村依然十分严重，大片优质的耕地变成了故去人的坟包，针对这种状况，国家开始在农村推行尸体火化政策，并令各村划出了专门的坟地占用地，俗称"异地"，"异地"一般都是村里未开垦的荒地，目的就是减少占用耕地这一现象。

从调研地区反馈的信息来看，被调研的河北省的四个县对上述国家政策贯彻的比较好，近54%的被调研者承认村里已有了专门的"异地"，即村里划定一块地用作专门墓地，村民死后移入该公共墓地安葬，此外，在湖北省、安徽省调研地区，农村留有公共墓地的也分别占到34.5%和43.33%，尤其是在山西省，更有75%的受访民众回答说在当地农村，一般都有公共墓地。但在调研中，也发现存在一些另外的现象，即在一些农村地区，一些人死后往往不迁入公共墓地安葬或者根本就没有划出公共墓地，从而产生了在自家承包的耕地或者有偿、无偿占用他人耕地的问题，坟地占用承包地的现象依然存在，其中在河北省调研地区发现坟地占有自家耕地或者他人承包的耕地，分别占到8%和39%，湖北省调研地区占有自家耕地或者他人承包的耕地，分别占到25%和20.5%，从总体调研数据反映的情况来看，坟地占有自家耕地或者他人承包的耕地，分别占到25.95%和30.71%。坟地是占用自家承包的耕地，还是占用村内其他户承包的耕地，不一而足，一般是受到"风水"等其他农村习俗的影响。

（五）共同致人伤亡的民事责任承担

邀人打群架致人伤亡，在民间社会具有一定程度上的普遍性。邀人打群架致人伤亡的民事责任承担问题，事关受害人和加害人切身利益，因此，我们设计了一个问题："在您当地，邀人打群架致人伤亡，由谁承担责任？"设计有四个选项，从调研数据统计的情况来看，既有选择由邀人者承担责任，也有选择由共同参与的人共同承担责任，还有选择先由邀人者承担责任，不足部分再由参与人承担，综合调研地区的整体情况来开，选择"邀人者承担全部责任"占24%；选择"所有参与人共同承担"占36.2%；选择"由邀人者承担，不足由其他参与人承担"占26.7%；选择"所有参与者均分"占14.2%。其中，选择由参与的人员共同承担责任的占相对多数，比如，河北省调研地区占24%，湖北省、安徽省、山西省等调研地区分别占到36%、33.3%、52%，而五省调研地区的综合数据该项占到36.2%。这些选项的选择，是受访者和答卷者基于自己的朴素法律意识、生活的环境，基于自己的理解或曾经经历过经验立场做出的，因此在一定程度上反映了普通民众对此问题的态度和看法。从调研所反映的情况来看，其中要求共同承担赔偿责任的占到大多数，这与侵权责任法的规定基本一致，《侵权责任法》第8条规定："二人以上共同实施侵权行为，造成他人损害的，应当承担连带责任。"另外，还有一部分调研对象认为应由"邀人者承担全部责任"，即其他参与人不承担责任，从受访者思维来看，出于亲属或朋友熟人等情面帮助邀人者还要承担责任于理于情也说不过去，应该由邀人者本人承担全部责任；一些受访者还谈到当地发生的打群架和聚众斗殴等事件等只处理领头人，其他参与者一般都没有处分，这些与传统思维"枪打出头鸟""罪不罚众"等思维有关。

（六）辱骂他人侵害名誉权的民事责任方式

辱骂他人侵害他人名誉，在普通民众生活中司空见惯，就辱骂他人毁损他人名誉时该怎么处理，不同调研地区不同被调研对象看法也不一致。其中，选择金钱赔偿方式的，河北省调研地区比例最高，达到56%，在其他各省地区所占比例均超过20%，从所调研地区综合情况来看，选择金钱赔偿达34.7%。但是，在调研和走访过程中，有一种现象特别值得关注，即被调研对象一般都认为，在农村辱骂他人，除了金钱赔偿的方式以外，非金钱赔偿的方式更多，比例更大一些，比如在湖北省、安徽省、广东省、山西省调研地区选择其他处理方式的分别占51%、60%、50%、67%，综合调研地区的情况来看，也达到50.7%，也就是说，在民间社会，辱骂他人毁损他人名誉，各地存在着不同的形式，比如上述的放鞭炮进行道歉、摆流水席向对方道歉等多种"赔礼道歉"的形式。从调查情况看，这些"赔礼道歉"的形式也易于为双方当事人接受，这与中国传统"和为贵"的思想是一致的。

（七）签订"生死状"侵害人身权的赔偿问题

在我国"生死状"据说是古代擂台比赛之前比赛双方签定的一个"富贵在天，生死由命"的在被打死的情况下的免责条约。根据我们所掌握和查阅的资料表明，我国古代和现代官方基本不认同任何民间私下商定"生死状"之类协议的私力救济，而涉及生命予夺情形的官方更是明文规定不予承认，这说明我国古代公力救济的发达，这一点从我国古代众多的肉刑和生命刑可见一斑。古代对"生死状"的认同基本只存在西方社会，不过西方是另外一种称呼"决斗"或"荣誉决斗"，决斗最早兴起于中世纪早期的西欧，后来传入其他地区，直到第一次世界大战前后才绝迹。最早欧洲的法兰克人就将决斗作为一种证明自己的方式，选择司法决斗的人，是愿意以死来捍卫清白的。客观上说，司法决斗绝非背离理性而存在，其产生和运作植根于特定的历史背景和社会状况，具有独特功能。但是，现代世界各国的法律已经普遍摒弃了古代社会决斗精神的认同了，如果你与别人决斗，不管是轻伤重伤乃至死亡，都会引起法律责任。在这种国内和国外均否认"生死状"免责效力的背景下，我们想在民间社会调查，看"生死状"是否还有存在，故设计了该题目。从调研反馈的信息来看，即使签了所谓的"生死状"，加害人致人伤亡的，认为加害人仍然需要赔偿的比例仍然较高，如湖北省、安徽省、广东省等调研地区所占比例分别为50%、56.7%、35%，综合调研地区的整体情况来看，要求致害人赔偿的也达到38%。由此可见，从全国范围来看，明确要求致害人承担责任要赔偿的占到明显多数，这一点与我国法律规定的精神是一致的，伤害他人身体和生命是要承担法律责任的。从另一个角度看，有一部分被调研者选择"不能要求赔偿"，比例相对较高的主要分布在河北省、广东省调研地区，如在河北省调研地区占41%，广东省调研地区占25%。可见，签了"生死状"而伤残的,受害人的伤残损失不能要求致害人赔偿意识和思想基础仍然在民间还存在的,这也是很正常的,对于不了解法律规定的普通民众来说,存在这样的思想是人最淳朴的思想反映。

(八)房屋租赁中的房屋修缮费用的承担

房屋租赁是民间社会中较为普遍存在的现象,房屋租赁期间,对租赁物的修缮费用到底应如何承担,不同的地方存在着并不完全一致的做法。为较为深入了解租赁房屋修缮费用的承担情况,在调研地区调研时设计了关于租赁物修缮费用承担的问题。从调研情况来看,选择由出租方和承租方双方协商的占相对多数,其中湖北省、安徽省、广东省、山西省调研地区选择应由双方协商承担的分别占到40.5%、26.67%、65%、40%,综合五省调研地区的整体情况来看,选择由双方协商承担的也达到37.33%。在走访过程中,很多被调研者均认为,房屋租赁期间,租赁物的修缮费用应赋予出租人和承租人更多的自由裁量权,由租赁合同双方当事人自己决定,法律无须强制性介入。但在调研过程中,也发现一些调研地区存在着一些常用的习惯,即在房屋租赁合同当事人没有做出特别约定,事后双方又没法协商解决的情况下,往往将租赁房屋的修缮分为"大修"和"小修"而选择不同的修缮费用承担方式。比如,在河北省、山西省调研地区,选择"大修"所产生的费用由房东承担,"小修"产生的费用由承租人承担的比例分别达到40%和44%,就五省调研地区的总体情况来看,选择"大修归房东,小修归房客"的也占到36.22%。在调研过程中,还发现在调研地区还存在另外一种关于房屋修缮费用的承担方式,即房屋修缮费用不论大小均由房东承担,这有占到一定的比例,综合五省调研数据统计来看,该比例达到20.67%。但是,选择"大修小修都由房客承担"的比例非常低,被调研者一般认为出租房屋的人收取了租金,本应承担修缮租赁房屋的费用。就选择"大修归房东,小修归房客"的比例与选择"大修小修都由房东承担"的比例比较来看,河北调研地区选择"大修归房东,小修归房客"的比例比选择"大修小修都由房东承担"的比例高出13个百分点(比例分别为40%、27%),湖北调研地区此种比例高出8个百分点(比例分别为31.5%、23.5%),安徽调研地区此种比例高出20个百分点(比例分别为43.33%、23.33%),山西调研地区占此种比例高出35个百分点(比例分别为44%、9%),广东调研地区此种比例持平(均为15%)。由此可见,从调研数据所反映的情况来看,在租赁房屋维修费的承担方面，如果当事人之间有协议或者事后能协商一致的，按照协议或者协商的意见处理。如果没有协议并且事后又无法协商一致的，存在着一种较为普遍的现象，即房屋大修的费用由房东承担，房屋小修的费用由房客承担。

（九）房屋买卖或出租中是否存在"中人"及"中人"的责任

所谓"中人"，又称为"中间人"，是指在买卖或出租等交易活动中存在的为双方当事人调解、做见证或介绍买卖的人。"中人"的作用可以是在当事人之间提供交易媒介，促成交易，"中人"一般要在交易合同中签字，见证交易的存在，当事人在履行合同或者合同履行完毕后发生争议的，可找"中人"调解纠纷，当合同一方当事人不履行合同债务时，"中人"可能会承担债务履行的担保责任。在民间社会，"中人"是否仍然存在，"中人"是否要承担责任，承担什么样的责任等问题涉及重要的交易习惯问题。就调研所反映的情况来看，反映当地在房屋买卖或者出租以及其他交易中存在"中人"现象的，河北省、湖北省、安徽省、广东省、山西省调研地区所占比例分别高达95%、76%、86.67%、90%、84%，而就五省调研地区的总体情况来看，认为有"中人"现象存在的比例也高达83.7%，由此可以看出，在民间社会有关交易当中，"中人"现象的存在具有一定程度上的普遍性。被调研者反映，在房屋买卖以及其他重要交易中，之所以找"中人"，其目的是为了保障交易的严肃性，以督促交易双方当事人对交易的重视。就选择有"中人"现象存在的调研地区来看，当询问"中人"是否承担责任以及如何承担责任时，做法并不一致，有的认为由"中人"承担全部责任，有的认为由"中人"和交易当事人共同承担责任，还有的认为应先由交易当事人承担责任，不足部分才由"中人"承担。其中，选择应先由交易当事人承担责任，不足部分才由"中人"承担的所占比例最高，如河北省、湖北省、安徽省、山西省调研地区所占比例分别达到62%、37.5%、46.67%、34%，而就五省调研地区的整体情况来看，这一比例也高达42%。由此可见，认为存在"中人"现象的地区，绝对多数的被调研者认为交易一方当事人违约导致违约责任的，应先由交易当事人承担责任，不足的部分由"中人"承担，也就是说，"中人"承担的是补充责任。

（十）买卖房屋，卖方的亲属、同宗族的人的优先购买权

房屋买卖不管是在城镇还是在农村，都是一个较为普遍的现象。房屋买卖

中隐含着一个重要的问题，即当卖房人在出卖房屋时，卖房人的近亲属甚至是同宗族的人能否主张在同等条件下享有优先购买权。为此，专门设计了此问题，即调查在买卖房屋时，卖房人的近亲属、同宗族的人能否主张优先购买权。就调研情况来看，在河北省、湖北省、安徽省、广东省、山西省的调研地区，分别有23%、56.5%、56.67%、75%、79%的人认为，在出卖房屋时，卖房人的亲属、同宗族的人不存在同等条件下的优先购买权，卖房人有选择交易对象的自由，综合五省调研地区的整体情况来看，这一比例也高达54.89%，他们一般认为，房子是自己的想卖给谁就卖给谁，而且他们也没遇见到过亲属或者同宗族的人有主张优先购买权的情况。但是，在上述调研地区，也存在着另外一些选择，比如有的人认为应该肯定自己的近亲属的优先购买权，有的认为近亲属或者同宗族的人都享有优先购买权，比如，在河北省调研地区，认为卖房人的近亲属、同宗族的人都享有优先购买权的比例达到49%，在湖北省调研地区达到21%，在安徽省、广东省、山西省调研地区，这一比例偏低，分别为13.33%、5%。我们在与被调研者交谈中了解到，他自己有房子要出卖的，假如他的父母亲、儿子女儿、甚至是一个宗族的人或者是至亲的亲戚愿意买的，在同等交易条件下，他们几乎都选择卖给自己的亲属、同宗族的人甚至是自己的亲戚。他们认为，这样做有利有弊，有利的一面是相对于其他的交易对象，自己的亲属、同宗族的人与自己有着血缘、同宗的关系，感情上较为亲近，容易建立信任，碍于感情、情面，他们往往都会优先考虑自己的亲属甚至是同族的人，不利的一面是，亲属、同族的人买自己的房子，往往会基于一些感情方面的因素，在价格或者其他交易条件方面难以做到对自己更为有利，而且房屋价款也容易出现拖延不给的情况。

（十一）租赁房屋改善物和增设物的处理

房屋租赁期间，为了使租赁房屋更好地满足承租人的使用需要，承租人往往对租赁房屋进行改善，增设一些必要的设施。租赁期满，对于租赁房屋的改善物或者增设物应该如何处理，在实践中容易引发纠纷。为了对此问题提出针对性的解决对策和建议，对民间社会存在的有关此问题的处理规范的调查，就显得很有必要，为此专门设计了当租赁期满，租赁房屋的改善物、增设物应如何处理的问题。就调研的实际情况来看，大部分人选择由房屋承租人拆除后带走，比如在河北省、湖北省、安徽省、山西省、广东省等调研地区分别有38%、

47%、36.67%、75%、44%的人选择由承租人拆除后自行带走,综合五省调研地区的总体情况来看,租赁期满,增设物的处理,选择"由房客拆除后带走"的占44.89%,之所以认为由承租人拆除后带走,往往是因为改善物、增设物往往是为了满足特定承租人的特定需要,这种改善物、增设物对房屋所有权人没有特别意义。但应该注意的是,就这五省调研地区的调研情况来看,也有比较多的一部分人选择折价归房东,其中湖北省、安徽省、山西省调研地区比例最高,分别达到30%、43.33%和47%,综合调研地区的整体情况来看,选择"折价归房东"的占到29.56%。另外一部分调研对象认为,增设物和改善物应无偿归房东,这在河北省调研地区所占比例最高,达到46%,综合五省调研地区整体数据来看,此比例也达到21.56%,认为增设物、改善物应全价归房东的比例最低,很多人认为增设物、改善物往往是为了承租人的需要而设置的,租赁期满全价归房东,对房东来说不公平。由此观之,对于租赁期间租赁物的改善物、增设物应如何处理,并无完全一致的规则,但改善物、增设物的处理事关房屋出租人与承租人的利益,须有较为明确的规则予以指引。

四、调研结论

通过对上述调研数据的分析,我们发现现实与立法之间存在着极大的差异性,这些差异性来自于民间历史传统的不同,有特殊的民族性和地域性,在社会延续和历史的长河中,这些民族习惯被遗留下来并且被当地民众所熟知从而被有序的贯彻和实施,因此,在《民法典》的编纂中,立法者应认真对待和处理。在编纂《民法典》的过程中,立法界和理论界应充分利用和大胆吸收我国民间社会所广泛存在着的传统、文化、习惯、风俗等本土的法律资源,用更加开放的胸襟兼容并蓄,使《民法典》中的纳入规范更具开放性,在法律术语、制度设计、规则制定方面体现出我国特有的民族性制度资源。为此,就上述调研所设定的问题结合访谈的内容得出如下调研结论。

(一)关于物的所有权的取得方式问题

我国《物权法》只规定了动产交付、不动产登记的转移方式,但在部分地区存在着当地更为简洁也更易于被接受的其他转移方式,如在河北省一直推行着中间人做保证人的交付形式，这种交付方式适应了当地社会和经济发展，通过调研数据分析，动产所有权的移转方式和我国《物权法》的相关规定并无冲突，动产所有权的变动以交付为根据，只是在交付时，为了保证交付的可信度，部分地区采取了找中间人作证的方式，这并未从本质上动摇我国《物权法》的相关规定，既然当地民众已经熟知和接受这种方式，又与我国立法相符，因此，无须过多干涉，应予以保留；而在不动产所有权的变动上，被调研的部分地区的习惯与我国立法规定相去甚远，如在河北省的部分落后地区，不动产如房屋的所有权移转，并不需要到当地的房管部门登记，而以找中间人做保证人的方式移转，到房产部门办理登记过户手续的形式仍很难超越当地流行的中间人作保的方式，通过调研考察，我们认为，在部分农村地区房屋等不动产交易找中间人作保的方式将在一定时期内长期存在，并且在我国广大农村地区，房屋主要承担了村民居住而不是融资的功能，从而，要求村民在房屋所有权移转时均需到房产部门办理登记手续是不现实的，但是，房屋等不动产所涉价值较大，转移所有权时不在房管部门登记，一旦出现纠纷，处理不当也将损害国家或集体利益。因此，可将部分地区的房屋等不动产的所有权移转分为两种情况区别对待：如果不动产如房屋欲在商品房市场出售，则必须参照我国《物权法》的相关规定，到房管部门完成相关的登记手续，其他形式完全可以遵循当地的习惯进行所有权移转。

（二）农村宅基地使用权的流转问题

通过上述实践调研，我们进一步了解到，在被调研地区，不支持宅基地出租者却认为宅基地可以买卖，这种买卖是通过宅基地上的房屋的买卖实现的，农民这种认识于我国"房地一体"主义的规定不谋而合。在将来的立法中，应对宅基地的流转方式做出明确规定，合理界定宅基地的出租与出卖效力，是立法完善的一个关键环节。在农村，宅基地使用权的流转有一定的社会基础，目前我国立法也为宅基地使用权的流转提供了发展空间，《土地管理法》第62条第4款规定农村村民出卖、出租住房后，再申请宅基地的，不予批准。这从另一个角度说明宅基地使用权是可以出租、出卖的。如果不允许农民利用宅基地使用权抵押、出资，也就减少了农民的融资手段，限制了外部资金进入农村内部，束缚了农民自主发展的手脚，不利于农村经济的发展，也会造成农村土地和城市土地"同地不同权"。但是农村，土地有其特殊性，一旦处理不妥就会造成难以弥补的社会问题,这已成为不少国家的历史教训。在宅基地使用权流转问题上,我们应循序渐进,一方面,在农地权利体系构建中建立农村宅基地有偿使用制度,这既是宅基地使用权作为用益物权的必然表现,也有利于集体资金的筹集,且有助于提高土地的利用效率,农村宅基地有偿使用还是宅基地使用权有序流转的必要条件,另一方面,加强国家宏观调控作用,规范和引导农民集体利用土地进行活动。可以创建类似于国有土地有偿出让制度,在保留土地所有权的前提下,要求进行商业化利用的农户办理必要的商业化利用手续,并补交一定的费用。为此,必须改革农村宅基地使用权的流转制度,健全土地利用规划和农村宅基地使用权管理体制,从而使农村宅基地使用权与城市建设用地使用权被同等对待,还农村宅基地使用权于应有的法律地位,另外在农村放开宅基地流转具有现实基础,随着进城务工人员队伍的扩大,一方面,农村宅基地空闲问题日渐突出,为了充分利用农村土地应在一定程度上适度放开农村宅基地流转。

(三) 典权的存废问题

对于典权在我国立法中是否应明确,学界的观点不一,制定《物权法》时,在法学界曾展开了典权存废的激烈讨论,在《物权法》的二次审议稿中也曾出现了典权的身影,但在最终通过的《物权法》中典权被删除;在《民法典》制定之际,典权是否入典又成为当今的热点问题。学者主要基于以下几个方面的原因,认为典权应该在立法中明文规定:第一,民族文化因素。典权是中国特有的法律制度,在中国历史上曾存续近千年,具有深厚的民族性和本土性,在立法中规定典权是尊重民族文化的表现,更易于为广大人民群众所接受。第二,典权本身的功能性所决定的。典权具有社会融资和担保的功能,其既可保证不丧失对不动产的所有又可以获得融资资金,具有简便快捷的功能。第三,亦即现实需求。我国地域辽阔,各地民族习惯不同,因典权引起的法律纠纷不在少数,因此国家应加强立法促使纠纷的解决。第四,经济发展的需求,目前我国国民收入增加,很多居民已经步入小康生活,除了解决基本的居住之外开始投资房地产,很多居民已经拥有不止一套的商品性住房,如果允许在房屋上设定典权则可避免出租或者委托他人代管之麻烦。[1] 而反对典权立法的学者,针对上述理

---

[1] 参见张新宝:《典权存废论》,《法学杂志》2005 年第 5 期。

由提出了反驳意见,首先针对尊重民族习惯提出了自己的观点:诚然,我们在立法时要考虑民族习惯,但并不是任何的民族习惯我们都不加改变的予以承袭,要本着"取其精华,去其糟粕"的精神正确地对待民族习惯。典权在我国历史上曾担当了一个"有辱祖业,败家败族"的名声,随着现代经济的发展和人们生活观念的改变,典权的存在已无必要;其次,典权的融资担保功能完全可以被现代的其他法律制度所替代;再次,随着法律的全球化和国际化的加强,我们应努力和世界其他国家的法律接轨,典权亦应被废止;最后,典权引起的纠纷毕竟只是个案,我们不能因为个案而单独立法,这些纠纷完全可以通过最高人民法院的司法解释予以解决。

典权在中国已逐渐丧失其存在的经济、社会、历史和文化等基础。典权的传统功能逐渐被担保、抵押等其他的法律制度所取代,典权因其中国传统认为变卖祖产,乃败家之举,足使祖宗蒙羞,为众人所不齿,已消失在人们的视野之外,其积极的社会功能逐渐被其他相似的法律制度所取代;房屋作为典权融资担保的功能已失去经济和社会基础;典权本身表现出来的双方不平等性等固有缺陷也决定了其与现代民法的性质格格不入。

(四)关于坟地占用耕地的问题

至于坟地占用耕地,在访谈中获悉主要由以下原因造成:历史原因,在中华人民共和国成立初期,中国农村地区并没有推行尸体火化政策,在"守祖"的传统观念支配下,形成了同一宗族占用同一片坟地的现状,如果一个宗族的长辈的坟地在现有的农村承包地中,那么晚辈去世后自然的要进祖坟守孝了。并且中国农村向来流行着坟头大、家火旺的迷信思想,因此人死后坟地占用了大面积的农村耕地;思想原因,风水之说自古就有,是地理位置等自然因素和社会因素的综合,在农村,在选择安葬的地方,风水是头等大事。不但要阳光好还要依山傍水,那肯定是上乘的耕地了,耕地和坟地相互冲突,矛盾凸显。目前农村人口占全国大多数,要保护农村耕地首先必须解决好农村坟地占用耕地问题。所谓耕地,是指种植农作物的土地,包括熟地,新开发、复垦、整理地,休闲地等。耕地直接关系到农业生产,成为影响国民经济发展的重要战略资源,因此是人类赖以生存的基本资源和条件。随着我国人口不断增多,对耕地的需求只会日益强烈,另一方面,因为工业化生产、城市化进程加快、基础设施建设不断推进、生态环境恶化等因素的影响,我国耕地在逐年减少,人均耕地占有量逐年下降。要保障人民生活水平不断提高，保持农业可持续发展，保障国民经济安全健康运行，首先要确保耕地的数量和质量。因此，耕地保护已经成为关系中国经济和社会可持续发展的全局性战略问题，"十分珍惜和合理利用土地，切实保护耕地"是必须长期坚持的一项基本国策，《国民经济和社会发展第十一个五年规划纲要》中明确提出要保住 18 亿亩耕地的"红线"，这是一个艰巨的任务。因此，应严格执行《土地管理法》第 36 条的规定，严格禁止占有耕地作为坟地，对于坟地，应限制在农村山地、非可耕地之上，以保障耕地的可持续保有。

（五）土地承包经营权的流转问题

农民享受的土地承包经营权是其农业收入的基础，随着农民进城务工等其他情况的出现，农民与土地的联系逐渐疏远，他们开始寻求土地承包经营权的流转。实践证明这种方式产生了积极的社会效应。而我国 2003 年的《农村土地承包法》的却在农村土地承包经营权的流转上设定了两道关卡：其一，表现在第 37 条规定采取转让方式流转的，应当经发包方同意。其二，关于流转主体的限定，规定土地承包经营权转让后的受让主体即受让方是从事农业生产经营的农户。我们认为上述第 37 条的规定存在两个严重问题：(1) 法理上违背了农地承包经营权的物权性质，理论上只有普通债权的转让才须征得对方的同意。这使得农地承包经营权的用益物权之性质来说有名无实，具有物权化不彻底的倾向；(2) 在实践中为土地所有权人对农地承包经营权流转的干涉提供了的空间。[①] 因此应当沿袭我国《物权法》的立法精神将"转让"与"转包、出租、互换"等行为同等对待，在转包时转让人只需向发包人通知并备案即可，无须征得发包人的同意。这样既没有完全禁止土地承包经营权的转让，也不会改变农地的使用用途。另外，如果将土地承包经营权流转的受让主体限定为集体成员，这给转让方限制了土地承包经营权受让方的范围。一方面，造成流转封闭，不利于农村土地资源的优化配置，另一方面，无法真正按照市场价格转让，不利于转让方转让收益的真正实现。

---

① 参见陈小君：《后农业税时代农村土地法律制度的完善》，《南方农村报》报社编《"中国农村发展论坛"论文集》（2005 年），广州，第 137 页。

（六）关于邀人打架的责任承担问题

邀人打架致人伤亡，也即共同致人伤亡的问题，关于其责任承担，我国现有立法和司法形成了相对稳定的处理机制。1986 年制定的《民法通则》以民事基本法的形式确立了共同侵权行为的一般原则和责任方式，2003 年最高人民法院通过的《关于审理人身损害赔偿案件适用法律若干问题的解释》对共同侵权行为又做了进一步的解释，补充了共同危险行为的规定。现有立法关于共同致人伤亡应共同承担责任的立法规定，在调研地区受到绝对多数被调研者的支持，但是在一些较为偏远的农村地区，囿于人情、"枪打出头鸟""罪不罚众"等的影响，也有一部分人认为邀人者应承担更多的责任。1984 年最高人民法院《关于贯彻执行民事政策法律若干问题的意见》第 73 条规定[①]以按份责任为基础，与现行法律相抵触，但其关于在分配责任时，考虑到过错因素对责任承担的影响，具有一定的合理性，因此，对于共同致人伤亡的责任承担，由共同参与人承担连带责任，但在内部责任分担上应考虑到邀人者所起的主要作用，责令其承担主要责任。

（七）关于辱骂他人的非金钱赔偿方式问题

辱骂他人毁损他人名誉，"赔礼道歉"的责任形式具有存在上的普遍性，这一调研所反映出的民间大众对"赔礼道歉"责任形式的推崇，并不违反我国现行法律的规定。我国民事责任法律有将"赔礼道歉"作为责任形式的法制传统。早在中华人民共和国成立之前，在解放区的司法调解中，就使用赔礼道歉的方法。中华人民共和国成立后至改革开放前尤其是在"文化大革命"时，我国的法院成为专政的工具，主要处理敌我矛盾，而作为人们内部矛盾的轻微的民事案件主要由单位领导、居委会、生产大队干部用调解的方式处理，他们一般会利用权力促使一方向另一方赔礼道歉，以达到促进邻里和睦，教育和影响群众，维护社会稳定的目的。而在"文革"期间，我国公民的民事权利特别是人格权受到严重侵害。制定《民法通则》时，一方面，是为了吸取我国"文革"期间发生过的严重侵害人格权的教训；另一方面，也是总结我国处理民事纠纷的传统

[①] 该条规定："两个以上致害人共同造成损害的，应根据各个致害人的过错和责任的大小，分别承担各自相应的赔偿责任。教唆或者帮助造成损害的人，应以共同致害人对待，由其承担相应的赔偿责任。部分共同致害人无力赔偿的，由其他共同致害人负连带责任。"

经验，赔礼道歉就写进了1986年颁布的《民法通则》里。[①] 中国民法将赔礼道歉作为承担责任的方式之一，"在基本法中规定赔礼道歉的民事责任形式，是我国的首创"[②]。已颁布实施的《侵权责任法》仍然认同并沿用，使之以强制赔礼道歉的形式成为侵权行为的一种非经济救济手段。

赔礼道歉源自以恻隐之心和羞耻之心为基础的人的良心（conscience）。[③] 良心是人的道德自律的体现，是人内心的道德法庭，在规范人的社会行为中起着极为重要的作用，因此，良心应得到尊重和鼓励。行为人因其过错行为经自我反省而产生内疚感和悔恨，由内疚感和悔恨召唤而至的良心在行为上表现为赔礼道歉。赔礼道歉原本属于道德行为，有着精神抚慰、息事宁人、化解纠纷的作用，历来为中华文化与文明所推崇。现代司法崇尚人文关怀，主张节约诉讼资源，赔礼道歉如能为法律所用，将有助于其社会作用的充分发挥，不仅会在金钱之外给予受害人精神创伤非经济的补救，而且能通过避免纠纷激化为诉讼来有效节约司法资源。因此，在单纯以金钱赔偿为手段的经济救济难以完全补救受害人的精神损失的背景下，在法律中确立赔礼道歉的相关制度以鼓励促进社会和谐是很有意义的。

（八）关于"生死状"问题

"生死状"是发生攸关生命的行为之前，双方所签下的免责协议书，内容一般包括"生死两不追究""生死有命、富贵在天"等。在中国古代，一般在武术擂台开赛前，都要先签生死状，如果在武术打斗过程中，一方致使对方死亡的，这一方可以免除责任承担。在现代社会，也可见到类似于"生死状"的影子，如在四川金堂县，百名环卫工为保工作签"生死状"，称工作时出意外自己负责，即在某些用工合同中所见到的"工伤概不负责"条款。从表面上看，用人单位用一纸合同明确双方权责，明确约定"工伤概不负责"，似乎是用人单位与职工意思自治的结果。但是，从本质上看，一方是急于找活干的打工者，一方是想坐享赢利的用人单位，这样所谓签订的协议实质上毫无平等和公平可言。

---

① 参见魏振瀛：《论请求权的性质与体系——未来我国民法典中的请求权》，《中外法学》2003年第4期；魏振瀛：《侵犯人身权的民事责任》，《法学杂志》1988年第1期。
② 魏振瀛：《侵犯人身权的民事责任》，《法学杂志》1988年第1期。
③ 参见王立峰：《民事赔礼道歉的哲学分析》，王利明主编《判解研究》2005年第2辑，人民法院出版社2005年版，第27页；冀宗儒：《论赔礼道歉作为民事救济的局限性》，《人民司法》2005年第9期。

我国刑罚更是明文规定故意过失致人伤害或死亡的触犯刑法规定的要受到刑法制裁。伤害双方自愿签生死状，但造成对方人身伤害的仍应受到法律制裁。生死状无论何种形式，都是无效。人的生死不能作为合同内容即合同标的，除非经人民法院审判判决，任何个人、任何组织无权剥夺公民的生命。但在调研过程中，经过我们询问得知，他们所谓的"生死状"不是真正意义上的"生死状"，而是类似于现今法律上的一些免责条款，被调研者并不真正认可绝对的"生死状"，认为这与人性相悖，不公平不合理。由此观之，对于双方签订的所谓"生死状"，即一方即使故意给对方造成伤亡，也不应承担责任，明显与社会公共秩序、善良风俗相违背，是对人性、人之尊严的泯灭，因此，对于这种所谓的"生死状"不应承认其法律效力，对普通民众要加大法律宣传教育的力度，发挥法律的引导功能，使普通群众避免因不懂法而盲目触犯了法律。

（九）出租房屋修缮费用的承担问题

租赁房屋修缮费用的承担，实际上指的就是，在房屋租赁实践中，是由出租人（房东）还是由承租人（房客）承担出租房屋的修缮义务。根据《合同法》第220、221条的规定，租赁物的修缮，有约定的从其约定，没有约定的由出租人承担。从调研地区调研的总体情况来看，被调研者一般均认为，就房屋租赁期间租赁房屋的修缮费用可以由租赁双方当事人协商处理，也就说在租赁房屋的修缮费用承担方面，双方当事人有自主决定权，无须法律的强制性介入，调研所反映出来的情况与《合同法》的规定精神是一致的。但是，如果房屋租赁双方当事人对租赁期间内房屋修缮费用没有做出约定，事后又无法协商一致的，《合同法》规定出租房屋的一切修缮费用都由出租人承担，在调研过程中，一些地方的被调研者也是这么认为和操作的。但值得注意的是，还有相当一部分调研者认为，在其当地往往将租赁物的修缮分为"大修"和"小修"，而主张"大修"的费用由房东承担，"小修"的费用由房屋承租人承担，这一部分调研者认为，这样做是非常合理的，因为在租赁期间，对房屋所进行的一些小修在所难免，一般所花费的费用也很低，动辄请房东来维修或者要求房东承担很小的费用，感觉不合情理。由此可见，在房屋租赁实践中，关于出租房屋修缮费用的承担，出租人和承租人当然可以事前约定或事后协商，在事前没有约定或者事后协商不成的，就五省调研所反映的情况来看，选择"大修归房东，小修归房客"的比例都普遍高于"大修小修都由房东承担"的比例。出租房屋的大修，即涉及修缮费用较大时，由出租人承担，出租房屋的小修，涉及修缮费用较小时，更多的人选择由承租人承担，是较为普遍存在的一种习惯规则，因此，无论在将来的立法修正或者是法律适用的过程中，遵从当地的这一习惯规则，也完全是正当和合理的。

（十）交易中的"中人"及其责任承担问题

从调研所反映的情况来看，在调研地区，诸如房屋买卖或者出租以及其他一些重要的交易活动中，交易的双方当事人往往寻找一个"中人"作保。"中人"在交易活动中具有多重的作用。首先，"中人"有介绍买卖、促成交易的作用。"中人"的此种作用主要表现为为交易双方当事人提供交易信息和交易的机会，即为交易双方当事人的交易"牵线搭钱"，为交易的达成创造条件，促成交易。就这一点而言，"中人"的作用类似于《合同法》第 23 章规定的居间人。所谓居间，是指居间人向委托人报告订立合同的机会或者提供订立合同的媒介服务，委托人支付报酬的一种制度，居间人是为委托人与第三人进行民事法律行为报告信息机会或提供媒介联系的中间人。居间人所提供的主要服务也是为交易当事人提供交易机会和交易信息，以促成交易。但是，值得注意的是，在调研中得知"中人"一般都是无偿的，"中人"可以是交易当事人的邻居，也可以是交易双方当事人都信得过的人，这与居间人不同，根据《合同法》第 424 条的规定，居间人一般都是专门从事提供交易信息和交易机会等交易服务并以此为营利的人，居间人的居间活动都是有偿的，交易达成的，交易当事人要支付报酬。其次，"中人"往往都要在交易合同上签字。"中人"在交易合同上签字，主要目的是证明此次交易活动有某个"中人"的参加，"中人"起到交易见证人的作用，"中人"参与到交易中来，有利于保障交易活动的严肃性，提高交易双方当事人对此次交易活动的重视程度，同时在合同履行过程中，当一方当事人不按照约定履行交易条件的，对方当事人可以通过找"中人"由其从中协调，督促对方当事人按照约定履行交易条款，"中人"起到保障交易顺利进行的功能。再次，"中人"在交易中还起到纠纷调解和担保责任的作用。交易合同签订以后，因任何一方当事人的原因导致出现交易纠纷时，"中人"便可起到桥梁和中介的作用，在发生争议的双方当事人之间进行沟通、协商，搭建磋商的平台，调解交易过程中出现的纠纷，保障交易的顺利进行。"中人"还起到保证人的作用，当一方当事人不履行交易合同，造成对方当事人损失的，根据调研所反映的情况来看，认为"中人"要承担补充赔偿责任的占了绝对多数。鉴于"中人"在民间交易上，对促成交易、保障交易顺利进行、及时有效化解交易纠纷方面都起到重要的作用，建议未来有关交易合同的立法或者司法解释应该保护和尊重交易中存在的"中人"现象，认可"中人"交易参与人的重要地位。

（十一）卖房人的亲属、同宗族的人优先购买权问题

应否赋予卖房人的亲属、同宗族的人以优先购买权，关系到卖房人、卖房人的亲属、同宗族的人以及其他交易对象的利益，也关系到交易自由的问题，因此从立法角度是否认可卖房人的亲属的优先购买权，必须权衡利弊，慎重对待。关于这一问题的立法处理，在我国现有立法以及司法解释中也可以找到一些相关的内容。比如，根据《最高人民法院关于审理城镇房屋租赁合同纠纷案件具体应用法律若干问题的解释》第24条第1款第2项的规定："当出租人将房屋出卖给近亲属，包括配偶、父母、子女、兄弟姐妹、祖父母、外祖父母、孙子女、外孙子女的，房屋承租人主张优先购买权的，人民法院不予支持。"就出租房屋的出卖问题，根据《合同法》第230条的规定："出租人出卖租赁房屋的，应当在出卖之前的合理期限内通知承租人，承租人享有以同等条件优先购买的权利。"《合同法》第230条明确赋予了房屋承租人的房屋优先购买权，也就是说，在租赁房屋出卖时，房屋承租人相对于其他的交易对象而言享有同等条件下的优先购买权。反观《最高人民法院关于审理城镇房屋租赁合同纠纷案件具体应用法律若干问题的解释》（法释〔2009〕11号）第24条的规定，卖房人在出卖自己的出租房屋时，当卖房人将租赁房出卖给自己的近亲属时，房屋承租人在此种情况下是不能主张优先购买权的，此条文蕴含了一层意思，即当卖房人将租赁房出卖时，卖房人的近亲属实际上是享有同等条件下的优先购买权的，此优先购买权既然可以对抗房屋的承租人，更可以对抗其他的一般交易对象了。对于农村租赁房屋的买卖问题，根据该司法解释第1条的规定，可参照城镇租赁房屋出售规则进行处理，也即农村租赁房屋出售时，卖方的近亲属也有优先于承租人购买房屋的权利。由此可见，不管是城镇租赁房屋还是农村租赁房屋在出卖时，卖房人都有权利优先将该房屋出卖给自己的近亲属，卖方的近亲属享有优先于房屋承租人主张购买的权利，卖方近亲属的优先购买房屋的权利可以对抗房屋承租人。但是，对于城镇房屋或者农村房屋买卖时，卖房人的此种优先购买权是否可以对抗房屋出卖人，换言之，假如房屋出卖人宁愿将房屋卖

给其他人，不愿卖给近亲属，近亲属能否提出异议，法无明文规定。从我们调研数据反映的情况来看，大部分人认为不能赋予卖房人的近亲属以优先购买权，不能以此优先购买权来限制卖房人卖房的自由，这一点是尊重和保护卖房人所有权、保障交易自由的重要体现，应为立法所肯定。但当卖房人把房子卖给自己的近亲属时，房屋的承租人主张《合同法》第230条规定的优先购买权的，卖房人的近亲属此时可以主张优先购买权，此优先购买权可以对抗房屋承租人，以保障卖房人近亲属的利益，为了兼顾房屋承租人的利益，考虑到房屋租赁的现实，司法解释将享有优先购买权的人限于近亲属，无疑是公平、合理的选择。

（十二）房屋增设物、改善物的处理问题

租赁期间，承租人为满足租赁房屋使用上的特别需要，往往会对租赁房屋进行改善或者增设他物，根据《合同法》第223条的规定，经出租人同意，承租人可以对租赁物进行改善或者增设他物。承租人对租赁物进行改善或者增设其他设施的，必须征得出租人同意，否则出租人有权解除合同并要求赔偿损失。经出租人同意所设置的改善物或者增设物，在租赁期满应如何处理，《合同法》第223条并没有规定。根据《最高人民法院关于审理城镇房屋租赁合同纠纷案件具体应用法律若干问题的解释》第10条的规定："承租人经出租人同意装饰装修，租赁期间届满或者合同解除时，除当事人另有约定外，未形成附合的装饰装修物，可由承租人拆除。因拆除造成房屋毁损的，承租人应当恢复原状。"该司法解释第12条规定："承租人经出租人同意装饰装修，租赁期间届满时，承租人请求出租人补偿附合装饰装修费用的，不予支持。但当事人另有约定的除外。"因此，对于租赁期内设置的增设物或者改善物到底应如何处理，房屋出租人和承租人当然可以进行事前约定或者事后协商，此种情况下不存在争议。

出租人和承租人事前没有约定，事后又无法协商一致的，根据司法解释的态度以及调研过程中所反映的实际情况来看，在处理租赁物的改善物或增设物时，往往将改善物和增设物区分为两类：一是与租赁物不可分割或难以分割的改善物和增设物，如房屋墙面的涂刷物、埋设在墙面内的电线等；二是可与租赁物进行分割的改善物和增设物，如增设的家具、吊灯等。对于一些可分割、可拆除的改善物和增设物，租赁期满，应由承租人拆除后带走，这既符合上述司法解释的规定，也和调研数据所反映出来的情况一致。如果出租人同意继续使用该增设物或者改善物的，可以折价归房屋的出租方，这对出租人和承租人

都有利。对于不可分割或难以分割的改善物、增设物，由于无法拆除或者虽然可以拆除，但是会破坏租赁物和改善物的效用和价值的，应按照上述司法解释的规定，该改善物、增设物应无偿归房东，一方面是基于某些不可分割的改善物、增设物的价值难以确定并且其价值一般都不大，另一方面改善物、增设物的设置往往是为了承租人的使用需要，对出租人来说价值有限，无偿归房东则更为公平合理。

第三部分　项目调研分报告（二）
——以河南、陕西农村调研为例

一、调研工作概况

（一）调研目的：重点了解中国农村的民事习惯与现行民事立法的差异，为中国民法典编纂中法律资源的选择提供现实依据。

（二）调研内容：农村土地、房屋、遗失物、埋藏物等物权归属和流转方式的现状，民间借贷担保方式和共同侵权责任的划分问题，遗产继承优先权、婚约解除的赔偿责任认定及婚约财产的处理方式问题。

（三）调研方式：调研问卷、社会访谈。其中，调研问卷461份；访谈10人次。

（四）调研时间：2012年8月6日至8月27日。

（五）调研地点：河南省通许县练城乡小青岗村和赵楼村、四所楼乡任寨村和前罗村，河南省偃师市庞村乡东庞村和西庞村、高龙乡辛村和高龙村，河南省桐柏县大河乡李沟村、上河村、黄庄村，河南省林州市采桑镇呼家窑村、棋梧村、宋老峪村；陕西省蓝田县李后乡八里庙村和任家村、冯家村乡党家山村和赵家坪村，陕西省户县白庙乡付家庄村和马村等。

（六）调研问卷数据统计：

问卷内容	问卷情况	通许县 62 份		偃师市 92 份		桐柏县
1. 房屋权属证明	宅基地使用权证	45 份	72.5%	76 份	82.6%	30 份
	房产证	14 份	22.6%	12 份	13%	7 份
	村干部或邻居证明	1 份	1.6%	1 份	1.1%	40 份
	其他形式	2 份	3.2%	0 份	0%	0 份
2. 集体企业所有人归属	村委会	9 份	14.5%	17 份	18.5%	11 份
	村民集体	33 份	53.2%	51 份	55.4%	53 份
	企业承包人	8 份	12.9%	17 份	18.5%	12 份
	乡镇政府	1 份	1.6%	5 份	5.4%	0 份
3. 土地承包经营合同发包主体	国家	5 份	8%	14 份	15.2%	3 份
	乡镇政府	7 份	11.3%	22 份	23.9%	28 份
	村集体或村小组	32 份	51.6%	53 份	57.6%	41 份
	口头协议	13 份	21%	3 份	3.2%	4 份
4. 承包权利人不予耕种承包地处置方式	租给他人耕种	45 份	72.6%	70 份	76.1%	32 份
	雇人耕种	5 份	8.1%	13 份	14.1%	25 份
	暂交村集体处理	1 份	1.6%	10 份	10.9%	9 份
	撂荒	0 份	0%	2 份	2.2%	10 份
5. 土葬使用土地范围	村里公共墓地	24 份	38.7%	30 份	32.6%	39 份
	使用村里荒地	9 份	14.5%	13 份	14.1%	21 份
	自己承包地	22 份	35.5%	44 份	47.8%	9 份
	向其他承包人有偿讨地	3 份	4.8%	6 份	6.5%	5 份
6. 宅基地使用权可否转让	可以转让给本村村民	15 份	24.2%	18 份	19.6%	13 份
	可以转让给村内村外任何人	2 份	3.2%	21 份	22.8%	30 份
	不可以转让	35 份	56.5%	41 份	44.6%	1 份
	不清楚	4 份	6.5%	11 份	12%	30 份
7. 房屋买卖, 亲属和同宗族人是否享有购买优先权	不存在优先权	16 份	25.8%	53 份	57.6%	62 份
	亲属优先	12 份	19.4%	5 份	5.4%	1 份
	都可以优先, 不分先后	22 份	35.5%	14 份	15.2%	7 份
	都可以优先, 但亲属优先	6 份	9.7%	17 份	18.5%	4 份

河南省 290 份

		陕西省 171 份							总计 461 份	
76 份	林州市 60 份		户县 64 份		蓝田县 47 份		其他地区 60 份			
39.5%	20 份	33.3%	57 份	89.1%	34 份	72.3%	28 份	46.7%	290 份	62.9%
9.2%	20 份	33.3%	6 份	9.4%	2 份	4.2%	23 份	38.3%	84 份	18.2%
52.6%	20 份	33.3%	1 份	1.5%	10 份	21.3%	4 份	6.7%	77 份	16.7%
0%	0 份	0%	0 份	0%	1 份	2.1%	5 份	8.3%	8 份	1.7%
14.5%	1 份	1.6%	1 份	1.5%	6 份	12.8%	5 份	8.3%	50 份	10.8%
69.7%	25 份	41.7%	44 份	68.8%	37 份	78.7%	32 份	53.3%	275 份	59.7%
15.8%	34 份	56.7%	12 份	18.7%	3 份	6.4%	14 份	23.3%	100 份	21.7%
0%	0 份	0%	5 份	7.8%	1 份	2.1%	9 份	15%	21 份	4.5%
3.9%	1 份	1.6%	9 份	14.1%	2 份	4.3%	5 份	8.3%	39 份	8.5%
36.8%	20 份	33.3%	16 份	25%	0 份	0%	20 份	33.3%	119 份	25.8%
53.9%	23 份	38.3%	37 份	57.8%	43 份	91.5%	21 份	35%	250 份	54.2%
5.3%	14 份	23.3%	2 份	3.1%	2 份	4.3%	4 份	6.7%	42 份	9.1%
42.1%	22 份	36.7%	38 份	59.4%	40 份	85.1%	27 份	45%	274 份	59.4%
32.9%	30 份	50%	13 份	18.7%	2 份	4.3%	10 份	16.7%	98 份	21.2%
11.8%	6 份	10%	7 份	10.9%	1 份	2.1%	5 份	8.3%	39 份	8.5%
13.2%	2 份	3.3%	6 份	9.4%	4 份	8.5%	9 份	15%	33 份	7.2%
51.3%	20 份	33.3%	12 份	18.7%	3 份	6.4%	22 份	36.7%	150 份	32.5%
27.6%	21 份	35%	43 份	67.2%	3 份	6.4%	12 份	20%	122 份	26.5%
11.8%	0 份	0%	6 份	9.4%	28 份	59.6%	18 份	30%	127 份	27.5%
6.6%	19 份	31.7%	3 份	46.9%	13 份	27.7%	7 份	11.7%	56 份	12.1%
17.1%	35 份	58.3%	14 份	21.9%	0 份	0%	7 份	11.7%	102 份	22.1%
39.5%	5 份	8.3%	17 份	26.6%	12 份	25.5%	11 份	18.3%	98 份	21.2%
1.3%	15 份	25%	16 份	25%	21 份	44.7%	20 份	33.3%	149 份	32.3%
39.5%	4 份	6.7%	17 份	26.6%	9 份	19.1%	15 份	25%	90 份	19.5%
81.6%	39 份	65%	39 份	60.9%	31 份	65.9%	29 份	48.3%	269 份	58.4%
1.3%	0 份	0%	5 份	7.8%	13 份	27.7%	8 份	13.3%	44 份	9.5%
9.2%	2 份	3.3%	13 份	20.3%	0 份	0%	12 份	20%	70 份	15.2%
5.5%	19 份	31.7%	6 份	9.4%	3 份	6.4%	9 份	15%	64 份	13.9%

续表

问卷内容	问卷情况	河南省290份				
		通许县62份		偃师市92份		桐柏县
8. 房屋买卖取得方式	过户登记	22份	35.5%	50份	54.3%	4份
	签订契约，有中间人担保	26份	41.9%	36份	39.1%	38份
	口头约定	2份	3.2%	1份	1.1%	18份
	交付房屋钥匙	1份	1.6%	0份	0%	18份
9. 动产买卖交付方式	直接交付	31份	50%	66份	71.7%	44份
	找中间人证明	20份	32.3%	19份	20.7%	26份
	签订书面协议	4份	6.4%	2份	2.2%	6份
	作标记或其他形式	1份	1.6%	1份	1，1%	0份
10. 大额借贷担保方式	自己的房屋	8份	12.9%	5份	5.4%	13份
	自己的承包地	6份	9.7%	2份	2.2%	4份
	其他财产	0份	0%	8份	8.7%	7份
	中间人担保	43份	69.4%	72份	78.3%	46份
11. 捡拾遗失物处理方式	归还失主，可以要求酬金	6份	9.7%	8份	8.7%	33份
	归还失主，不可以要求酬金	30份	48.4%	39份	42.4%	19份
	归自己	2份	3.2%	12份	13%	7份
	上交村委会或派出所	20份	32，2%	31份	33.7%	13份
12. 发现埋藏物处理方式	归自己	4份	6.5%	9份	9.8%	14份
	归国家	42份	67.7%	49份	53.3%	49份
	归集体	4份	6.5%	4份	4.3%	8份
	如能确定，归原所有人	7份	11.3%	26份	28.3%	7份
13. 打群架责任承担主体及责任划分	带头打架者承担全部责任	29份	46.8%	26份	28.3%	32份
	可由打架的任何一人承担全部责任	2份	3.2%	5份	5.4%	0份
	有带头者赔偿，不足部分有其他人赔偿	16份	25.8%	41份	44.6%	28份
	所有参与人平均分担	11份	17.7%	17份	18.5%	17份
14. 签订"生死状"受害人责任承担	致害人赔偿	19份	30.6%	12份	13%	12份
	不能要求赔偿	8份	12.9%	7份	7.6%	2份
	致害人给予一点补偿	3份	4，8%	4份	4.3%	0份
	没有该种情况	21份	33.9%	63份	68.5%	61份

	陕西省 171 份							总计 461 份	
76 份	林州市 60 份		户县 64 份		蓝田县 47 份		其他地区 60 份		
5.5%	29 份	48.3%	32 份	50%	2 份	4.3%	29 份	48.3%	168 份	36.4%
50%	31 份	51.7%	16 份	25%	44 份	93.6%	17 份	28, 3%	208 份	45.1%
23.7%	0 份	0%	9 份	14, 1%	1 份	2.1%	6 份	10%	37 份	8%
23.7%	0 份	0%	7 份	10.9%	0 份	0%	8 份	13.3%	34 份	7.3%
57.9%	33 份	55%	43 份	67.2%	42 份	89.4%	38 份	63.3%	297 份	64.4%
34.2%	26 份	43.3%	4 份	6.2%	5 份	10.6%	12 份	20%	112 份	24.3%
7.9%	1 份	1.6%	16 份	25%	0 份	0%	4 份	6.7%	33 份	7.1%
0%	0 份	0%	1 份	1.6%	0 份	0%	4 份	6.7%	7 份	1.5%
17.1%	9 份	15%	7 份	10.9%	17 份	36.2%	6 份	10%	65 份	14.1%
5.3%	0 份	0%	11 份	17.2%	1 份	2.1%	1 份	1.6%	25 份	5.6%
9.2%	31 份	51.7%	9 份	14.1%	1 份	2.1%	5 份	8.3%	61 份	13.2%
60.5%	20 份	33.3%	38 份	59.3%	28 份	59.6%	46 份	76.7%	293 份	63.6%
43.4%	0 份	0%	17 份	26.6%	5 份	10.6%	7 份	11.7%	76 份	16.5%
25%	22 份	36.7%	18 份	28.1%	34 份	72.3%	24 份	40%	186 份	40.3%
9.2%	0 份	0%	11 份	17.2%	1 份	2.1%	6 份	10%	39 份	8.5%
17.1%	38 份	63.3%	17 份	26.6%	7 份	14.9%	24 份	40%	150 份	32.5%
18.4%	0 份	0%	22 份	34.4%	3 份	6.4%	15 份	25%	67 份	14.5%
64.5%	55 份	91.7%	30 份	46.9%	42 份	89.4%	35 份	58.3%	302 份	65.5%
10.5%	0 份	0%	7 份	10.9%	0 份	0%	0 份	0%	23 份	5%
9.2%	4 份	6, 7%	4 份	6.2%	2 份	4.3%	9 份	15%	59 份	12.8%
42.1%	39 份	65%	24 份	37.5%	6 份	12, 8%	15 份	25%	171 份	37.1%
0%	2 份	3.3%	2 份	3.1%	0 份	0%	4 份	6.7%	15 份	3.3%
36.8%	19 份	31.7%	21 份	32.8%	22 份	46.8%	24 份	40%	171 份	37.1%
22.5%	0 份	0%	17 份	26.6%	19 份	40.4%	16 份	26.7%	97 份	21%
15.8%	10 份	16.7%	10 份	15.6%	1 份	2.1%	13 份	21.7%	77 份	16.7%
2.6%	1 份	1.6%	16 份	25%	29 份	61.7%	10 份	16.7%	73 份	15.8%
0%	7 份	11.7%	10 份	15.6%	3 份	6.4%	7 份	11.7%	34 份	7.4%
80.5%	42 份	70%	27 份	42.2%	15 份	31.9%	29 份	48.3%	258 份	56%

续表

问卷内容	问卷情况	河南省 290 份			
		通许县 62 份		偃师市 92 份		桐柏县
15. 帮工人损失责任划分	被帮的人承担全部责任	29 份	46.8%	39 份	42,4%	13 份
	帮工者自己承担责任	4 份	6.5%	5 份	5.4%	3 份
	双方共同分担	14 份	22.6%	13 份	14,1%	40 份
	被帮者给予适当补偿	11 份	17.7%	30 份	32.6%	16 份
16. 养子女对亲生父母遗产是否享有继承权	没有	14 份	22.6%	10 份	10.9%	12 份
	如生父母还有其他孩子，则没有	7 份	11.3%	10 份	10.9%	37 份
	有，与被收养没有关系	23 份	37.1%	38 份	66.7%	12 份
	有，但要减少份额	11 份	17.7%	27 份	29.3%	16 份
17. 遗产继承优先权主体	配偶优先	25 份	40.3%	28 份	30.4%	16 份
	子女优先	14 份	22.6%	19 份	20.7%	7 份
	父母优先	12 份	19.5%	5 份	5.4%	3 份
	平均继承	8 份	12.9%	31 份	33.7%	46 份
18. 解除婚约是否承担赔偿责任	要，婚约有法律效力	27 份	43.5%	35 份	38%	11 份
	要，一方为结婚做了准备	13 份	20.9%	17 份	18.5%	20 份
	不要，除非恶意骗婚，骗取彩礼	6 份	9.7%	25 份	27.2%	38 份
	不要，婚约没有法律效力	7 份	11.3%	7 份	7.6%	5 份
19. 解除婚约后彩礼是否可返还及处理方式	需要，不返还找媒人或其他人协调	27 份	43.5%	60 份	65.2%	40 份
	需要，不返还到法院起诉	25 份	40.3%	7 份	7.6%	23 份
	不需要，彩礼是对方的赠予	2 份	3.2%	10 份	10.9%	12 份
	不需要，除非是女方过错导致	3 份	4.8%	10 份	10.9%	2 份
20. 结婚判断依据	办酒席	3 份	4.8%	7 份	7.6%	27 份
	领结婚证	57 份	91.9%	82 份	89.1%	45 份
	以夫妻名义同居	2 份	3.2%	0 份	0%	5 份
	其他方式	0 份	0%	0 份	0%	0 份

		陕西省 171 份					总计 461 份	
76 份	林州市 60 份		户县 64 份		蓝田县 47 份		其他地区 60 份	
17.1%	12 份	20%	15 份	23.4%	5 份	10.6%	21 份	48.3%	134 份	29.1%
3.9%	0 份	0%	2 份	3.1%	0 份	0%	5 份	8.3%	19 份	4.1%
52.6%	18 份	30%	14 份	21.9%	24 份	51.1%	16 份	26.7%	139 份	30.1%
21.1%	30 份	50%	32 份	50%	18 份	38.3%	18 份	30%	155 份	33.6%
15.8%	25 份	41.7%	14 份	21.9%	36 份	76.6%	8 份	13.3%	119 份	25.8%
48.7%	15 份	25%	16 份	25%	6 份	12.8%	12 份	20%	103 份	22.3%
15.8%	20 份	33.3%	18 份	28.1%	4 份	8.5%	26 份	43.3%	141 份	30.6%
21.1%	0 份	0%	16 份	25%	1 份	2.1%	13 份	21.7%	84 份	18.2%
21.1%	38 份	63.3%	20 份	31.2%	11 份	23.4%	16 份	26.7%	154 份	33.4%
9.2%	2 份	3.3%	15 份	23.4%	33 份	70.2%	15 份	25%	105 份	22.8%
3.9%	0 份	0%	7 份	10.9%	0 份	0%	9 份	15%	36 份	7.8%
60.5%	18 份	30%	20 份	31.2%	3 份	6.4%	20 份	33.3%	146 份	31.7%
14.5%	15 份	25%	26 份	40.6%	3 份	6.4%	21 份	35%	138 份	29.9%
26.3%	1 份	1.6%	5 份	7.8%	13 份	27.7%	11 份	18.3%	80 份	17.4%
50%	44 份	7.3%	19 份	29.7%	26 份	55.3%	19 份	31.7%	177 份	38.4%
6.6%	0 份	0%	11 份	17.2%	5 份	10.6%	6 份	10%	41 份	8.9%
52.6%	39 份	65%	43 份	67.2%	36 份	76.6%	23 份	38.3%	268 份	58.1%
30.3%	22 份	36.7%	6 份	9.4%	9 份	19.1%	8 份	13.3%	100 份	21.7%
15.8%	0 份	0%	6 份	9.4%	1 份	2.1%	12 份	20%	43 份	9.3%
2.6%	0 份	0%	8 份	12.5%	1 份	2.1%	14 份	23.3%	38 份	8.2%
35.5%	0 份	0%	8 份	12.5%	10 份	21.3%	5 份	8.3%	60 份	13%
59.2%	40 份	66.7%	55 份	85.9%	37 份	78.7%	48 份	80%	364 份	79%
6.6%	20 份	33.3%	2 份	3.1%	0 份	0%	2 份	3.3%	31 份	6.7%
0%	0 份	0%	0 份	0%	0 份	0%	1 份	1.6%	1 份	0.2%

二、调研内容的调查分析

(一)农村房屋权属证明问题

调查表明,62.9%的农户办理了宅基地使用权证,18.2%的农户同时申请办理了房产证,但部分农村宅基地确权登记发证工作滞后,加之历史的、个人意识原因,16.7%的农户未办理证书,认为宅基地是由村集体统一分配,房屋都是自建而成,由村干部或邻居证明即可,是否办理宅基地使用权证和房产证不影响使用宅基地使用和房屋的所有。1.7%的农户的权利意识非常淡薄,认为祖祖辈辈生活在当地,房屋是祖上留下来或自己翻新的,只要占有居住即可证明自己权利的存在。

据受访者反映,目前农村的宅基地管理工作薄弱混乱,虽然政府出台了具体申请和办理宅基地使用权证的程序和办法,但权属不清,面积超标、一户多宅、非法买卖、未批先建和乱占乱建等现象较为普遍,土地资源浪费、破坏耕地和宅基地纠纷等问题尤为突出,导致一些农民的合法权益受到严重侵害,扰乱了农村的社会管理秩序。同时,随着市场经济的快速发展,人口增加,村庄扩大,农村住宅建设日新月异,相邻关系已发生变化。因而,有必要对农村宅基地进行全面确权发证,规范农村的住宅建设,清理和整治违法乱建行为。

(二)集体企业所有人归属问题

调查中,当问及村办集体企业应归谁所有时,10.8%的村民认为归村委会所有,59.7%的认为应归村集体共有,21.7%的认为如村办企业承包后由承包人所有,4.5%的认为归乡镇政府所有。据了解,农村的村办企业曾在20世纪八九十年代成为推动农村经济发展的一道亮丽的风景线,在一定程度上解决了剩余劳动力的出路问题,增加了部分农民的收入。但进入21世纪后,市场竞争愈来愈激烈,曾经红红火火的村办企业由于缺乏资金支持,技术含量低,产品竞争力不强,管理制度不规范纷纷倒闭或转包,个别效益较好的企业进行了股份制改制,村支书、村主任、村会计大都成为企业的总经理、董事或监事,但由于管理制度和管理方法陈旧落后,人情关系严重,缺乏有效监督,中饱私囊现象突出,造成集体资产流失严重。集体资产实质掌握少数村干部手中,村民有怨难言。如村办企业被承包,承包人只向村集体缴纳少量的承包费,村集体财产所有权被虚化,对承包费的具体标准和使用均由村委会负责,村民集体无法行使真正的监督权。

(三) 土地承包经营合同发包主体问题

数据显示,54.2% 的村民认为和村集体签订土地承包经营合同,25.8% 和 8.5% 的村民分别认为和乡镇政府和国家签订,9.1% 的村民没有签订过承包合同。上述数据表明当地村民对农村土地所有权的归属问题认识不一致,大部分人清楚农村土地归村集体所有,但有相当部分人基于土地承包经营权证是由县级政府颁发,仍然认为土地全部归国家所有。据了解,调研的大部分地区村集体和村民签订有土地承包合同,发放了土地承包经营权证。2011 年 4 月,河南省农业厅等六部门联合下发《河南省农村土地承包经营权登记试点工作方案》,正式启动了农村土地承包经营权登记试点工作。按照《方案》要求,确定我们调研的开封市通许县为"开展农村土地承包经营权登记试点县"。试点工作先在部分乡、村开展,待取得经验后再扩展到全县域,总体进度由试点县统筹安排。

(四) 承包权利人不予耕种承包地处置方式问题

夫妻均外出打工,无法耕种土地时,59.4% 的人选择转包,租给同村人耕种,21.2% 人选择雇人耕种,8.5% 和 7.2% 的人选择暂交村集体或撂荒。在与村民交谈时,他们谈及虽然国家现阶段实行耕地承包 30 年不变,《中华人民共和国农业税条例》自 2006 年 1 月 1 日起废止,但是种粮不如进城打工赚钱,年轻的夫妇由于家庭和孩子的教育负担较重,依然不能把心定在土地上。河南和陕西都是人口大省,在农村除了粮食生产外,打工已经成为当地农民增加收入的主要途径之一。通许县的一个乡干部说:"在我们县农民的收入构成中,粮食、副业和打工的比例大约是 1∶3∶6,年轻人都到南方打工了,只有到农忙时会回来一部分,平常村里大部分是留守的老人、妇女和孩子。"这一点我们调研的成员感触很深,在大部分调研的农村发放调研问卷时很少遇见青壮年男性村民。2003 年的《农村土地承包法》第 32 条规定:"通过家庭承包取得的土地承包经营权可以依法转包、出租、互换、转让或者其他方式流转。"第 37 条规定:"土地承包经营权采取转包、出租、互换、转让或者其他方式流转,当事人双方应当签订书面合同。采取转让方式流转的,应当经发包方同意;采取转包、出租、互换或者其他方式流转的,应当报发包方备案。"但在一些土地承包经营权的流转中,由于双方未签订书面合同,也未向发包方备案,容易产生纠纷。

（五）土葬使用土地范围问题

当问及在当地人去世后使用什么类型的土地进行埋葬时，32.5% 使用村里的公共墓地，26.5% 使用村里荒地，27.5% 在自己的承包地进行土葬，12.1% 使用他人的承包地，并支付一定的费用。受中国传统丧葬意识的影响，目前农村仍然流行着土葬的习惯，国家的"火化"政策已经实行多年，但被火化后仍然要进行土葬，土葬大有抬头之势，使殡葬改革节约土地资源的目的落空。在河南一些地方以罚款代替火化，只要向有关部门或村干部交 3000～4000 元，就可以土葬；还有的地方以罚代管，即等逝者土葬之后再上门罚款，不交钱就以起尸火化相要挟，死者家属只好交钱买平安。一些村民在亲人去世后，往往埋葬在自家的承包地里，造成耕地和粮食收入减少，累积起来也会使全国耕地总量减少，乱埋乱葬、占用耕地的现象令人担忧。就目前农村普遍实行"火葬制度"，大部分农民持反对态度。村民反映，在当地"火化"完毕，还是要装入棺材土葬的。不论是火葬还是直接土葬，不都需要占用的一样的土地吗？政府只强制进行"火化"，收取火化费，增加了政府的收入，加重了农民的负担，难道火化所耗费的油和电以及冒出的黑烟不是对环境的污染吗？其实，村里利用荒地等统一规划提供公共墓地，不实行火化，直接"入土为安"，百姓们省去了"火化费"，国家就省去了"能源的浪费"，减少了环境的污染，又尊重了老百姓的传统习惯，这对社会和百姓都有益。一些农村地区土葬之风盛行，从主观上讲，与部分群众传统丧葬意识有关。从客观上讲，是地方政府和殡葬管理部门提供的公共服务设施滞后、缺少规范统一的墓园、管理不到位造成的，部分农村出现的以罚代管问题，则属于管理"跑偏"，也是一种不正之风，应列入纠正之列。据了解，目前河南省和陕西省分别出台了《关于加快推进殡葬改革工作的通知》和《关于推进城乡殡葬改革和公益性公墓建设的意见》，加大扶持力度，推进农村公共墓地的建设整体规划，实现生态殡葬和惠民殡葬。

（六）宅基地使用权可否转让问题

调查显示，22.1% 的村民认为可以转让给本村村民，21.2% 的村民认为可以任意转让，32.3% 的村民认为不可以转让，19.5% 的不清楚。实践中，宅基地私有的观念在农村已根深蒂固，有的农民甚至把自家的宅基地视为"祖传家业"。由于我国现行关于宅基地转让规定混乱，监督缺位，造成了村民们是否可以转让以及转让何人完全由个人决定的思想倾向。调研地区农户转让房产的情况时有发生。随着城乡一体化步伐的加快，城市周边大量农村集体土地被征用，受经济利益的驱动，村民愿意将闲置的房屋向市场销售，该类房屋买卖后，由于无法办理产权证，势必导致在今后的过程中发生纠纷，从而影响社会稳定。

一般认为，宅基地使用权是农民基本的生活保障，具有社会保障功能，反映在制度设计上主要表现在身份的特殊性、设立的限制性、取得的无偿性、使用的永久性、用途的有限性。我国现行关于宅基地使用权的规定分散，没有统一明确的规定，导致村民法律认知模糊，宅基地的转让秩序混乱。从社会主义市场经济的基本特征和发展趋势看，农村经济市场化、城市化是一种必然的趋势。"物"也好，"资源"也好，只有在流动中才能实现增值，体现其价值。因此，关于宅基地使用权流转问题，编纂的《民法典》必须直面正视。

（七）房屋买卖，亲属和同宗族人是否享有购买优先权问题

土地、房屋在民法财产分类上属于不动产，不管是在以农耕为主要经济形态的古代还是在现代化的今天，它们都是最重要的物质生活资料和最核心的民事活动的对象。在对房屋买卖亲属和同宗族人是否享有购买优先权的调查中，58.4%认为不存在优先权，9.5%认为只有亲属优先，15.2%认为都可以优先，不分先后，13.9%认为亲属优先于同宗族的人。在中国古代，古人提倡孝道、注重伦常，而且跟街坊四邻都是祖祖辈辈生活在一起的熟人，大家的关系相对稳定，人员流动性非常小，长期遵循财产祖有观念和家族公产观念。在这样的社会环境里，出卖土地、房屋就成为公认的大事：土地、房产往往是几代人辛苦挣取的祖业，变卖祖产是大不孝的败家行为，不到万不得已是不会出此下策的。如果非要出卖土地、房屋，律法亦未禁止，但却有一些成文或者不成文的习惯——亲属、邻居享有对土地、房产的先买权。先买权是指有血缘关系的亲属和街坊四邻出同样的价钱有优先取得出卖房产、土地的权利。根据传统习惯，亲属是第一顺序的购买人，血缘关系越近就越有优先权，反映了古人尽量把祖产留在同宗名下的愿望。近邻属于第二顺序的购买人，按照东西南北的顺序依次享有优先权。这里的近邻指的是其土地、房屋与要出卖方土地、房屋相连接的邻居，中间隔着别人的土地、房屋和公共道路的不在此列。只有在亲属、近邻都无意或者无力购买时，才能把房产、土地转让给别人。但出卖人恶意侵害亲邻的先买权或亲邻滥用先买权不受法律保护。据历史资料显示，有关先买权的制度在北魏时已经出现，到唐宋时在国家的正式法律条文中有了具体规定。

法律规定先买权的时效为三年，三年内先买权人如不提起诉讼，三年后官府不再受理。还有一种比较特殊的情况，就是如果谁家的墓地离出售的田地比较近，那么墓地主人享有比田地所有人的亲属和近邻更为优先的购买权，因为"以亲邻者，其意在产业，以墓田者，其意在祖宗"。伦常道德重于以产业获利是我国古代法律传统所遵循的一项基本原则。我国古代法律维护亲邻的先买权，其目的一是为了保护宗族财产不外流，二是为了尽可能避免在水利和土地界至等方面与外族起冲突，维护社会和谐。

随着社会经济的快速发展，现代农村的财产祖有观念和家族公产观念有所淡化，但在一些农村房屋交易实践中仍然习惯于适用亲邻优先权，至今在民间还流传着这样的说法"卖屋应卖给隔壁的，卖牛要卖给合犋的""远亲不如近邻"。我国现行立法规定，在同等条件下，财产共有人或者房屋的承租人享有先买权，对农村的亲邻优先购买权未予规定。但在农村注重血缘亲属关系的熟人社会中，亲邻优先权应受到立法和司法的重视和尊重。

（八）房屋买卖取得方式问题

交易习惯是一个民族、一个社会的深刻历史记忆，是地方交往的共识，交易习惯的变迁反映着社会共识的变迁。治理方式的改变会直接影响到民间在交往方式上的变化。调研显示，45.1%认为签订契约，但必须有中间人担保，36.4%的村民认为应当过户登记，8%认为口头约定即可，7.3%的人认为交付房屋钥匙。据受访者反映，农村私有房屋交易一般要订立书面契约，但这种契约形式多样，没有固定的格式，主要包括房屋以及价款，很少有涉及宅基地使用权的。如果是经村委会见证的同村人之间的房屋买卖，即使不办理登记过户，也会得到村委会对交易的认可。实践中很少有进行房屋过户登记的，过户登记在交易人心中处于可有可无的地位。虽然不予过户，但买方会要求卖方交付宅基地使用权证和房产证，防止一房二卖。在农村能够主持买卖房屋的人，一般是村内有一定威望、具有一定文化水平的人。中人只充当见证人的角色，不收取任何费用，也并不承担担保责任。对于房屋交易效力，过户登记并非村民交易意识中的大事，关键在于钱财两清。

（九）动产买卖交付方式问题

关于动产交付方式，调查显示，64.4%受访者采用直接交付方式，24.3%

找中间人证明，7.1% 签订书面协议，1.5% 认为作标记。在动产交易中，在中国农村早先习惯找一个双方都信任过的中人（即中间人）作为交易的见证人，中人在中国古代和近代一般都收取一定的酬金，负担保责任。中人能积极促成交易的完成。一旦发生纠纷，中间人能及时解决纠纷并能缓和民间矛盾。调研的一些农村仍然有请中人的习惯。事涉双方请第三者裁决作证，称为中人或证人。中人多由当事人双方协商聘请村上有名望之人或亲族长辈担任。民间遇分家、财产继承、招婿、借款（数额较大时）、买卖房屋等事时一般要请中人。中人负担保责任。请中人时一般要吃一顿好饭，民间曰"吃合业"。因此，中人在中国交易的历史舞台上发挥着不可估量的作用。但随着经济的发展和财富的增加，目前农村请中间人的情况越来越少。即便找中间人，中间人不负担保责任，只充当见证人的角色。大部分动产交易采取"一手交钱，一手交货"的交付方式。据了解，20世纪80年代前，农村的大型牲畜比较多，交易时还采用作标记的交易方式。而当今农村大型机械化生产方式导致牲畜数量很少，牛和马等牲畜的集中买卖市场已不复存在。

（十）大额借贷担保方式问题

长期以来，农民所拥有的土地使用权、房屋等资产难以进入资本市场。造成农民无法得到金融机构提供的服务，银行一般不贷款给普通村民。现实生活中，农村的民间借贷多数发生在亲戚、熟人、朋友之间。由于这些人平时熟悉，关系较为密切，出于信任或碍于情面，民间借贷关系往往是以口头协议的形式订立，无须进行担保。如果是向外人进行大额借款时，一般要提供担保，由于农民所拥有的土地使用权、房屋等并不像城市一样具有市场化价值，所以担保主要采取人保，即人的保证。一般是村内经济条件较好愿意担保的人充当保证人，也有找村干部当见证人的。如果无人愿意担保，则以房屋作保。经过调查，63.6% 找中间人担保，自己的房屋 14.1%，承包的土地 5.6%，以其他财产的占 13.2%。我们发现农村的民间借贷与城镇借贷相比有着其自身的特点：一是农村民间借贷的用途集中，主要是用于建房、生活消费等；二是农村民间借贷金额较小，无固定期限；三是农村借贷以互助性质居多。四是借贷口头化，缺少担保形式。据了解，近年来借用放贷、以利息为生的职业放贷人开始出现，应予注意的是农村闲散资金有经职业中介人集中后放高利贷或流向赌博等非法领域的趋势。

在农村民间借贷中，法律意识较强的村民也会采取书面形式，但借据和收据的书写经常不规范。由于文化水平限制，有的写的是别名，或者是同音的别字。出具的收据只写了还款金额，但未注明是本金还是利息，容易引发争议。由于催款不及时而使借款的收回产生风险的现象也不乏其例。农村借贷的缺乏规范化是农村民间借贷纠纷多发的主要原因。出现纠纷后，私力救济这一古老的纠纷解决方式会常用在借贷纠纷解决上，以物抵款或用欺骗手段占有借款人的财物成为惯用的方法。然而，私力救济手段本身往往会激化矛盾，造成恶劣事件的发生。农村民间借贷促进了农村经济的发展，但同时增加了社会不安定因素。我国立法应加强农村产权制度改革，通过对土地承包经营权、宅基地使用权、集体建设用地上房屋所有权等权属进行确权登记颁证，建立农村资产流转平台，形成农村产权流转市场体系，是金融机构向农村市场开放，破解农村融资难问题，寻求一套适合农村借贷的法律制度。据了解，陕西高陵县开创了农村产权制度改革的先河，成为具有"陕西率先、西部领先、全国有影响"的"高陵模式"。

（十一）捡拾遗失物处理方式问题

当谈到捡拾遗失物如何处理时，40.3%的村民认为应该归还失主，不可以要求酬金，32.5%的认为会上交村委会或派出所，16.5%的认为应归还失主，但可以要求酬金，只有8.5%认为可以归自己所有。在农村，捡拾价值较小的财物，如果有人来寻，捡拾人一般会物归原主，也不会要求酬金，否则，一般据为己有。如捡拾价值较大的财物，一般会向街坊邻居询问或向村委会说明，暂由捡拾人保管。由于距离乡镇派出所较远，较少会送交公安部门。如有失主来寻，捡拾人会核实遗失物，予以返还。现实中，失主大部分为熟人和街坊邻居，捡拾人很少会要求支付酬金。可见，在农村，拾金不昧仍然为我国传统美德。我国《物权法》第113条规定："遗失物自发布招领公告之日起六个月内无人认领的，归国家所有。"由于社会诚信体系缺失和受功利主义价值观影响，农村捡拾贵重财物占为己有的现象也屡见不鲜。虽然捡拾别人的遗失物拒不交出，数额较大，则构成侵占，依法应承担刑事责任。但适用刑罚的情况很少见。一些受访人认为，捡拾贵重财物归还失主，大部分失主会予以酬谢，但也有个别失主只是口头感谢，没有物质酬谢。

从立法的目的、内容和效果看，凡对行为带有肯定和物质奖励内容的立法，正是法律倡导和认可的行为，具有呼唤、激励该类行为引领社会风尚的积极作用。因而从立法上确认归还遗失物的获酬，正是倡导"拾金不昧"美德的继承和发扬。

正如霍姆斯法官曾说："法律乃是我们道德生活的见证和外部积淀"。因此，赋予拾得人报酬请求权和拾得人附条件取得所有权是拾金不昧这一道德规范的外部积淀。在这种情况下，只要拾得人拾取遗失物并向一定的机构报告，拾得人至少可以得到一定的报酬，若无人来认领遗失物，拾得人就可得到遗失物的所有权。拾得人当然更愿意去拾取遗失物并向遗失物管理机构报告，而这肯定是遗失人最希望看到的。因为无人认领的遗失物要么归政府所有，要么归拾得人所有，这对遗失人都是一样的。若规定期限届满无人认领的遗失物归拾得人所有，就会激励拾得人报告拾得遗失物的事实，将更有利于遗失人寻回其物。

（十二）发现埋藏物处理方式问题

埋藏物虽然在日常生活中不具有重要地位，但埋藏物的归属仍然是法律中一个重要课题，埋藏物的发现也是各国物权法中不可或缺的制度。我国《民法通则》第 79 条和《物权法》第 114 条采取了 1964 年《苏俄民法典》有关埋藏物的规定。但与我国不同的是，《苏俄民法典》规定上交之人有权获得所交财物价值 25% 的奖金。而我国重点强调精神奖励，对物质奖励亦未明确规定。调查显示，65.5% 的人认为埋藏物应归国家所有，12.8% 的认为如能确定原所有人，应予以归还，14.5% 的认为可以归自己所有，只有 5% 的认为应归集体。据受访者反映，实践中如在自己的承包地或宅院地下发现埋藏物的，除非有人举报，一般由发现人占为己有。发现人上交国家的积极性并不高。

比较而言，大多数大陆法系国家立法恰当地考量了人的思想意识的觉悟程度和水平，并以此为基础对人的行为提出了适宜的要求。如《法国民法典》对发现埋藏物于该法第 716 条第 2 款规定："一切埋藏或隐藏的物品，任何人不能证明其所有权，且发现纯为偶然者，称为埋藏物。"法国民法采取发现人取得所有权主义。即在自己土地上发现的埋藏物归自己所有；在他人土地上发现的埋藏物，一半属于发现人，一半属于土地所有权人。而《德国民法典》将发现埋藏物在第 984 条规定，埋藏物以隐藏于他物中经过较长时期为成立要件，未经过较长的时期的不构成埋藏物构成发现埋藏物，不仅仅要求找到埋藏物。在发现埋藏物的效力上采取发现人取得所有权主义，埋藏物的一半属于发现人，一半属于包藏物的所有人。日本《民法》第 241 条规定，埋藏物在依特别法进行公告 6 月内，其所有人仍不明时，发现人即取得其所有权，但是于他人物内发现的埋藏物，发现人与其物之所有人折半取得其所有权。可见，我国立法一律采用公有主义，显然拔高和扩大了现实条件下人的思想意识的觉悟程度，过高地估价了人们的自觉性。在《民法典》编纂中应抛弃现有的公有主义，结合我国的现实，积极借鉴其他大陆法系国家采取的发现人有限取得埋藏物所有权的做法和经验。

（十三）打群架责任承担主体及责任划分问题

据调查，目前农村打群架主要集中在家族矛盾、宅基地纠纷、"老婆舌头"倒闲话以及孩子纠纷等方面。随着社会文明的进步，打群架的情形已普遍减少。关于打群架责任的承担问题，调查数据显示，认为带头人承担全部责任的占37.6%，带头者承担承担责任、其他参与人承担补充责任的占37.6%，所有参与人平均分担的占21%，承担连带责任的只占3.8%。我国《侵权责任法》第9条规定："教唆、帮助他人实施侵权行为的，应当与行为人承担连带责任。"第10条规定："二人以上实施危及他人人身、财产安全的行为，其中一人或者数人的行为造成他人损害，能够确定具体侵权人的，由侵权人承担责任；不能确定具体侵权人的，行为人承担连带责任。"按照法律规定，因人身伤害引起的损害赔偿，参照《侵权责任法》等规定，赔偿范围应包括医疗费、因误工减少的收入、残废者生活补助费等费用。造成死亡的，应当支付丧葬费、死亡赔偿金及精神损害赔偿等。

按照农村习惯，大部分认为责任主要由带头打架者承担。只有当带头人无力承担全部责任时，会要求其他参与人承担剩余责任。在打群架中，如果未造成严重伤害，民警一般按照邻里关系纠纷处理，不会过多干预，大多由双方自行协商解决，如协商不成，再诉诸法律。在林州农村，邻居之间有时发生一些误会和纠葛。有了矛盾，多能严以律己，彼此谅解，很快消除。但也有的一方想不通，长时怄气。遇此，对方不厌其烦地主动上门认错，并且托人解劝，对于长期难以解开的疙瘩，人们常在办理红白大事时来解决。一般有三种情况：一是办事者主动邀请对方，二是对方主动亲临帮忙，再就是由理事者出面说合，使双方到一起"说说"，俗话为"遇事解疙瘩"。

（十四）签订"生死状"受害人责任承担问题

古有武术擂台赛，双方签下生死状，不管打斗结果如何，都不能追究对方的责任，生死自负。本次调查了解到，该种情况在目前农村已很少出现，56%的受访的村民认为农村目前没有这种情况。如果出现签订"生死状"决斗伤亡的，16.7%的认为应由致害人赔偿，不能要求赔偿的占15.8%，只有7.3%的人认为可以适当给予一点补偿。我国现行法律规定，为了打架而签"生死状"不具有法律效力，致害人当然要承担相应的法律责任。古代传统认为的"生死状"免责事由时至今日已受到刑法和民法的干预，不被法律所认可。我国《合同法》第52条规定，违反法律、行政法规的强制性规定的合同无效；第53条也明确规定，造成对方人身伤害的免责条款无效。因此，这样的生死状是无效的，出现伤害后，照样要承担相应的民事或刑事责任。

（十五）帮工人损失责任划分问题

邻人有难，出手相助，是中华民族的传统美德。助人为乐原本是好事善举，但在帮工活动中也会发生一些意外，产生纠纷甚至对簿公堂。实践中，义务帮工是我国农村地区普遍存在的一类社会关系，其尚处于熟人社会之中，在操办婚丧嫁娶等红白喜事、自建房屋、抢收抢种等急需人手之时，街坊邻居、远亲等前来帮忙而不收取报酬，是十分常见的。在此过程中，可能发生帮工人致人损害或受害的情形，实践中也不乏此类案例。所谓义务帮工，是指为了满足被帮工人生产或生活方面的需要，帮工人不以追求报酬为目的，为被帮工人无偿提供劳务的行为。其与雇佣关系不同的是，雇佣关系是雇员在从事从属性劳动中发生的财产关系和人身关系。帮工人不收取被帮工人报酬，帮工活动是无偿的，是助人为乐行为；而雇主与雇员之间则存在着特定的经济利益关系，雇员为雇主创造利益并获取报酬，是等价有偿的商业行为。在帮忙中发生事故责任该如何划分？调查显示，认为被帮的人承担全部责任的占29.1%，双方共同分担的占30.1%，33.6%的人认为被帮者给予适当补偿，仅有4.1%人认为帮工者自己承担损失，其余为3.1%。

（十六）养子女对亲生父母遗产是否享有继承权问题

在对养子女对亲生父母遗产是否享有继承权进行调查时，25.8%的认为没有继承权，22.3%的认为如果还有其他子女，则没有继承权，30.6%的认为有继承权，18.2%的认为可以适当继承，其余为3.1%。养子女与生父母之间在法律上的权利义务虽因收养关系成立而消除，但是血缘关系是无法割断的。对此，《最高人民法院关于贯彻执行〈中华人民共和国继承法〉若干问题的意见》第19条规定："被收养人对养父母尽了赡养义务，同时又对生父母扶养较多的，除可依继承法第10条的规定继承养父母的遗产外，还可依《继承法》第14条的规定分得生父母的适当的遗产。"体现了继承法律关系上权利与义务对等的原则。目前在农村，收养关系大部分是在被收养人刚出生不久时成立，送养人和收养人之间都有约定，除非第三人恶意破坏，被收养人一般并不知自己的亲生父母，因而也不存在继承亲生父母遗产的情形。一旦知道自己的身世，只有在亲生父母无子女继承时才可以继承。而该种情况并不常见。

（十七）遗产继承优先权主体问题

关于遗产继承优先权问题，受访的 33.4% 的认为配偶优先继承，22.8% 的认为子女优先继承，31.7% 的认为配偶、子女和父母平均继承，只有 1.8% 的认为父母优先继承。在调查中发现，被继承人去世后，遗产一般不予分割继承，而由配偶负责掌管遗产，只有在双方均去世后，才由数子分割继承，外嫁女一般不参与继承。如果有数个子女的，房屋等不动产遗产一般由与被继承人公共生活的儿子继承，动产遗产按照子女的人数平均继承。在被继承人有子女继承的情况下，其父母一般不参与继承。

中国是一个家庭观念很重的国家，中国公民非常重视家庭成员之间的亲情，重视血缘关系。从历史传统上看，四等亲以内的亲属关系都是相当密切的（尽管我国婚姻家庭法中用的是"代"的概念，而非"亲等"的概念），甚至在一些家庭中，抚养和赡养的义务主要是靠四等亲以内的旁系亲属（叔、伯、姑、舅、姨、侄子女、外甥子女等）在履行。把四等亲以内的非直系纳入法定继承人的范围，是同我国的历史传统和民族习惯相适应的。但是，根据现行继承法规定，四等亲以内的旁系亲属绝大部分却不享有法定的继承权，不属于法定继承人的范围之列，这显然与我国的传统观念和当今的社会生活实际发生了错位。事实上，按调研农村继承习惯，如果没有上述法定继承人范围的情况下，一般由四等亲以内的旁系亲属继承，很少有愿意将遗产交归国家或集体所有。

综观其他国家继承法，各国法律规定的继承人范围和顺序宽窄和多寡有所不同。其中以采"亲属无限制继承主义"的德国所规定的继承人范围最宽，几乎包括了所有有血缘关系的亲属和配偶。而法国、美国和日本等大部分国家则采取的是"亲属继承限制主义"。但这种限制只是对旁系血亲的限制，有的限于十二亲等，有的限于十亲等，有的限于六亲等，对直系血亲则一般无亲等限制。但是，与上述任何一个国家相比，我国继承人的范围和顺序则明显狭小。在范围上仅限于二亲等以内，顺序也只有两个。因此，未来立法应考虑我国农村的继承顺序习惯和扩大继承人范围，最大程度上减少公权对私有财产的干预。

（十八）解除婚约是否承担赔偿责任问题

我国古代六礼中前四礼都与婚约有关。到了近代，婚约制度一直延续着。但是我国 1950 年和 1980 年颁布的婚姻法中以及 2001 年 4 月对 1980 年婚姻法修正后都未规定婚约问题。由于缺少法律对婚约事前指引和事后调整，在现实生活中因婚约引起的问题层出不穷。据调查，29.9% 认为婚约有效力，解除要承担赔偿责任；17.4% 认为一方为结婚做了准备，要承担；38.4% 的认为一般情况下不需要，除非恶意骗婚和骗彩礼；其余为 14.3%。在我国农村，婚约是男女双方将来缔结婚姻的事先约定，属于事实行为，结婚前一般都要订立婚约。而我国法律没有关于婚约的相关法律规定，对于婚约的约定也没有相关的法律保护，所以一方违反婚约，无论其是否有过错，均不能要求其承担损害赔偿责任。但在农村实践中，在双方协议解除婚约的情形下，双方在婚约期间，通过进一步的了解，认为对方不适合作为终生伴侣，双方合意解除，双方不应因此承担损害赔偿；在一方无正当理由而要求解除婚约，或一方有严重违反婚约和损害对方利益的行为另一方提出解除婚约的，相对方一般会要求给予一定的补偿。但对于以婚约的成立为前提而赠送的"彩礼"或其他财产，由于从法律属性上属于附条件的赠与行为，在婚约无法履行的情况下，赠与人有权要求予以返还。

如果婚约因一方的原因而解除，尤其是因一方的过错而致使婚约解除，无过错方是否有权要求过错方赔偿因婚约之履行所遭受的损失。对此，各国法律有不同的规定。有的国家认为婚约不是独立的契约，不承认这是一种契约之债，所以任何人不得根据婚约而提起结婚之诉，也不得追究违约责任；有的国家则把婚约视为以婚约为目的的契约行为，可以追究毁约人的违约责任。有的国家虽然在一定条件下，即以有过错为前提，规定了因婚约解除所生的损害赔偿责任，但是实行"责任法定"原则，即责任的类型与内容由法律确定，不承认当事人有约定责任类型与内容的权利。在我国现行的一方违反婚约，无论其是否有过错，均不能要求其承担损害赔偿责任的规定过于绝对，不利于婚约关系的调整和纠纷的解决，应由立法规定明确。

（十九）解除婚约后彩礼是否可返还及处理方式问题

彩礼，有的地方也称为聘礼、纳彩等，是中国几千年来的一种婚嫁习俗。

按照传统的风俗习惯，男方要娶他家女子为妻时，应当向女方下聘礼或彩礼。彩礼给付的多少，依据当地的习惯和当事人自己的经济情况而定，但是一般说来数额不在少数。对于彩礼的性质，有的学者认为属于赠与，有的学者认为属于不当得利，还有的学者认为属于附条件的赠与。调查显示，认为解除婚约后，彩礼需要返还，不返还找媒人或中间人协调的占58.1%，21.7%认为需要返还，不返还向法院起诉，17.5%的认为不需要返还。在农村实践中，大部分受访者认为彩礼属于附条件的赠与，解除婚约后，应当返还。

实践中因解除婚约而发生的财物返还问题十分复杂，要视具体情况依据有关司法解释与政策精神处理。我国《婚姻法解释（二）》第10条规定从切实解决现实生活中彩礼返还的问题出发，对彩礼是否应与返还做了明确的规定。根据最高人民法院《关于人民法院审理离婚案件处理财产分割问题的若干具体意见》第19条解释，借婚姻关系索取的财产，离婚时，如结婚时间不长，或者因索要财产对方生活产生困难的，可酌情返还。对取得财物的性质是索取还是赠与难以认定的，可按赠与处理。在实践中法院对此问题处理通常倾向于彩礼酌情返还。因此，对处理解除婚约后的彩礼问题，立法应结合农村婚俗习惯，采取慎重而客观的态度，对其明确规定。

（二十）结婚判断依据问题

调查显示，79%的受访者认为领取结婚证是判断依据，13%的认为是办酒席，6.7%认为同居即可。现实中，虽然村民大部分认为只有办理结婚证才受法律保护，但很多农村，一直到现在还以摆喜宴为正式结婚的标志，宣誓结婚的成立。有的农村孩子早早辍学，帮父母在家干活，或者就出去打工挣钱。家里愿意让他们早点结婚，一是为了省事，孩子结婚了，父母的任务就完成了。另一个原因是，女孩的父母觉得，孩子出嫁了才真正有了依靠，才可以放心，所以，女孩不到二十岁就说婆家，刚到二十岁就结婚了。相应的，男孩子结婚也相应提前。婚姻法虽明确规定法定结婚年龄，但在农村，花点钱就可以改岁数，所以，早婚风气比较普遍。有的家庭为了传宗接代，逃避计划生育惩罚，先摆喜宴，举行典礼，等女方生下男孩后才与丈夫去领结婚证。有的未生男孩遭丈夫抛弃，因未领结婚证使其权益无法得到法律的保护。近年来，随着城镇化进程的不断推进，大量农村青年纷纷选择外出打工。然而，随着进城务工农民经济条件、生活环境等方面发生改变，传统的农村婚姻家庭观念也受到了冲击。

聚少离多、闪婚、家庭暴力，成为当下农村离婚案的主因，导致农村的离婚率明显上升，引发社会家庭的不稳定。

三、民事习惯在民法典编纂中的定位

从世界范围来看，无论是大陆法系国家还是英美法系国家，民事习惯一直是民法的一个重要的渊源，特别是在现代民法中，习惯作为民法的重要渊源已经得到世界各国的认可。从我国历史的角度来看，在我国的古代社会，习惯一直是调整民事生活的主要法源。清末民初，我国进行了大规模的法律移植，借鉴西方国家立法经验，实现我国法律的现代化。在此过程中，立法机关非常重视习惯在法律体系中的地位，展开大规模民商事习惯调查，并把大量民事习惯编入民法典。而中华人民共和国成立后，关于婚姻法、继承法和合同法等民事立法都没有重视民事习惯的法律资源选择。最近几年的民法草案和物权法也同样没有对民事习惯予以重视。因此，在我国的《民法典》编纂过程中，必须高度重视国外和我国历史将民族习惯作为重要法律资源的做法，对民事习惯在我国民法体系中进行一个合理的定位，积极对其进行调查和研究，将其作为民事立法和司法的重要资源进行利用和吸收，为中国民法典的生命力寻找一种新的理论源泉，真正体现我国民法典的民族性和国际性。

第四部分　项目调研分报告（三）
——以贵州、云南农村调研为例

本调研小组负责贵州、云南两省的调研工作，这两个省份属于少数民族大省，其中贵州省有 56 个民族成分，18 个世居民族；云南省有 52 个民族成分，16 个世居民族。民族聚居情况突出，民族传统和习惯保留较为完整。

调研组选取黔东南自治州、楚雄彝族自治州、大理白族自治州和文山壮族苗族自治州作为调研地区。小组成员深入基层，跋山涉水，穿街走巷，行程两千多公里，通过问卷调查、面对面的交谈等方式与民族地区群众深入交流，获得了翔实、客观的第一手资料。同时，我们的调研工作得到了当地县、乡等政府部门的大力支持，以及基层村委的大力帮助，并且受到了当地农民朋友的热情招待和密切配合。实地调研工作结束后，我们对调研问卷以及访谈内容进行了统计和分析，现总结如下。

一、调研工作概况

调研目的：重点了解中国农村的民事习惯与现行民事法律适用的差异，为中国民法典编纂中法律资源的选择提供现实依据。

调研内容：农村土地、房屋、遗失物、埋藏物等物权归属和流转方式现状，民间借贷担保方式和共同侵权责任的划分问题，遗产继承优先权、婚约解除的赔偿责任认定及婚约财产的处理方式问题。

调研方式：问卷调研、实地访谈。其中，发放调研问卷500份，收回有效问卷432份，回收率86.4%。社会访谈4人次，访谈对象为村民、村干部、乡镇干部。

调研时间：2012年8月7日至8月21日。

调研地点：贵州省黔东南自治州从江县丙妹镇丙妹村、长寨村、北上新村，高增乡银良村；天柱县垒处镇三门塘村；云南省楚雄彝族自治州南华县沙桥镇沙桥村、五街镇中村村委会本利厂二村、龙川乡小岔河村；大理白族自治州巍山彝族回族自治县南诏乡群力村、永建镇三家村和永建镇马米厂村；文山壮族苗族自治州广南县莲城乡落松地村等地。调研对象涵盖汉族、苗族、回族、白族、彝族、傣族、侗族、瑶族8个民族。

调研问卷数据统计

问卷内容	问卷情况	云南省 242 份				贵州省 190 份				总计 432 份	
		南华县 95 份		广南县 40 份		天柱县 80 份		从江县 110 份			
1. 房屋权属证明	宅基地使用权证	44 份	46.32%	1 份	2.5%	15 份	18.75%	9 份	8.18%	113 份	26.16%
	房产证	50 份	52.63%	32 份	80%	65 份	81.25%	100 份	90.91%	301 份	69.68%
	村干部或邻居证明	0 份	0%	7 份	17.5%	0 份	0%	1 份	0.91%	16 份	3.70%
	其他形式	1 份	1.05%	0 份	0%	0 份	0%	0 份	0%	2 份	0.46%
2. 集体企业所有人归属	村委会	13 份	13.68%	10 份	25%	5 份	6.25%	12 份	10.91%	60 份	13.89%
	村民集体	75 份	78.95%	12 份	30%	62 份	77.5%	89 份	80.91%	285 份	65.97%
	企业承包人	7 份	7.37%	14 份	35%	12 份	15%	8 份	7.27%	81 份	18.75%
	乡镇政府	0 份	0%	4 份	10%	1 份	1.25%	1 份	0.91%	6 份	1.39%
	国家	10 份	10.53%	0 份	0%	1 份	1.25%	7 份	6.36%	59 份	13.66%
3. 土地承包经营合同发包主体	乡镇政府	16 份	16.84%	16 份	40%	2 份	2.25%	11 份	10%	61 份	14.12%
	村集体或村小组	64 份	67.37%	13 份	32.5%	67 份	83.75%	92 份	83.64%	282 份	65.28%
	口头协议	5 份	5.26%	11 份	27.5%	10 份	12.5%	0 份	0%	30 份	6.94%
4. 承包权利人不予耕种承包地处置方式	租给他人耕种	66 份	69.47%	20 份	50%	42 份	52.5%	61 份	55.46%	249 份	57.64%
	雇人耕种	10 份	10.53%	14 份	35%	30 份	37.5%	35 份	31.82%	103 份	23.84%
	暂交村集体处理	3 份	3.16%	1 份	2.5%	6 份	7.5%	8 份	7.27%	48 份	11.11%
	撂荒	16 份	16.84%	5 份	12.5%	2 份	2.25%	6 份	5.45%	32 份	7.41%

续表

问卷内容	问卷情况	云南省 242 份			贵州省 190 份		总计 432 份	
		南华县 95 份	广南县 40 份	巍山县 107 份	天柱县 80 份	从江县 110 份		
5. 土葬使用土地范围	村里公共墓地	30 份 31.58%	10 份 25%	53 份 49.53%	42 份 52.5%	80 份 72.73%	215 份	49.77%
	使用村里荒地	31 份 32.63%	1 份 2.5%	21 份 19.63%	8 份 10%	22 份 20%	83 份	19.21%
	自己承包地	32 份 33.68%	18 份 45%	17 份 15.89%	29 份 36.25%	3 份 2.73%	99 份	22.92%
	向其他承包人有偿讨地	2 份 2.11%	11 份 27.5%	16 份 14.95%	1 份 1.25%	5 份 4.55%	35 份	8.10%
6. 宅基地使用权可否转让	可以转让给本村村民	22 份 23.16%	12 份 30%	22 份 20.56%	20 份 25%	38 份 34.55%	114 份	26.39%
	可以转让给村内村外任何人	35 份 36.84%	2 份 5%	36 份 33.64%	4 份 5%	42 份 38.18%	155 份	35.88%
	不可以转让	24 份 25.26%	10 份 25%	31 份 28.97%	15 份 18.75%	25 份 22.73%	105 份	19.68%
	不清楚	14 份 14.74%	16 份 40%	18 份 16.82%	5 份 6.25%	5 份 4.45%	58 份	44.44%
7. 房屋买卖、亲属和同宗族人是否享有购买优先权	不存在优先权	64 份 67.37%	34 份 85%	45 份 42.06%	6 份 7.5%	0 份 0%	149 份	34.49%
	亲属优先	7 份 7.37%	0 份 0%	24 份 22.43%	5 份 6.25%	21 份 19.09%	57 份	13.19%
	都可以优先，不分先后	19 份 20%	3 份 7.5%	27 份 25.23%	54 份 67.50%	80 份 72.73%	183 份	42.36%
	都可以优先，但亲属优先	5 份 5.26%	3 份 7.5%	11 份 10.28%	15 份 18.75%	9 份 8.18%	43 份	9.95%
8. 房屋买卖取得方式	过户登记	34 份 35.79%	13 份 32.5%	45 份 42.06%	72 份 90%	95 份 86.36%	259 份	59.95%
	签订契约，有中间人担保	26 份 27.37%	15 份 37.5%	46 份 42.99%	0 份 0%	14 份 12.73%	101 份	23.38%
	口头约定	35 份 36.84%	12 份 30%	4 份 3.74%	0 份 0%	0 份 0%	51 份	11.81%
	交付房屋钥匙	0 份 0%	0 份 0%	12 份 11.21%	8 份 10%	1 份 0.91%	21 份	4.86%

续表

问卷内容	问卷情况	云南省 242 份						贵州省 190 份				总计 432 份	
		南华县 95 份		广南县 40 份		巍山县 107 份		天柱县 80 份		从江县 110 份			
		份数	%	份数	%	份数	%	份数	%	份数	%	份数	%
9. 动产买卖交付方式	直接交付	90 份	94.74%	27 份	67.5%	56 份	52.34%	72 份	90%	85 份	77.27%	330 份	76.39%
	找中间人证明	1 份	1.05%	4 份	10%	21 份	19.03%	0 份	0%	0 份	0%	26 份	6.02%
	签订书面协议	4 份	4.21%	9 份	22.5%	12 份	11.21%	6 份	7.5%	13 份	11.82%	44 份	10.19%
	作标记或其他形式	0 份	0%	0 份	0%	18 份	16.82%	2 份	2.5%	12 份	1091%	32 份	7.41%
10. 大额借贷担保方式	自己的房屋	24 份	25.26%	12 份	30%	41 份	38.32%	40 份	50%	64 份	58.18%	181 份	41.80%
	自己的承包地	2 份	2.11%	2 份	5%	16 份	14.95%	4 份	5%	16 份	14.55%	40 份	9.35%
	其他财产	34 份	35.79%	5 份	12.5%	17 份	15.89%	9 份	11.25%	18 份	16.36%	83 份	19.22%
	中间人担保	35 份	36.84%	21 份	52.5%	33 份	30.84%	27 份	33.75%	12 份	10.91%	128 份	29.63%
11. 捡拾遗失物处理方式	归还失主，可以要求酬金	6 份	6.32%	7 份	17.5%	18 份	16.82%	22 份	27.5%	8 份	7.27%	61 份	14.12%
	归还失主，不可以要求酬金	42 份	44.21%	16 份	40%	46 份	42.99%	27 份	33.75%	78 份	70.91%	209 份	48.38%
	归自己	18 份	18.95%	12 份	30%	10 份	9.35%	6 份	7.5%	4 份	3.64%	50 份	11.57%
	上交村委会或派出所	29 份	30.53%	5 份	12.5%	33 份	30.84%	25 份	31.25%	20 份	18.18%	112 份	25.93%
12. 发现埋藏物处理方式	归自己	38 份	40%	3 份	7.5%	37 份	34.58%	22 份	27.5%	41 份	37.27%	141 份	32.64%
	归国家	45 份	47.37%	23 份	57.5%	39 份	36.45%	48 份	60%	39 份	35.46%	194 份	44.91%
	归集体	0 份	0%	7 份	17.5%	11 份	10.28%	7 份	8.75%	17 份	15.46%	42 份	9.72%
	如能确定，归原所有人	12 份	12.63%	7 份	17.5%	20 份	18.69%	3 份	3.75%	13 份	11.82%	55 份	12.73%

续表

问卷内容	问卷情况	云南省 242 份			贵州省 190 份		总计 432 份	
		南华县 95 份	广南县 40 份	巍山县 107 份	天柱县 80 份	从江县 110 份		
13. 打群架责任体及责任划分	带头打架者承担全部责任	14 份 14.74%	13 份 32.5%	24 份 22.43%	58 份 72.5%	57 份 51.82%	166 份	38.43%
	可由打架的任何一人承担全部责任	2 份 2.11%	4 份 10%	14 份 13.08%	1 份 1.25%	12 份 10.91%	33 份	7.64%
	有带头者赔偿,不足部分有其他人赔偿	41 份 43.16%	15 份 37.5%	41 份 38.32%	17 份 21.25%	35 份 31.82%	149 份	34.49%
	所有参与人平均分担	38 份 40%	8 份 20%	28 份 26.17%	4 份 5%	6 份 5.46%	84 份	19.44%
14. 签订"生死状"受害人责任承担	致害人赔偿	14 份 14.74%	7 份 17.5%	22 份 20.56%	10 份 12.5%	18 份 16.36%	71 份	16.44%
	不能要求赔偿	0 份 0%	2 份 5%	30 份 28.04%	0 份 0%	11 份 10%	43 份	9.95%
	致害者给予一点补偿	6 份 6.32%	7 份 17.5%	4 份 3.74%	2 份 2.5%	5 份 4.55%	24 份	5.56%
	没有该种情况	75 份 78.95%	24 份 60%	51 份 47.66%	68 份 85%	76 份 69.09%	294 份	68.06%
15. 帮工人损失责任划分	被帮的人承担全部责任	25 份 26.32%	3 份 7.5%	34 份 31.78%	12 份 15%	53 份 48.18%	127 份	29.40%
	帮工者自己承担责任	3 份 3.16%	3 份 7.5%	25 份 23.36%	0 份 0%	12 份 10.91%	43 份	9.95%
	双方共同分担	27 份 28.42%	11 份 27.5%	25 份 23.36%	41 份 51.25%	13 份 11.82%	117 份	27.08%
	被帮者给予适当补偿	40 份 42.11%	23 份 57.5%	23 份 21.5%	27 份 33.75%	32 份 29.09%	145 份	33.56%
	没有	16 份 16.84%	6 份 15%	16 份 14.95%	38 份 47.5%	34 份 30.91%	110 份	25.46%
16. 养子女对亲生父母遗产是否享有继承权	有,如父母还有其他孩子,则没有	13 份 13.68%	9 份 22.5%	27 份 25.23%	7 份 8.75%	5 份 4.55%	61 份	14.12%
	有,与被收养没有关系	53 份 55.79%	22 份 55%	45 份 42.06%	26 份 32.5%	62 份 56.36%	208 份	48.45%
	有,但要减少份额	13 份 13.68%	3 份 7.5%	19 份 17.76%	9 份 11.25%	9 份 8.18%	53 份	12.27%

续表

问卷内容	问卷情况	云南省 242 份				贵州省 190 份				总计 432 份	
		南华县 95 份		广南县 40 份		巍山县 107 份		天柱县 80 份		从江县 110 份	
17.遗产继承优先权主体	配偶优先	20 份	21.05%	11 份	27.5%	45 份	42.06%	45 份	56.25%	38 份	34.55%	159 份	36.81%
	子女优先	34 份	35.79%	22 份	55%	23 份	21.5%	12 份	15%	22 份	20%	113 份	26.16%
	父母优先	12 份	12.63%	1 份	2.5%	19 份	17.76%	3 份	3.75%	2 份	1.82%	37 份	8.56%
	平均继承	29 份	30.53%	6 份	15%	20 份	18.69%	20 份	25%	48 份	43.64%	123 份	28.47%
18.解除婚约是否承担赔偿责任	要,婚约有法律效力	49 份	51.58%	4 份	10%	43 份	40.19%	39 份	48.75%	10 份	9.09%	145 份	33.56%
	要,一方为结婚做了准备,除非恶意骗婚	19 份	20%	13 份	32.5%	23 份	21.5%	14 份	17.5%	42 份	38.18%	111 份	25.69%
	不要,不返还骗取彩礼	18 份	18.95%	22 份	55%	25 份	23.36%	25 份	31.25%	53 份	48.18%	143 份	33.1%
	不要,婚约没有法律效力	9 份	9.47%	1 份	2.5%	16 份	14.95%	2 份	2.5%	5 份	4.55%	33 份	7.64%
19.解除婚约彩礼是否可返还及处理方式	需要,不返还找媒人或其他人协调	33 份	34.74%	21 份	52.5%	49 份	45.79%	47 份	58.75%	80 份	72.72%	230 份	53.24%
	需要,不返还到法院起诉	9 份	9.47%	2 份	5%	20 份	18.69%	5 份	6.25%	15 份	13.64%	51 份	11.81%
	不需要,彩礼是对方的赠予	18 份	18.95%	17 份	42.5%	25 份	23.36%	26 份	32.5%	10 份	9.09%	96 份	22.22%
	不需要,除非女方过错导致	0 份	0%	13 份	0%	13 份	12.15%	2 份	0.25%	5 份	4.55%	55 份	12.73%
20.结婚判断依据	办酒席	35 份	36.84%	6 份	15%	28 份	26.17%	13 份	16.25%	20 份	18.18%	117 份	27.08%
	领结婚证	50 份	52.63%	32 份	80%	56 份	52.34%	67 份	83.75%	90 份	81.82%	290 份	67.13%
	以夫妻名义同居	45 份	47.37%	2 份	5%	12 份	11.21%	0 份	0%	0 份	0%	14 份	3.24%
	其他方式	0 份	0%	0 份	0%	11 份	10.28%	0 份	0%	0 份	0%	11 份	2.55%

二、调研内容的分析

（一）农村房屋权属证明问题

农村房屋物权登记未全面覆盖。我国《物权法》第9条规定，不动产物权的设立、变更、转让和消灭，经依法登记，发生效力；未经登记，不发生效力。农村房屋作为不动产，经登记方可设立物权。调查显示，农村房屋有房产证证明房屋权属的比例为69.68%，宅基地使用权证书比例为26.16%，由村干部或者邻居证明比例为3.70%，其他形式比例为0.46%。数据表明，农村房屋取得房产证已较为普及，但宅基地使用权证书仍占有相当的比例，虽然我国《物权法》规定，宅基地上的房屋可以办理房产证，但因宅基地使用权行使限制以及建筑物无法与土地分割，造成宅基地上房屋的房产证虚化，无法像国有土地上的房屋产权证一样可以抵押、转让。

农村房屋不经登记取得物权易产生诸多弊端。首先，体现在物权转移方面。房屋所涉价值较大，转移所有权时不在房管部门登记，一旦出现纠纷，处理不当也将损害国家利益。其次，不便于摸查权属。在农村权属不清、面积超标、一户多宅、非法买卖、未批先建和乱占乱建等现象较为普遍，土地资源浪费、破坏耕地和宅基地纠纷等问题尤为突出。因而，有必要尽快对农村房屋进行全面确权发证。

（二）集体企业所有人归属问题

对集体企业所有权人主体认识不清。我国法律对集体企业的所有权主体已有明确的规定，《物权法》第59条规定，农民集体所有的不动产和动产，属于本集体组织成员集体所有。据此，集体企业所有权人应为集体成员集体所有。调查显示，13.89%的村民认为村办集体企业归村委会所有，65.97%的村民认为应归村集体共有，18.75%的村民认为村办企业承包后由承包人所有，1.39%的人认为归乡镇政府所有。数据表明，除13.89的村民认为集体企业归承包人所有完全错误外，绝大部分村民都对集体所有中的"集体"二字理解有偏差。村委会、乡镇政府、集体共有均不能体现《物权法》规定的应有之意。"集体共有"应理解为"集体成员共有"，即集体企业的所有权变动等事项应当依照法定程序经本集体成员决定。但现实中村集体松散化的管理模式，未将集体成员的权利落到实处，侵害了村民集体成员的合法权益。现行物权法对此种情形未规定相应的制裁和处罚措施，需在立法中予以完善。

（三）土地承包经营合同发包主体问题

集体土地所有权主体认识不一致。关于集体土地所有权主体，2003 年的《农村土地承包法》第 18 条规定："家庭承包的承包方案，依法应经本集体经济组织成员的村民会议三分之二以上成员或三分之二以上村民代表的同意。"可见，集体土地归集体成员共有。调查显示，65.28% 的村民认为和村集体签订土地承包经营合同，14.12% 和 13.66% 的村民分别认为和乡镇政府和国家签订，6.94% 的村民没有签订过承包合同。上述数据表明当地村民对农村土地所有权的归属问题认识不一致，大部分人清楚农村土地归村集体所有，但有相当部分人仍然认为土地归乡镇政府或国家所有。现实中，由村委会作为村集体的代表，将集体土地发包给村民，导致集体土地所有权主体虚化。同时，作为发包方的村委会并不是一个经济实体，没有责任承担能力，若产生纠纷，被侵权村民的权益将无法得到救济。立法中应完善村民行使权利的程序及虚化该权利所应承担的责任。

（四）承包权利人不予耕种承包地处置方式问题

土地转包限制严格。调查显示，当农民外出打工，无法耕种土地时，57.64% 的人选择将土地转包，23.84% 人选择雇人耕种，11.11% 和 7.41% 的人选择暂交村集体或撂荒。以上数据表明，过半数的村民无法耕种土地时选择转包，同时有接近 20% 的村民选择暂交村集体或撂荒，这显然不利于土地资源的优化利用。究其原因，我国 2003 年的《农村土地承包法》对农村土地流转作了严格的规定，一方面要求土地流转应当经发包方同意，另一方面要求土地承包经营权转让后的受让方是从事农业生产经营的农户。此规定产生了两个不利后果，其一是造成流转封闭，不利于农村土地资源的优化配置，另一方面，无法真正按照市场价格转让，不利于转让方转让收益的实现。如何在限制耕地性质的同时，放宽流转方式和流转对象的限制，是一个值得考虑的问题。

（五）土葬使用土地范围问题

坟地占用耕地现象严重。《土地管理法》第 36 条规定，严格禁止占有耕地作为坟地，对于坟地，应限制在农村山地、非可耕地之上，以保障耕地的可持续保有。但调查显示，使用村里的公共墓地占比 49.77%，使用村里荒地的占比 19.21%，在自己的承包地进行土葬的占比 22.92%，使用他人的承包地并支付一定的费用的占比 8.10%。由此可知，虽然国家已经出台了相关的法律，明令禁止坟地占用耕地，但是，在农村一直保持着"入土为安"的传统思想，坟地占用耕地的现象在农村依然十分严重，大片优质的耕地变成坟地。坟地成为我国土地立法中亟须解决的一个关键性问题，有必要探讨将利用荒地统筹规划、提供公共墓地等方式法制化，以规范坟地的使用。

（六）宅基地使用权可否转让问题

宅基地使用权可否转让认知模糊。调查显示，26.39% 的村民认为可以将宅基地转让给本村村民，35.88% 的村民认为宅基地可以任意转让，19.68% 的村民认为不可以转让，18.05% 村民的表示不清楚。数据表明，村民对宅基地使用权可否转让的问题认知模糊，该认知现象根源于我国现行关于宅基地转让的规定比较混乱。《物权法》明确了宅基地使用权是一项独立的用益物权，村民具有在农村集体土地上建造住宅及其附属设施的权利。对宅基地使用权是否可以流转，物权法未作出明确规定。《土地管理法》第 62 条第 3 款规定："农村村民出卖、出租住房后，再申请宅基地的，不予批准。"该规定仅是对村民宅基地分配申请资格的限制，而非对宅基地使用权转让的禁止。对于宅基地使用权转让的条件和方式却无明文规定。我国现行关于宅基地使用权的规定分散，没有统一明确的规定，导致村民法律认知模糊，宅基地的转让秩序混乱。立法中，应将宅基地使用权可否转让问题予以明确，并辅之以配套制度。

（七）房屋买卖，亲属和同宗族人是否享有购买优先权问题

优先购买权范围过宽。基于"财产祖有"和"家族公产"的观念，在农村出卖土地和房屋有优先亲属、邻居先买的习惯。调查显示，34.49% 的村民认为不存在优先权，13.20% 的村民认为只有亲属才享有优先权，42.36% 的村民认为亲属和邻居都可以优先，且不分先后，9.95% 的村民认为亲属优先于同宗族的其他人。数据表明，村民认为不仅亲属有优先权，邻居也享有优先权的达过半数之多。关于优先购买权的问题，在我国现有立法以及司法解释仅规定近亲属享有。比如，根据《最高人民法院关于审理城镇房屋租赁合同纠纷案件具体应用法律若干问题的解释》第 24 条第 1 款规定，当出租人将房屋出卖给近亲属的，

房屋承租人主张优先购买权的，人民法院不予支持。考虑到尊重卖房人所有权、保障交易自由，享有优先购买权的人限于近亲属是较合理的选择。

（八）房屋买卖取得方式问题

房屋登记意识淡薄。《物权法》第9条规定，不动产物权的设立、变更、转让和消灭，经依法登记，发生效力；未经登记，不发生效力。房屋作为不动产，依照法律规定，其转移经登记方能产生物权变更的效果。依据调查数据，59.95%的村民认为房屋产权转移应当过户登记，23.38%的村民认为以签订契约为准，但必须有中间人担保，11.81%的村民认为依口头约定即可，而4.86%的村民则认为需交付房屋钥匙。据此表明，仍有相当部分的村民认为购买房屋不需要登记，仅通过签订契约或交付钥匙实现。对于房屋交易效力，过户登记并非村民交易意识中的大事，关键在于钱财两清。我国现行民事立法有关农村私有房屋买卖的规定仅有《土地管理法》第62条，该规定仅明确农村村民出卖住房后，不能再申请宅基地，并无农村私有房屋买卖条件和程序的具体规定，引发了交易秩序的混乱和法律适用上的困难，由此引发的纠纷频繁。立法中应考虑农村私有房屋的特殊性，制定相关配套制度。

（九）动产买卖交付方式问题

动产所有权移转以交付为主。《物权法》第23条规定，动产物权的设立和转让，自交付时发生效力。调查显示，农村的动产所有权移转，76.39%的村民认为直接交付，6.02%的村民认为需要找中间人证明，10.19%的村民以签订书面协议为准，7.40%的村民认为需要作标记。数据表明，农村动产所有权的移转，买卖双方直接交付为其主要方式，这与物权法规定相同。但仍有6.02%的村民保持中国农村传统习惯，即找一个双方都信任过的中间人作为交易的见证人。应当承认，中间人往往能发挥促成交易的完成和及时解决纠纷的作用，但并非产权转移实现的必要和充分条件。总体而言，在动产所有权的移转方式方面，农村地区的方式符合我国《物权法》的相关规定，与其他地区并无区别。

（十）大额借贷担保方式问题

宅基地上房屋流转受限不利村民融资。《物权法》第184条规定，耕地、宅基地、自留地、自留山等集体所有的土地使用权不得抵押。调查显示，大额借贷担保时，29.63% 的村民找中间人担保，41.80% 的村民用自己的房屋担保，9.35% 的村民用承包的土地担保，19.22% 的村民用其他财产担保。数据表明，在进行大额借贷时，有近半数的村民选择用自己的房屋做担保。显而易见，建在宅基地上的房屋禁止抵押，即村民无法通过金融机构实现融资需求。现实中，农村融资，多是民间借贷。而这种发生在亲戚、熟人、朋友之间的借贷，往往缺乏严格的法律程序，若产生纠纷很难保障债权人的利益，同时也增加社会不安定因素。我国立法应加强农村产权制度改革，激发农村发展活力，通过对土地承包经营权、宅基地使用权、集体建设用地上房屋所有权等权属进行确权登记颁证，建立农村资产流转平台，破解农村融资难问题，寻求一套适合农村借贷的法律制度。

（十一）捡拾遗失物处理方式问题

拾金不昧和社会风气的淳化需从法律制度层面推进。拾物返还不仅是我国的传统美德，也有明确的法律规定。我国《物权法》第 109 规定：拾得遗失物，应当返还权利人。拾得人应当及时通知权利人领取，或者送交公安等有关部门。该规定明确了遗失物应当返还权利人，却未提及返还后的报酬请求权，仅由《民法通则》第 79 条规定"由此支出的费用由失主偿还"。调查显示，捡拾遗失物时，48.38% 的村民认为应该归还失主，不可以要求酬金，25.93% 的村民认为上交村委会或派出所，14.12% 的村民认为应归还失主，但可以要求酬金，只有 11.57% 的村民认为可以归自己所有。数据表明，对遗失物的处理方式有三种态度，一是归还失主，不得要求酬金；二是归还失主，可以要求酬金；三是拒绝归还。就社会现状而言，我国遗失物拾得后的归还比例并不高，拾得后相关的归还配套制度不完善，结合调研数据，倾向于第一种态度的比例未过半数，这既是社会公众的普遍态度，也是对这一现象和规则的认识。拾金不昧固然可贵，但物归原主，物尽其用，各得其所更加重要，并且与善良社会风俗也并不相悖，从另一个角度来看获酬制度也是对不昧行为的积极肯定，是推进文明、促进道德建设的方式。破解该问题，应考虑赋予拾得人享有报酬请求权和在一定条件下取得遗失物所有权的权利。

（十二）发现埋藏物处理方式问题

发现埋藏物处理方式有待突破。我国《物权法》第 114 条规定：拾得漂流物、发现埋藏物或者隐藏物的，参照拾得遗失物的有关规定。文物保护法等法律另有规定的，依照其规定。即自发布招领公告之日起六个月内无人认领的，归国家所有。调查显示，发现埋藏物时，44.91%的村民人认为埋藏物应归国家所有，12.73%的村民认为如能确定原所有人，应予以归还，32.64%的村民认为可以归自己所有，只有9.72%的村民认为应归集体。数据表明，发现人将埋藏物上交国家的积极性并不高，关于发现大额埋藏物后引发的争议在媒体上不时出现，总体而言，受以往"颗粒归公"等奉献精神和公有主义的影响，我国的法律规定给人们的道德标准和觉悟程度设定了较高的标准，如何结合我国的现实，借鉴国外发现人有限取得埋藏物所有权制度的做法和经验是一个值得探讨的课题。

（十三）打群架责任承担主体及责任划分问题

打群架责任承担以"带头者"为主。打群架致人伤亡的责任承担问题，我国现有立法已形成了相对成熟的处理机制。在民事法律框架下，我国《侵权责任法》第8条规定：二人以上共同实施侵权行为，造成他人损害的，应当承担连带责任。调查显示，认为打群架时带头人承担全部责任的占38.43%，认为带头者承担主要责任、其他参与人承担补充责任的占34.49%，认为所有参与人平均分担的占19.44%，认为所有人承担连带责任的只占7.64%。按照农村"枪打出头鸟"传统思想，大部分人（72.98%）认为责任应当主要由带头打架者承担，只有当带头人无力承担全部责任时，才会要求其他参与人承担剩余责任。村民的传统思想反映了，每个行为人只应对自己行为导致的损害后果承担责任的朴素观念。我国《侵权责任法》采用共同侵权人应负连带责任这一立法模式，忽略了各加害人在实施共同侵权行为的过程中对损害结果所起的作用、过错程度等因素，破坏了加害人之间的利益平衡。立法中可结合村民的传统思想，同时借鉴国外"客观共同"说等责任划分标准，进一步修订共同侵权人的责任处理机制。

（十四）签订"生死状"致害赔偿责任承担问题

签订"生死状"现象已少见，但对由此引发的赔偿问题认识模糊。所谓"生死状"，即一方即使故意给对方造成伤亡，也不应承担责任的约定。此类约定明显与社会公共秩序、善良风俗相违背，不应承认其法律效力。我国《合同法》第52条明确规定：违反法律、行政法规的强制性规定的合同无效。《侵权责任法》

第 16 条规定，侵害他人造成人身损害的，应当赔偿医疗费、护理费、交通费等为治疗和康复支出的合理费用，以及因误工减少的收入。造成残疾的，还应当赔偿残疾生活辅助具费和残疾赔偿金。造成死亡的，还应当赔偿丧葬费和死亡赔偿金。调查显示，68.06%的人认为农村目前没有这种情况，16.44%的人认为应由致害人赔偿，占 9.95%的人认为不能要求致害人赔偿，同时，5.55%的人认为可以要求致害人适当给予一点补偿。数据表明，发生攸关生命的行为之前，签订"生死状"的情况在农村已很少出现，但是对由此产生的赔偿问题村民仍存在模糊认识。即村民对签订"生死状"后侵权行为可能产生的法律后果并不明确，对于这种业已基本消失的社会现象我们无须再给予过多的关注，但就由此产生的赔偿问题，仍有部分村民认识不清。

（十五）帮工人损失责任划分问题

义务帮工人责任需明确。所谓义务帮工，是指为了满足被帮工人生产或生活方面的需要，帮工人不以追求报酬为目的，为被帮工人无偿提供劳务的行为。调查显示，认为应由被帮工人承担全部责任的占 29.40%，双方共同分担的占 27.08%，另有 33.56%的被调查者认为被帮工人应给与适当补偿，仅有 9.96%的被调查者认为应由帮工人自己承担损失。数据表明，村民对该问题没有较为统一的认识。主要原因是，本问题选项的设计并未区分帮工人损失产生具体原因，被调查人的回答多是根据自身的经验和判断做出。关于帮工人致人损害的责任承担问题，《最高人民法院关于审理人身损害赔偿案件适用法律若干问题的解释》第 13 条和第 14 条有明确的规定，我国《侵权责任法》未从立法角度将义务帮工责任单独规定为一类侵权行为形态加以规定，未来立法中应当考虑吸收成熟的司法解释做法，单独规定义务帮工责任。

（十六）养子女对亲生父母遗产是否享有继承权问题

养子女对亲生父母是否享有继承权认识模糊。根据我国《收养法》第 23 条规定：自收养关系成立之日起，养父母与养子女间的权利义务关系，适用法律关于父母子女关系的规定；养子女与养父母的近亲属间的权利义务关系，适用法律关于子女与父母的近亲属关系的规定。养子女与生父母及其他近亲属间的权利义务关系，因收养关系的成立而消除。《最高人民法院关于贯彻执行〈中华人民共和国继承法〉若干问题的意见》第 19 条规定，被收养人对养父母尽了赡养义务，同时又对生父母扶养较多的，除可依继承法第 10 条的规定继承养父母的遗产外，还可依继承法第 14 条的规定分得生父母的适当的遗产。调查显示，养子女对亲生父母遗产是否享有继承权问题，25.44% 的村民认为没有继承权，13.84% 的村民认为如果还有其他子女，则没有继承权，48.45% 的村民认为有继承权，12.27% 的村民认为可以适当继承。以上数据表明，相当比例（60.72%）的村民认为养子女可无条件继承亲生父母遗产，这与继承法上权利与义务对等原则相悖。

（十七）遗产继承优先权主体问题

传统习惯中遗产继承优先权主体与法定继承规定不符。中国是一个家庭观念很强的国家，让财富在家族乃至家庭内流转和传承是亘古不变的理念。简单来讲，多数人都希望将财产留给自己的亲属。《继承法》第 10 条规定："遗产按照下列顺序继承。第一顺序：配偶、子女、父母。第二顺序：兄弟姐妹、祖父母、外祖父母。继承开始后，由第一顺序继承人继承，第二顺序继承人不继承。没有第一顺序继承人继承的，由第二顺序继承人继承。"调查显示，36.81% 的村民认为应由配偶优先继承，26.16% 的村民认为应由子女优先继承，28.47% 的村民认为应由配偶、子女和父母平均继承，只有 8.56% 的村民认为应由父母优先继承。数据表明，传统习惯中，配偶的继承地位优先于子女；而父母一般不参与继承。实践中，配偶对遗产的继承优先权，体现为对财产的掌管权而非所有权。被继承人去世后，遗产一般不予分割继承，而由配偶负责掌管，只有在夫妻双方均去世后，才由子女分割继承。由于"家产不外移"的传统观念，使得传统的继承习惯与法定继承顺序存在差异，立法中应该对传统继承习惯予以考量。

（十八）解除婚约是否承担赔偿责任问题

解除婚约需承担赔偿责任认识一致。我国法律没有关于婚约的相关法律规定，对于婚约也没有相关的法律保护。解除婚约后，提出解约的一方是否要承担赔偿责任仍属法律空白。调查显示，33.56% 的村民认为婚约有效力，要承担赔偿责任，25.69% 的村民认为由于一方为结婚做了准备，提出解约的一方要承担赔偿责任，33.1% 的村民认为一般情况下不需要，除非提出解约的一方恶意骗婚和骗彩礼，7.65% 的村民认为婚约没有约束力，解约不用承担赔偿责任。

数据表明，认为绝对不需要承担责任的村民只占7.65%，按照传统习惯，对于提出解除婚约的一方，绝大部分村民认为需要或者附条件的需要承担责任。对于婚约的性质应属于亲属法上的契约，兼具亲属法与债法的双重属性。依照我国现行法律，一方违反婚约，无论其是否有过错，均不能要求其承担损害赔偿责任，不利于婚约关系的调整和纠纷的解决。婚约立法是填补法律漏洞，充分发挥法律社会导向功能之必需。

（十九）解除婚约后彩礼是否可返还及处理方式问题

解除婚约后返还彩礼为传统习俗。按照传统的风俗习惯，彩礼是男方要娶他家女子为妻时，向女方下的聘礼。对于彩礼的性质，是一种附条件的赠与行为，给付彩礼蕴涵需对方答应结婚为条件。调查显示，认为需要返还，不返还找媒人或中间人协调的占53.24%，11.81%的村民认为需要返还，不返还向法院起诉，22.22%的村民认为，彩礼属对方赠与，不需要返还，12.73%的村民认为除非对方存在过错，否则不需返还。数据表明，65%的村民认为解除婚约后需要返还彩礼．返还彩礼是我国农村的传统婚俗习惯。我国《婚姻法解释（二）》第10条规定，对双方未办理结婚登记手续；双方已办理结婚登记手续但确未共同生活；婚前给付并导致给付人生活困难的三种情况，当事人请求返还彩礼的，应当予以支持。最高人民法院《关于人民法院审理离婚案件处理财产分割问题的若干具体意见》第19条规定，借婚姻关系索取的财产，离婚时，如结婚时间不长，或者因索要财产对方生活产生困难的，可酌情返还。现行法律对彩礼返还问题已有相关规定，但现实中因解除婚约而发生的返还财产问题十分复杂。因此，立法应尊重农村婚俗习惯，完善相关配套制度。

（二十）结婚判断依据问题

婚姻登记未完全普及。《婚姻法》第8条规定，要求结婚的男女双方必须亲自到婚姻登记机关进行结婚登记。符合本法规定的，予以登记，发给结婚证，取得结婚证，即确立夫妻关系。调查显示，67.13%的被调查者认为领取结婚证是结婚的判断依据，27.08%的认为是办酒席，另有3.24%认为同居即可，其余为2.55%。数据表明，虽然村民大部分认为只有办理结婚证才受法律保护，但在农村很多地方，一直到现在还以摆喜宴为正式结婚的标志，宣示婚姻的成立。婚姻登记并未完全普及，因未领结婚证使其权益无法受到法律的保护的现象更甚，引发社会家庭的不稳定。应加大对村民法律宣传教育的力度，发挥法律的引导功能。

三、调研结论

综上，以云贵两省民族地区为代表，我国农村的民事习惯与现行民事法律适用相较存在四种情况。一是，民事习惯与民事法律适用基本一致。本次 20 个调研事项中仅有 1 项属此类情形，即关于动产买卖交付方式问题。二是，民事习惯与民事法律适用有较大差异，需要进一步普及法律，扩大现行法律适用的范围和普及面。本次 20 个调研事项中有 3 项属此类情形，包括农村房屋权属证明问题、打群架责任承担主体及责任划分问题、结婚判断依据问题。三是，民事习惯与民事法律适用不一致，需要进一步改进立法。本次 20 个调研事项中有 12 项属此类情形，包括集体企业所有人归属问题、土地承包经营合同发包主体问题、承包权利人不予耕种承包地处置方式问题等。四是，民事习惯与民事法律适用不一致，需要加快立法填补空白。本次 20 个调研事项中有 4 项属此类情形，包括农村房屋买卖取得方式问题、农村大额借贷房屋担保方式问题、签订"生死状"受害人责任承担问题、解除婚约是否承担赔偿责任问题。由此，我国农村的民事习惯与现行民事法律适用仍存在差异，这些差异主要来自于民间历史传统的不同，有其特殊的地域性和民族性。在制定《民法典》的过程中，应充分借鉴和大胆吸收我国民间社会所广泛存在着的传统、文化、习惯等本土法律资源。

下编
民法典民族性解读

第五部分 法的民族性与民法典的制定

众所周知,不同法系国家的法迥乎不同,而即便同一法系国家的法差异也班班可考。这种现象的造成不仅是因为各国的政治经济体制和发展水平不同,更是因为法具有民族性的属性,各国法在形成过程中融入了国内民族独有的世界观、价值观、人身观及做人理念、生活方式等。而"认识法的民族性,在我国这样一个多民族国家中具有重要意义。它能促使立法者在制定法律时,充分考虑我国的民族因素,注意我国的民族特点,从而提高法的可行性,促进民族特色的社会主义法制的建设"。[①] 但在当前,我国民法典制定在即,国内对法的民族性的研究却凤毛麟角。[②] 何谓法的民族性?法为何具有民族性?法的民族性和民法典制定有怎样的关系?这种关系对民法典制定有何启示?民事立法应采取怎样的原则来保留法的民族性?这些问题是我们制定民法典前必须予以透彻分析研讨的。

一、关于法的民族性

(一)法的民族性的概念

"民族"一词属舶来品,一般认为是梁启超于 1899 年在其《东籍月旦》一文中从日语中引进的。[③] 近代以来,很多学者曾从不同角度对"民族"一词进行过诠释,例如法国学者欧内斯特·勒南、德国政治经济学家和社会学家马克斯·韦伯、英国左派史学家艾瑞克·霍布斯鲍姆等。1913 年斯大林在其著作

[①] 麻昌华:《论法的民族性》,《广西民族研究》1993 年第 1 期。
[②] 截至 2013 年 12 月 31 日,中国知网文献检索显示,所有数据库中在题目或关键词中含有"法(律)的民族性"的文献仅有 10 份。
[③] 黎跃进:《东方现代民族主义文学思潮发展论》,中国社会科学出版社 2011 年版,第 2 页。

《马克思主义与民族问题》中，将马克思、恩格斯、列宁关于民族特征的论述进行了归纳总结，较为系统地提出了民族的概念，认为"民族是人们在历史上形成的一个有共同语言、共同地域、共同经济生活以及表现于共同文化上的共同心理素质的稳定的共同体"①。尽管该概念提出至今已历经百年，但目前国内多数学者仍认为其较为科学。②

通过斯大林的民族概念，我们可以发现民族的四个特征均与文化相联。当然，这四个特征是分层次的，共同语言、共同地域、共同经济生活只是民族的表层文化特征，而共同心理素质（即精神文化）才是民族的深层文化特征。表层文化特征有"弹性"，而深层文化特征是民族特征中"坚硬的内核"。③由于民族的表层文化特征是有"弹性"的，因此"民族"便成为一个相对的概念，其外延具有可变性。例如，可以全球地理位置为依据，将全人类分为两大民族，即东方民族和西方民族；也可以国家为基础，将每个国家划分为一个民族，如中华民族、美利坚民族、大不列颠民族等；还可在一国内划分不同的民族，如汉族、蒙古族、壮族、苗族等。近代以来，很多学者更多从政治角度来指称民族，民族更多与国家相联，并与国家的外延相等同，即一国家一民族。在我国，20世纪80年代末，费孝通先生运用历史学、社会学、人类学的研究方法，提出并论证了著名的"中华民族多元一体格局"理论。

在斯大林"民族"概念的基础上，本书认为，所谓法的民族性是指法受民族因素影响，所表现出的一种具有民族文化内涵，适用于具有共同语言、共同地域、共同经济生活、共同心理素质的人类共同体的属性。

（二）法的民族性的成因

我们可以透过法产生和发展的轨迹来简单地证成法的民族性。

其一，从法的产生来看，法的最初内容来源于民族文化，因此法具有天然的民族性。萨维尼对法的成长曾言，"法律只能是土生土长和几乎是盲目地发展，不能通过正式理性的立法手段来创建"。"一个民族的法律制度，像艺术和音乐一样，都是他们的文化的自然体现，不能从外部强加给他们"。"在任何地方，

---

① 中国社会科学院民族研究所：《斯大林论民族问题》，民族出版社2000年版，第28～29页。
② 李景铭：《民族理论与政策》，甘肃人民出版社2008年版，第107页。
③ 伍雄武：《中华民族的形成与凝聚新论》，云南人民出版社2000年版，第217页。

法律都是由内部的力量推动的，而不是由立法者的专断意志推动。"① 一般认为，法与民族、国家基本同步产生。在原始社会，人类共同体不断扩大，经历了由氏族到部落，再到部落联盟的变迁，而原始习惯作为调整人们行为的规范确从未改变。但原始社会末期，随着生产力的不断发展，部落联盟的人口数通过兼并战争和自然繁衍急剧扩大，联盟成员之间的血缘关系逐渐淡化，联盟内部不同血缘的氏族之间开始融合，联盟成员以联盟统辖的地域为基础，通过频繁交往、广泛接触，逐渐产生了共同语言、共同经济生活、共同心理素质。在这个过程中，以血缘关系为纽带的部落联盟逐渐转化成了以地缘关系为基础的民族。同时，由于贫富差距的持续扩大和不同氏族及部落间习惯的差异，联盟内部依靠成员自觉遵守的原始习惯已逐渐无法有效调整成员间因交易等活动而频繁爆发的纠纷和冲突，为此，掌握部落联盟最高权力的全体首领会议或最高首领便将联盟内部通行的原始习惯（这些原始习惯是混合了宗教规范、道德情操、价值观念等各种民族文化因素在内的行为规范的杂合体）提升为整个联盟的强制性行为规范。由此，习惯演化为习惯法。而为保障法的实施，联盟内部不断演化出军队、监狱、法庭等强制力量，联盟也便演化成国家。

其二，从法的发展来看，法中带有民族文化因素的部分具有较强的独立性，因此法的发展并未改变法的民族性。法属社会上层建筑，法的产生和发展均由经济基础决定，其内容是对社会物质生活条件的反映。但同时，法作为一种重要社会意识形态，其自身具有能动性和独特的发展规律。因此，法一旦产生，就具有相对的独立性，特别是法中带有民族文化因素的部分独立性更为突出，因为该部分对于本民族有着天生的亲切感，经过世代相传已融入民族成员的心理、习惯、行为方式及日常生活之中，成为民族成员信仰和认同的载体，有着极高的适应性和强大的生命力。法的独立性主要表现为：首先，法有自身的运动轨迹。经济基础虽决定了法的运动，但这种决定是间接的，需若干中间环节。其次，法有自身的独立结构。"法的内部和谐一致性毕竟还有其自身的原因，包括其特有的结构和要素组合的系统性、思维逻辑文字结构上的协调性等。"② 最后，每一历史时期的法都同它以前的成果有着继承关系。恩格斯曾言，法作为每个时代上层建筑"每一个时代的哲学作为分工的一个特定的领域，都具有它

---

① 何勤华：《西方法学史读本》，上海交通大学出版社2010年版，第309页。
② 文正邦：《法哲学研究》，中国人民大学出版社2011年版，第73页。

的先驱者传给它，而它便由此出发的特定的思想资料作为前提"①。因此，每一特定社会的法，内容、形式均有两个方面的来源。首先，从其内容上看，一方面包括了通过法制改革或法律移植而创造、更新的与现有社会物质生活条件相适应的部分，另一方面包括了通过法律继承而保留的本民族在历史上长期积淀形成的有关民族宗教、民族道德情操、民族价值观念等传统法部分。其次，从其形式上看，一方面包括了根据新的社会物质生活条件对传统之法加以改造、补充、发展而形成的新的具体形式，另一方面又包括了从传统之法中继承下来的本民族在历史上经过不断摸索所总结出的方式、方法、手段。没有这两个来源，法的发展根本无从谈起。当然，也可以说正是由于这种历史的继承性，法的发展才能继续而不中断，也正是由于这种历史的继承性，各国的法律才表现出多姿多彩的民族传统和民族风格。

（三）法的民族性的表现

法的民族性具体表现为构成法的各个基本元素均具有民族性。一般认为，法的基本元素包括法律概念、法律规则、法律原则三个要素。只要经过简单的分析，我们就会发现，法的三个要素中均充斥着民族性。

首先，法律概念具有民族性。法律概念是人们在法律实践中、法律研究中，对各种法律事实进行抽象概括而形成的法律术语。法律概念不仅能够使法律得以准确表达，而且还能帮助人们认识法律、理解法律。当然，法律概念不是由法律工作者或法学家所恣意创造出来的，而是由他们根据本民族自身的无数法律实践概括出来的，这便使得法律概念具有了民族性。具体表现为，一方面，有些法律概念为特定民族国家所独有。例如，我国的"典权"概念。典权制度在我国的产生、发展经历了漫长的历史岁月，它蕴含了中华民族独特的公平观念和正义理念，体现了中华民族独有的生存智慧。该制度成型于唐末五代时期，成熟于宋，并经元、明、清历朝沿用。民国时期的《民国民律草案》《中华民国民法》都对其进行了批判的继承。中华人民共和国成立后，立法中虽未有典权的规定，但最高人民法院通过司法解释承认了典权制度。类似概念再如，我国的"军婚""事业单位"，英国的"令状""终身地产权"，德国的"物权合同"，

---

① [德] 马克思、恩格斯：《马克思恩格斯全集》第四卷，中央编译局译，人民出版社1995年版，第703～704页。

韩国的"传贯权"等。另一方面，各民族国家所共有的一些法律概念在内涵、外延上又具有明显不同。例如，对民法合同的概念，依法国法，合同是特定当事人之间基于合意而产生的以债务为核心的一种法律关系，包括所有的债权合同；而依德国法，合同是当事人之间意思表示一致的一种法律行为，不但包括债权合同，还包括物权合同、身份合同等；而依我国法，合同是平等主体间设立、变更、终止民事权利义务关系的协议，仅包括债权合同。类似概念再如，权利、义务、法律行为、物权、债权、信托等。

其次，法律规则具有民族性。法律规则是构成法律的主要要素，因其确定性程度高，所以可以直接指导人们的行为和审判活动。同时，法律规则是由国家制定或认可的，而由于法律主要规范本国民族的行为，因此国家在制定法律规则时，必须也不得不立足于本国民族的文化、习惯、习俗等，所以法律规则也便有了民族性。这突出的表现在，各国法律在很多地方都体现了对具有本国民族文化内涵之法律的继承。例如，我国《婚姻法》所确立的双方自愿离婚制度虽在一定程度上受到了西方法律思想的影响，但也与我国自唐朝以来形成的和离离婚制度存在着浓厚的历史传承关系。按唐律规定，夫妻间感情不和，双方自愿离婚，谓之和离。对于和离法律不予以干涉，离婚者不会为此承担刑责。之后的宋、元、明、清各朝均沿用了唐律允许夫妻间和离离婚的做法。实际上，尽管我国自近代以来在各部门法中大面积的移植西方法律，但在我国现行法律中有很多体现民族文化、具有民族传统的法律规则仍被保留了下来。如《刑法》中对14周岁以上的未成年人、75周岁以上的老年人、又聋又哑之人、盲人等弱势群体犯罪的应（可）从轻、减轻处罚的规定与我国自古以来刑律中矜老恤幼、宽宥废疾的有关规定一脉相承，而继承法中对丧失继承权的诸种规定与我国古代法律剥夺心怀觊觎、孝道不全的继承人继承资格的规定也有历史渊源。此类事例还有很多，在此不再一一赘述。

最后，法律原则具有民族性。法律原则是法律的基础性原理、真理，它是一定时期国内民族普遍价值观念在法律中的综合反映。按照产生基础不同，法律原则可分为公理性原则和政策性原则。前者是从人类一般活动中抽象出来的，能得到人类社会广泛公认的基础性原理，而后者是民族国家为了实现管理某种社会事务的目标而抽象出来的基础性原理。法律原则的民族性主要表现在：其一，各民族国家的政策性法律原则具有较强的时代特色和民族特色。例如，我国的计划生育原则。计划生育起因于中华人民共和国成立后人口数量的激增，国家为了调整、控制我国人口的增长速度，提升人口素质，使人口增长与环境、资源、国民经济增长保持同步，于20世纪60年代制定了计划生育政策，"文革"结束后，计划生育分别被写入"78宪法"和"82宪法"，并被《婚姻法》确立为基本原则。再如，我国《宪法》确立的"国家保护和改善生活环境和生态环境，防治污染和其他公害的原则"；《民法通则》确立的"民事活动应当尊重社会公德，不得损害社会公共利益，破坏国家经济计划，扰乱社会经济秩序的原则"等。其二，虽各民族国家具有许多相同的公理性法律原则，但由于法律原则具有抽象性，具体内容的弹性较大，因此它们在受到各国民族习惯、民族传统、价值观念、思维方式等因素影响后，在内容上不可避免地表现出了较多的差异性。例如，民法中的合同自由原则。《法国民法典》第1134条在确立该原则时偏重于强调该原则的主要内涵为合同必须严守和当事人在协商一致的基础上有变更、解除合同的自由；《瑞士债务法》第19条在确立该原则时，则更多地强调该原则的内涵为当事人有决定合同内容的自由；而我国《合同法》第4条在确立该原则时，则赋予了该原则更加饱满的内涵，包括缔结合同的自由、选择相对人的自由、决定合同内容的自由、变更和解除合同的自由、选择合同方式的自由等。类似的原则再如平等原则、公平原则、公序良俗原则等。

二、法的民族性与民法典制定的关系

法的民族性会对民法典制定产生直接的影响，而民法典的制定也会对法的民族性产生积极的反作用，以下具体而言之。

（一）法的民族性影响民法典法律渊源的撷取

法律渊源是法的外在表现形式，是法官裁判案件时所能依据的法律规范的来源。作为现代大陆法系民法基础的罗马私法，其渊源主要包括长久的习惯、制定法、各种大会的决议、长官谕令、皇帝敕令、法学家的解答和著作等。然而，近代以来，在古罗马原有疆域内建立的欧陆各国，虽在法律上极大地继承了罗马法，但他们所制定的民法典，在法律渊源的选择上却展现了不同的民族特色。

激进而又浪漫的法兰西民族在理性主义的指引下不仅发动了法国大革命，

而且认为"仅用理性的力量,人们能够发现一个理想的法律体系"①,法官判决案件只需而且必须在制定法中需找相关依据,"法官仅是制定法的奴仆"。因此,1804年的《法国民法典》第4条、第5条明确排除了法官裁判案件时适用制定法之外渊源的可能;保守而又严谨的德意志民族在大半个世纪后,为了实现全国法律的统一,拉开了制定民法典等法律的帷幕。虽然,在《德国民法典(第一草案)》第1条规定:"法律无规定之事项,准用关于类似事项之规定。无类似事项之规定时,适用由法规精神所得之原则",但由于受传统立法思想影响,1896年《法典》正式颁布时并未采纳该规定,而仅是通过《法典》第151条、第157条的规定,有条件的承认了习惯可作为制定法之补充;与法兰西、德意志民族不同,诚信而又务实的瑞士人不但在《瑞士民法典》中认可了习惯、法理为法律渊源,而且出于对法官的高度信任,在大陆法系国家中破天荒的规定了法官在一定条件下"可依据自己作为立法人所提出的规则裁判"。当然,瑞士法官的产生很有民族特色——由民选产生的。因此,谢怀栻先生认为,从《瑞士民法典》颁布百年来的情形看,允许法官"作为立法者"这一做法并未产生流弊,但后世国家很少参照,这不是因为这一规定有什么不妥,而是因为别的国家不具备瑞士的条件。②

(二)法的民族性影响民法典语言风格的取向

不同民族国家的民法典有不同的语言风格,例如《法国民法典》生动优美、清晰流畅,《德国民法典》冗长晦涩、逻辑严密,《瑞士民法典》条文简洁、通俗易懂。而民法典的这种语言风格差异,在很大程度上是受法的民族性的影响而形成的。这是因为,一方面不同民族往往拥有不同的语言,而不同民族语言往往在语音、语法、表达习惯等方面差别迥异,这种差异在制定民法典时自然而然地影响了民法典语言风格;另一方面不同民族拥有不同的心理素质,在不同心理素质的影响下,各国立法者的立法思想有所不同,这种不同也影响了民法典语言风格。③我们可以以法、德两国的民法典为例具体分析。

法国位于欧洲西部,濒临四大海域,境内多平原,地势较低,气候宜人,

---

① [美] E. 博登海默:《法理学:法律哲学与法律方法》,邓正来译,中国政法大学出版社2004年版,第76页。
② 谢怀栻:《大陆法国家民法典研究》,中国法制出版社2004年版,第80页。
③ 参见哈斯巴根、麻昌华:《法的民族性与民法典的制定》,《贵州民族研究》2013年第5期。

土地相对肥沃。在此环境下生活的法兰西民族养成了热爱交际、喜好享受、感性浪漫（法国被誉为"欧洲浪漫的中心"）、无拘无束的性格。法兰西民族的母语（法语）属印欧语系罗曼语族，主要源于拉丁语，是拉丁语与日耳曼语融合而成的一种语言，其语音优美悦耳、语法较德语而言相对简单、表达生动活泼。在制定《法国民法典》时，经受了大革命思想洗礼的政治强人拿破仑要求法典起草者制定一部大众法典，以利于民众知晓自己的权利及法典的传播。"他坚持法典的起草风格对于即使如他那样的非法律家也应当透明易懂。"① 因此，在上述因素综合影响下，《法国民法典》也就展现出了生动优美、清晰流畅的语言风格。

德国位于欧洲中部，北部临海，境内地形复杂多样，降水日数多，云雾频数多。德意志民族的先民主要来自寒冷且土地贫瘠的北欧，他们体格强健并富有极强的进取精神，他们在德国定居下来后，颠沛流离的生活经历和德国独特的地理气候使他们养成了深居简出、生活质朴、勤于思考（特别是热衷于思考艰深的哲学问题，因此德国被誉为"哲学家的摇篮"）、强硬固执的作风。在制定《德国民法典》时，作为法典起草者的历史法学派法学家计划制定一部为裁判官编订的法典，他们谨守学者使命，计划运用科学公式、定理的方法"计算出"一部精巧而又复杂的法典，并未太多顾忌普通民众的理解能力。同时，德意志民族的母语（德语）属印欧语系日耳曼语族，其本身就具有语法复杂细密、句式冗长、富于逻辑性、思辨性的特征，而在民法典制定前，德国又掀起了"国语纯化运动"，法学家们为此创造了大量深奥、冗长的德文法律术语以替换原有的从意大利语、法语等中借来的法律术语。所以，在上述因素的综合影响下，《德国民法典》则表现出了逻辑严密、冗长晦涩的语言风格。

（三）法的民族性影响民法典法的要素的确定

法的要素是指构成法律的基本元素，包括法律概念、法律规则、法律原则三个基本要素。而不同时代、不同国家的立法者在制定民法典时，法典中法的要素的确定通常通过法律继承、法律移植两个途径来实现，而它们均会受到法的民族性的影响。

其一，法的民族性使民法典制定时法律继承成为法的要素确定的首选来源。

---

① [德] K. 茨威格特、H. 克茨：《比较法总论》，潘汉典等译，法律出版社 2003 年版，第 129 页。

这主要是因为，各民族法律是本民族社会生活条件的反映，而社会生活条件具有延续性和继承性。因此，在每一个新的历史时期，立法者不得不将反映本民族社会生活条件的既有法律纳入到新的法律体系当中。历史上任何时期编纂的民法典，即便是法的历史类型更替时期所编纂的民法典，都包含了对反映本民族社会生活条件的既有法律的继承。例如，被马克思称之为"典型的资产阶级社会法典"的《法国民法典》，其法的要素一方面继承自法国大革命时期受启蒙思想和古典法学派影响所制定的法律，而另一方面则继承自奴隶制时期的罗马法、法兰西民族的习惯法，以及法国君主专制时期国王颁布的有关民事方面的法令、条例、布告等。

其二，法的民族性使民法典制定时必须对移植的外来法律进行本土化改造。由于在同一历史时期各国社会发展和法律发展具有不平衡性，因此，对先进国家的法律进行移植便成了后进国家改进自身法律的明智选择。但特定国家的法律是为自己赖以存在的社会服务的，是该国民族意识形态和价值观念的集中表现，是与该国民族的物质生活条件所向一致的，因此，后进国家在对先进国家的法律进行移植时，不能盲目照搬，而应使用本民族的法律对其进行同化，进行本土化改造。① 例如，19世纪后期日本制定民法典之路便是这一方面的最好例证。日本立法者在直接翻译使用革命色彩浓厚的《法国民法典》的想法被当权者否决后，先是聘请法国法专家制定了一部民法典，但由于该法典具有浓厚的民主主义色彩，不但大量照搬了法国民法典，而且法典中的有些条文甚至在全世界都具有超前性，因此被日本议会宣布延期使用。之后，立法者汲取教训以相对保守的《德国民法典》为蓝本，并在亲属、物权等编中大量保留了日本旧有制度，才使得新制定的民法典得以颁行。

（四）民法典的制定将强化法的民族性，并重塑民族性格

一般来讲，民法典的制定实际上就是对本国现行的全部民事法律规范进行整合，修改过时部分、补充真空部分、协调矛盾部分，系统化、体系化现行民事法律规范的一个过程。而民法被称为众法之基、万法之母，因为它历经两千多年的发展，自我建构了一个非常完善的理论体系，成为其他后起部门法理论

---

① 参见哈斯巴根、麻昌华：《法的民族性与民法典的制定》，《贵州民族研究》2013年第5期。

体系建设的范本。同时，它的调整对象为平等主体间的人身、财产关系，内容几乎涉及每个人一生中社会生活的方方面面，与每个人的切身利益息息相关。所以，可以说没有一部法典能如民法典一样去影响整个国家的法学理论体系，也没有一部法典能如民法典一般去深刻地震撼社会每个个体成员的心灵，并切实地影响他们的行为。

前文已述，法的民族性不但影响民法典法律渊源的撷取，而且影响民法典语言风格的取向，甚至还影响民法典法的要素的确定，制定完毕的民法典本身就是法的民族性的一种集中表现形式。由于民法典的实施由国家强制力保障，因此民法典颁行后会强化或唤醒社会个体对民族习惯、民族传统法律规范的记忆，增强社会个体的民族认同感，从而强化法的民族性。同时，颁行后的民法典会通过法的实施向每一个社会个体不断宣扬其新的价值体系，不断影响每一个社会个体的思维和行为，从而可以重塑整个国家的民族性格。例如，《法国民法典》制定前，法国虽是一个统一的国家，但国内民事法律适用非常混乱，北部地区主要适用日耳曼习惯法，南部地区则主要适用深受罗马法影响的成文法。民法典制定时，立法者一方面将大量的民事习惯纳入法典（包括那些由于长期不用而被人们相对淡忘了的习惯），因而法典在颁布时被冠名为"法兰西人的民法典"；另一方面，立法者还将法国大革命时期的许多立法、法制原则，以及启蒙思想家、古典自然法学派的法制理论吸收进法典，因而法典也被誉为"法律形式的人权宣言"。《法国民法典》颁布实施后，日益成为每一个社会成员日常生活须臾不可分离的一部分，而围绕民法典公民民事权利平等、所有权神圣不可侵犯、契约自由、过失责任四项基本原则所折射出的民主、平等、人权、自由、理性、博爱、法治等进步思想也就逐步深入人心，成为人们普遍追求的社会目标和个人目标，这在一定意义上重新塑造了法兰西民族的民族性。

三、两者的关系对民法典制定的启示

法的民族性是法与生俱来的属性，它会深刻地影响民法典的法律渊源、语言风格以及法的要素。因此，我们在制定民法典时，不应遗忘对富有强大生命力的民间社会习惯的调查；不应否定历史上长期认可民事习惯与判例为法律渊源的传统做法；不应抛弃对法典条文明确严谨、庄重通俗、简洁流畅之美的追求；

更不应放弃对本民族优秀传统法律的继承。同时，鉴于民法典的制定将重塑民族性格，我们也不应放松对世界优秀法律的移植。①

（一）重启全国性的民事习惯调查工作

如前文所述，在民法典制定时，法的民族性会使法律继承成为法的要素确定的首选来源。而法律继承既包括对传统民事制定法的继承，也包括对既有民事习惯的继承。当然，要继承，必须先摸清家底。传统民事制定法已由官方编纂成文，而既有民事习惯则往往只存在于人们的记忆中，有待专门性的调查予以收集、整理。

实践证明，各国（地区）在编纂民法典时对民事习惯的调查尤为重视。在法国，早在十二三世纪就产生了一些由私人编纂的、小有名气的习惯汇编，如《诺曼底大习惯法集》。15世纪中期后，官方也开始积极编纂民事习惯，诞生了一大批颇具影响的习惯汇编，如《巴黎习惯法集》。这些习惯的汇编、研究为声名显赫的《法国民法典》的编纂提供了极其丰富的基础材料和异常充分的理论准备。在亚洲，较早走上法制近代化道路的日本在制定民法典前也开展了规模浩大的民事习惯调查。1877年日本司法省就编纂、发布了《民事惯例类集》。之后，在制定"新法"时，立法者又对一些问题进行了民事习惯的补充调查。我国清末和民国时期在制定民法典前也开展了全国性的民事习惯调查。至迟在1907年，清朝政府就启动了民事习惯调查工作，该工作由修订法律馆总负责，调查组织严密、规模宏大，共获调查报告828册（不计重复）。1917年，北洋政府也开启了全国民事习惯调查工作，但因政局动荡，调查的范围和涉及面与清末相较已大为缩减，但内容相对精细，至1926年，共收集调查报告72册。另外，为了司法实务以及立法、法学研究的需要，1966年台湾地区司法机构又开展了台湾地区的民事习惯调查工作，并于1969年编印出版了《台湾民事习惯调查报告》一书。

然而，中华人民共和国成立以来，我国虽已掀起四次民事立法高潮②，但令人惊诧的是，立法机关却从未开展过全国民事习惯调查。清末和民国的调查材料虽保存尚好，但经过一个世纪的发展，原有民事习惯在社会巨大变迁后，产生了怎样的变化则未尝可知。国内外的历史经验告诉我们，为了能更好地继承

---

① 参见哈斯巴根、麻昌华：《法的民族性与民法典的制定》，《贵州民族研究》2013年第5期。
② 杨立新：《中国百年民法典汇编》，中国法制出版社2011年版，第25页。

优秀的传统法律，避免新制定的民法典产生脱离国情之流弊，再启清末和民国时期以来的全国性民事习惯调查工作，并对这些调查资料进行充分研究尤显必要。毕竟，"我国民法如想要由脆弱变为强大起来，能够经得起风雨，其民法之根就需深深地扎根于中国大地才行。"① 当然，民事习惯调查所取得的资料不仅可作为制定民法典时的主要参考，而且也可作为审判机关认定民事习惯的重要依据。

（二）认可民事习惯、判例为法律渊源

前文已述及，法的民族性将影响民法典法律渊源的撷取，而我国自汉伊始，国家统治实行的是礼法并治，且重刑轻民，因此民事行为规范大多未纳入国家制定法，而是进入了具有民事习惯性质的礼（礼俗）中，并在家长、族长等权威影响下对民间民事法律关系实际发生着调整作用。同时，我国自秦以来，官方逐渐发现了制定法的有限性，因此，除了以制定法为主干外，官方又将判例作为成文法的解释和补充，认可了判例的约束力。由此可见，认可民事习惯、判例为法律渊源的做法在我国有着丰厚的历史土壤，经过数千年的历史传承业已保留在了我们民族的记忆深处。另外。认可民事惯例、判例为民事法律渊源也是当今两大法系国家的主流做法。因此，我们在制定新民法典时有必要将这种既符合民族传统又符合世界发展潮流的法律渊源形式予以正式采纳。

民法是商品经济发展的产物，但我国古代自然经济占统治地位，历代封建王朝又长期实行重农抑商政策，使得商品经济极不发达，而作为封建社会正统思想的儒家学说又重义轻利，因此，我国古代民事制定法和民事法律研究均非常落后。民事法律规范除少部分进入国家制定法外，大部分均散落于具有习惯法性质的民间礼（礼俗）中。我国古代社会中民间的民事法律行为主要由具有习惯法性质的民间礼（礼俗）来规范。倘若发生纠纷，则由家长、族长等权威人士依照礼（礼俗）来裁决。由于我国疆域广阔、民族众多、地理气候复杂，因此"十里不同风，百里不同俗"的情况较为常见。但是，因我国历史上发生了多次大规模的民族融合和人口迁徙，加之儒家思想的统治地位自汉以来贯穿整个封建王朝始终，所以，从总体上看，我国的民事习惯又具有一致性、统一性。

---

① 王崇敏、陈敖翔：《论民法典的民族品格》，《当代法学》2007 年第 1 期。

自古以来就为我国重要的民事规范。我国近代制定的三部民法典中的两部——《大清民律草案》《中华民国民法》均明文认可了民事习惯为法律渊源。

早在秦朝时期，廷行事（判案成例）就已成为法律的一种形式。在云梦秦简的《法律问答》中，多次出现廷行事一语，表明当时在司法实践中已经将判例作为审判依据。汉承秦制，官方整理的判案成例称为"比"，其与律、令、科等共同作为法律形式被广泛应用。经历代沿用后，比的应用也出现了弊端。因为比允许司法官参照类似的断案成例进行裁判，给司法官徇私枉法留下了可乘之机。到了唐朝，为了治理这一顽疾，例这一法律形式逐渐代替了比。与比不同的是，例是在没有法律明文规定而有断案成例时，直接以例（判例）为准，进行判决。不过，唐朝重律，官方总以制定法规范判例法。至明时，官方确立了"以例辅律、以例补律"的思想，例遂与律并行，且数量大增。清朝时，例的效力甚至一度高于律。张晋藩先生认为，中国古代是通过固定的法典与可变的判例共同维持法律的稳定性和社会的稳定性，这是中华法系的特点也是它的优点。① 封建帝制崩溃后，北洋政府时期政局动荡，一时间未能制定民法典，而由于政治体制的根本性改变，官方也拒绝适用封建法制。为此，当时的大理院（最高法院）便通过创制大量对下级法院有法律约束力的判例的做法来解决制定法不足的问题。南京国民政府成立后，也非常重视判例对于制定法的补充作用，成立了"判例编辑委员会"负责编纂最高法院的判例，供全国各级法院遵循。可见，判例法在我国有着悠久的适用历史，长期以来，对制定法起着补充、完善的作用，与成文法相得益彰。

（三）追求明确严谨、庄重通俗、简洁流畅的语言风格

如前文所言，法的民族性将影响民法典语言风格的取向。我国位于亚洲东部、太平洋西岸，幅员辽阔，山区面积广大，地形、气候复杂多样，人口多处在季风性气候区，冬夏气温分布差异很大，降水量分布极不均匀，是一个多民族的人口大国。在这样的地理气候、人口背景下，加之历经两千多年的封建专制统治和儒家思想文化的熏陶，中华民族总体上展现出了重礼仪、求稳、务实、自谦、包容性强等民族精神。而中华民族的母语——汉语在语音方面音节界限分

---

① 张晋藩：《中国法律的传统与近代转型》，法律出版社2009年版，第248页。

明，音乐性强；在语法方面名词没有阴阳性、没有格，动词没有时态，较之德语、法语、英语而言相对简单；在词汇方面词性较短，单音节语素和双音节词较多。由于民族精神、语言特点等影响，我国古代具有代表性的法典，如《唐律疏议》《宋刑统》《大明律》《大清律》等，逐渐形成了一种古朴典雅、庄重平实、言简意赅、行文流畅的语言风格。

近代以来，西学东渐，我国古代法律古朴典雅的语言风格多受批评。因为，用语的古朴典雅，容易导致文辞深奥难懂。梁启超先生认为，"法律之文辞有三要件：一曰明，二曰确，三曰弹力性"，而我国古代法律文辞有一大弊病，那就是统治者为了以法愚民，使一般妇孺无法理解法律，而在法律文辞上用词艰深，这种做法在新时期必须予以变革。[①] 在清末变法修律及民国时期的大规模立法活动中，主持法典起草者多是接受了西方民主、平等、自由等资产阶级革命思想的进步人士，他们制定法典，特别是制定民法典时，为了能让更多的民众了解自身权利，尽早普及法律知识，法典语言中那种古朴典雅的风格逐渐被明确严谨所取代。当然，传统的庄重平实、言简意赅、行文流畅等语言风格仍被较好地保留了下来。中华人民共和国成立后，民国时期法典的这种语言风格得到了进一步沿用。

尽管我国自清末以来，民事立法受《德国民法典》《瑞士民法典》《法国民法典》影响颇大，但上述三国民法典语言风格的各自特点都是由该国民族精神、语言特点等共同影响下形成的。我们在制定自己的民法典时，在语言风格方面应放弃模仿任何一国，而应秉承我国自古以来法典语言的庄重通俗、简洁流畅的风格。同时，由于民法与民众日常生活关系最密切，为了加速民法典的普及，使普通民众能直接通过阅读民法典了解自己的权利，我们同时还应追求明确严谨的语言风格。

（四）注重对民族传统法的要素的继承

正如前文所说，法的民族性使民法典制定时法律继承成为法的要素确定的首选来源，然而，法律继承不是对传统法的要素的简单照搬，而是一种建立在分析、选择、改造基础上的批判式继承。我国古代文明，包括法律文明源远流长、

---

① 梁启超：《梁启超法学文集》，中国政法大学出版社 2000 年版，第 181 页。

博大精深，但由于近代以来，我国社会政治、经济制度发生了巨大变迁，所以，我们在制定民法典时，要理性的对民族传统的法的要素进行整理，将符合现代民法精神的有关部分在与时代精神相结合后予以继承。

经梳理后，我们发现可继承的部分主要包括两大方面内容：

其一，反映"贵和尚中"思想的部分。"贵和尚中"是中华民族传统文化的核心思想之一，其字面意思为注重和谐、崇尚中庸之道。具体来讲，就是要求人的思想和行为要不偏不倚、中正平和，不盲动冒进，不变换自己的目标和主张，以此达到人与自然、人与社会、人与人以及人自身的平衡、协调、有序、统一，即和谐。传统民事法律中有很多地方都体现了贵和尚中的思想，如秦律规定，春季二月不得到山林中砍伐木材，不得堵塞水道，夏季未至，不得烧草作肥料，不得采摘刚发芽的植物，或捕捉幼鸟幼兽，不得毒杀鱼鳖，不得设置捕捉鸟兽的陷阱，到七月才得解除禁令。再如宋律规定，为了避免田宅土地典卖后因界至不明而发生纠纷，出典人在典卖田宅土地时，相邻各方有优先购买权。值得一提的是，在徐国栋先生主持的《绿色民法典草案》中，徐先生在参考《哈萨克斯坦民法典》《越南民法典》并结合我国古代法律规定的基础上提出了将"绿色原则"（即当事人进行民事活动，应遵循节约资源、保护环境、尊重其他动物之权利的原则）作为我国未来民法典的基本原则之一的主张。

其二，反映"以民为本"思想的部分。以民为本是中国古代主流意识——儒家思想里治国理念的核心。以民为本是指，治理国家要以人民为根本，要敬民、爱民、便民、安民、让利于民。顺乎民意，国家也就太平了，藏富于民，国家也就强大了。以民为本的思想在我国历代民事法律中多有体现，如明律规定，对荒地、滩涂、湖泊淤地、山野等开垦的人享有开垦地的所有权。同时规定，掘得埋藏物，除禁物外均归掘得者所有。清律规定，拾得遗失物，应送交官府，官府将把遗失物的一半赏与得物人。[①] 同时，官府发布招领启事，若 10 日内无人认领，则遗失物尽归得物人所有。再如，唐以后的典权制度。典权制度在唐以后历代本来就不多的民事法律规范中均占据了大量篇幅，可见其地位的重要。典权制度发端于民间，它不但符合传统伦理道德的要求，而且能同时满足典权人占有使用收益不动产的需要和出典人对于资金的需要，同时，手续简便、快捷，

---

① 参见哈斯巴根、麻昌华：《法的民族性与民法典的制定》，《贵州民族研究》2013 年第 5 期。

是中华民族独特生活智慧的体现。为了便民、利民,唐、宋、元、明、清各朝法律均对其予以认可,并进行了规范。也正是基于这样一种认识,民国时期的两部民法典——《民国民律草案》《中华民国民法》也都在物权编中对典权作了专章规定。这正如孟德斯鸠所说,"对立法者而言,在不违背政体原则的前提下遵从民族精神,这是他的职责。因为我们处理事务最成功的时候,往往便是我们能够自然地遵从天然禀赋的喜好去处理事务的时候。"①

(五)兼收并蓄经本土化改造的世界各地优秀民事立法

前文业已述及,民法典的制定将强化法的民族性,并重塑民族性格。而我国经历了漫长的以自然经济占绝对统治地位的封建专制社会,民族性格中先天缺乏民主、平等、自由、博爱等人文主义思想,有专制、冷漠、自私、虚伪等民族劣根性。尽管改革开放以来,我们逐步建立了社会主义市场经济体制,长期封建专制和自然经济统治影响下的有碍市场经济顺利运行的封建遗毒思想还未彻底肃清。因此,我们有必要尽快对现有民事法律规范进行体系化、系统化建设,即制定民法典。鉴于现有民事法律规范是在市场经济建设的不同发展阶段制定的,均带有一定程度的时代局限性,因此,我们在制定民法典时,仍有必要兼收并蓄世界各地的优秀民事法律思想和法律制度,通过民法典是与普通社会成员联系最密切的法律之特点,以法典自身具有的告示、指引、评价、预测、教育、强制等规范作用,逐渐涤荡我们民族的劣根性,使我们中华民族以愈来愈文明、愈来愈迷人的姿态矗立于世界优秀民族之林,再创民族辉煌。

当然,兼收并蓄世界各地的优秀民事立法不是对外来法的直接照搬,而是一种精巧的移植。因为,毕竟"法律是特定民族的历史、文化、社会的价值和一般意识与观念的集中体现。任何两个国家的法律制度都不可能完全一样。法律是一种文化的表现形式,如果不经过某种本土化的过程,它便不可能轻易地从一种文化移植到另一种文化"②。所以,移植时,为了防止受体(本国法)对供体(外来法)产生机体排斥反应,在移植前不但要对本国法进行调试、改造,而且更为重要的是要将待移植的外来法要进行本土化改造。③因为,对后者的改造

---

① [法] C.L. 孟德斯鸠:《论法的精神》,彭盛译,当代世界出版社 2008 年版,第 148 页。
② [美] 格伦顿、戈登、奥萨魁:《比较法律传统》,米健、贺卫方、高鸿钧译,中国政法大学出版社 1993 年版,第 6~7 页。
③ 参见哈斯巴根、麻昌华:《法的民族性与民法典的制定》,《贵州民族研究》2013 年第 5 期。

显然要比对前者的改造容易得多。对外来法本土化改造的主要工作包括：第一，对本国法所有情况进行全面掌握，包括法的渊源、法的形式、法律体系，等等。例如，我国清末和民国时期在进行民事法律移植前开展了两次全国性的民事习惯调查工作。这项工作不但有利于对本国法律的继承，而且有助于对外来法移植对象的选择及对其进行本土化改造。第二，对待移植的外来法进行本土语言改造。在对外来法翻译的过程中要特别强调选用与本国现有法律体系相一致的词汇以及符合民族传统特色的词汇，这样才能保证本国普通民众对所移植之法的容忍、理解、接受。孟德斯鸠在谈及"梭伦立法"时说，"有人询问梭伦，他为雅典人制定的是不是最好的法律。他的回答是：'我给他们制定的法律，是他们所能够容忍的最好的法律。'这一词句是多么的美妙，每一个立法者都应当仔细揣摩！"①

实际上，任何有悠久历史的民族国家在政治或经济体制变更或转型期制定民法典时，国内往往会爆发弘扬、压制抑或抛弃法的民族性的论战。《德国民法典》制定前蒂堡和萨维尼等就法是理性的产物还是民族精神的产物进行了旷日持久的论战，《日本民法典》制定时梅谦次郎和穗积陈重等对按《法国民法典》模式起草的带有浓厚个人主义色彩的旧民法典是马上颁行还是待修订加入日本的"淳风美俗"后再颁行有过激烈的论争，而《大清民律草案》在制定时，沈家本和张之洞等就应大幅度引进西方制度还是主要继承中国数千年相传的"礼教民情"产生过激辩。改革开放以来，对于我国新民法典是应多纳入一些民族传统还是多吸收一些外来因素的争论，也属于上述论战的一种表现。其实，民族传统多一些，还是外来制度多一些，并不是最重要的。新民法典制定时，最重要的还是在于如何将从外部移植的民事法律和我国传统的民事法律完美地融合，融合成最适合我国经济社会发展需要的法典。这才是我们的当务之急！

四、现行民法民族性表现失当之分析

（一）表现失当的原因

鸦片战争后的一百余年里，中国人民为了救亡图存，开展了一系列不屈不

---

① ［法］C.L. 孟德斯鸠：《论法的精神》，彭盛译，当代世界出版社2008年版，第153页。

挠的革命斗争。这些革命斗争使中国社会经历了两次非常重大的社会制度变迁,一次是辛亥革命胜利后,延续了两千多年的封建帝制被推翻,资产阶级共和国得以建立,民族资本主义得到发展;另一次是解放战争胜利后,帝国主义、封建主义、官僚资本主义在中国的统治被推翻,社会主义人民民主专政制度得以建立,中国走向资本主义世界体系的趋势得到终止。这两次重大的社会制度变迁也相应地体现在了属社会上层建筑的法律制度的急剧变迁上。可以说,"自清末修律以来的一百年,是中国学习和移植外国法的时代。"①

在民事立法方面,具体表现为,清末至中华人民共和国成立前,中国逐步并最终几乎全面摒弃中华法系传统,直接继受德国、法国、瑞士、日本等大陆法系国家的民法,通过法律移植实现了中国民法的近代化。那个时期中国积贫积弱、备受欺凌,有识之士经过不断斗争、探索后认为,中国落后的根本原因在于制度落后,因此举国当中弥漫着一种愈来愈浓烈地抵制、愤恨、唾弃旧有制度(包括旧有法律制度),而追捧、膜拜、痴迷东西洋列强制度的情绪。吴经熊先生曾对代表这个时期民事立法最高成就的《中华民国民法》评价道:"我们试就新民法从第一条到第一二二五条仔细研究一遍,再和《德意志民法》及《瑞士民法》逐条对校一下,到有百分之九十五是有来历的,不是照账誊录,便是改头换面!"②"在经历了清末民国时期的变革以后,中国'古代民法'在国家法的层面几乎消亡殆尽,仅存在于私人生活的某些领域之中。"③

中华人民共和国成立后,民国时期形成的那种否定旧有民事法律制度的"惯性思维"得到了进一步延续。由于政治制度和意识形态与旧政权及西方资本主义列国的对立,一方面,新兴的人民政权不但将一切封建制度视为"牛鬼蛇神",而且对辛亥革命后经过三十多年学习、移植、积累的民国时期的法律进也行了根本性的否定。不仅对旧法进行了彻底废除,还通过 1952 年至 1953 年的司法改革运动全面肃清了旧有司法人员和旧有司法观念。另一方面,人民政权为了满足国家法制建设的需要,开始从"社会主义老大哥"——苏联处移植民法。"研究表明,新中国一些重要的民法制度和原则……都是移植苏联民事立法和民法

---

① 张丽、宋宏飞:《法律移植及本土化研究》,中国人民公安大学出版社 2010 年版,第 56 页。
② 吴经熊:《法律哲学研究》,会文堂新记书局 1937 年版,第 27 页。
③ 张生:《中国"古代民法"三题》,《法学家》2007 年第 5 期。

理论的结果。"① "文革"结束后，随着解放思想、改革开放，以及东欧剧变、苏联解体等因素影响，我国民事立法开始由移植苏联模式，逐渐向博采社会主义法系、大陆法系、英美法系各国民事法律制度之长的方向转变。通过三十多年的努力，中国特色的社会主义民法法律体系已基本建成。然而，在这期间，国内专家、学者虽已对中国传统民事法律制度开展了一些有益的研究，但"法律要与国际社会接轨"的呼声却"铺天盖地"，因此，那种在民事立法上"古为今用（挖掘使用我国历史上自有的民族性民事法律资源或用历史上自有的民族性民事法律资源改造移植的外来法）"的提议基本被搁置。

通过上面的分析可以发现，我国民法的近现代化之路是在移植外来法律的基础上实现的，而在这个过程中，我们基本放弃了对与本国民族文化完全融合的民族传统民事法律资源的继受。而正是这种放弃，才使得法的民族性在现行民事立法中表现失当。当然，值得肯定的是，为了保证新法的民族文化内涵，使新法具有适当的民族性，以确保法律良好运行，立法者立法时，在供体的选择（如选择与本国民族精神最贴近国家之法律）、立法程序的设置（如广泛征求民族成员意见）、移植之法的本土化改造等方面做了大量的工作，而这些工作也确实起到了一定的积极作用，但由于对民族性民事法律资源继受的根本放弃，这些措施仍无法消弭新法与民族文化的冲突。

（二）表现失当的典型表现

上面已简要分析了现行民法民族性表现失当的原因，下面我们将通过开掘我国历史上自有的民族传统民事法律资源，对我国历史上那些有民族文化内涵，且不失现代性，但却未被现有民事法律所采纳的典型资源进行列举，也即列举现行民法各部分中民族性表现失当的典型表现。为了方便论述，我们把民法大体分为五个部分，并在每部分中选取两个典型进行阐述。

1. 民法总则部分

其一，习惯未被认可为民事法律渊源。我国古代社会的民事法律渊源包括制定法和民事习惯两部分。而由于制定法将主要精力都放在了预防和惩治危害国家统治的行为上，并未太多顾及去调整私人间的人身、财产关系，因此，在

---

① 李秀清：《中国移植苏联民法考》，《中国社会科学》2002 年第 5 期。

我国古代社会对民事法律关系起着主体规范作用的是礼俗、乡规民约、家法族规等中民事习惯。我国资产阶级民主革命时期（1840—1949），尽管社会各项制度与传统社会相比发生了沧海桑田般的变化，但经过长期历史积淀传承下来的民事习惯对民间秩序仍发挥着的重要调节功能，因此，清末的《大清民律草案》和民国时期的《中华民国民法》均将习惯认定为民法主要法律渊源之一。中华人民共和国成立后，特别是改革开放以来，我国大量制定民事法律，民事制定法的重要性日益凸显，因此，作为我国民事基本法的《民法通则》并未认可除制定法外的其他法律渊源，但考虑到我国地域之间、城乡之间发展的不平衡，以及制定法的固有缺陷，我们在民法总则中仍有必要借鉴古代民法、近代民法的做法认可习惯为民事法律渊源。

其二，国家未被认可为民事主体。在我国古代社会，国家作为土地和其他大量财产的所有者，为了保护自身财产利益并增值财产价值，曾长期作为重要的民事主体之一参与民事活动，这一做法也为官方立法所确认。两汉时期，国家已与个人、非国家组织（如合伙、宗教组织）间广泛发生买卖、借贷、租赁、赠与等民事关系。"敦煌汉简中发现西北戍边地区和军屯区的戍所官吏，为戍卒采购器物和给养，他们采购的物品都必须详细报账，登记入册，显然他们是代表国家参与民事行为。"① 至明时，官手工业已发展到高峰。而到了清代，国家还开始创建并经营大量军事、民用工业企业。我国现行民法已将国家机关、国有企业确立为民事主体，这较好地实现了对国家财产的保护、增值。但在国家财产受到损害，而代表国家占有、使用该财产的组织或个人却不作为等情况下，仍有必要认可国家的民事主体地位，以保证国家在私法领域内维护自己的权益。

2. 物权法部分

首先，未认可典权和永佃权制度。典权制度是我国古代社会特有的制度，唐代时将不动产出典在民间已比较流行。两宋时期，随着出典的日趋频繁，官方通过法律将其制度化。明代时相关规定更加完善，《大明律·户律·典卖田宅》，对典买田宅不交税、不办理交接手续、重复典买等情形进行了规范。清代则进一步沿袭了明代的规定。永佃权在我国也由来已久，北宋时民间习惯中就已经出现了相对稳定的永佃权。南宋时，永佃权得到官方立法认可。《宋

---

① 梁凤荣：《中国传统民法理念与规范》，郑州大学出版社2003年版，第48页。

会要辑稿·食货》六三记载,"(佃户)本人身故……许子孙接续承佃,并依人户承佃条法"。明清时,永佃权继续为官方认可,而此阶段,田面权与田底权分离,佃户若认为将土地转与他人更划算时,可以将田面权转佃他人,从而会形成"一田三主"的复杂权利关系。可以说,典权、永佃权制度在我国源远流长,是我国先民在长期实践、斗争中摸索而形成的。典权制度不仅能够满足出典人对资金的迫切需要,而且还为出典人通过奋斗在未来赎回典物留下了制度上的希望,反映了我们民族"扶危助困""自强不息"的精神;而永佃权制度则不仅可使农民将佃租的农地视为己产,有效提升了农民对土地维护、投入的积极性,而且由于赋予了农民随意转佃土地的权利,还能较好推动农业人口与非农业人口间的流动,有助于实现农业人口的迁徙自由,体现了古人"各取其利,相得益彰"的和谐思想。由此可见,上述两项制度是我们先民智慧和民族文化的体现,经过数千年的运行日臻完善,对当前来讲仍有重要的借鉴、继承意义。

其次,未认可先占、拾得遗失物、拾得漂流物、发现埋藏物为所有权的取得方式。早在夏商周时期,先占、拾得遗失物、拾得漂流物、发现埋藏物就已成为我国官方法律认可的取得物权的手段。其中,先占、拾得漂流物、发现埋藏物作为取得物权的方法基本被之后的朝代一直沿用。如,《唐令》规定:"诸公私竹木,为瀑水漂失,有能接得者,并积于岸上,明立标版,于随近官司申牒,有主识认者,江河五分赏二分,余水五分赏一分,限三十日,无主认者,入所得人。"《宋刑统·杂律》规定:"诸官地内得宿藏者,听收。若他人地内得者,与地主中分之。即器物形制有异者,悉送官,酬其值。"明代时,朱元璋不仅多次下诏确认垦荒者享有土地的完全所有权,而且还对民众开垦的荒地进行免税。而通过拾得遗失物取得物权的做法,却在儒家"道不拾遗"的道德号召下,在汉至元时期不被认可。明代时,制定法对前代拾得遗失物的规定作出了重大调整。《明律·户律·钱债》规定:"凡得遗失之物,限五日内送官,官物还官;私物召人识认,于内一半给予得物人充赏,一半给还失物人:如三十日无人识认者全给。"清代时继续沿用此条的规定。现今,我国虽已建立了社会主义制度,但目前正处于并将长期处于社会主义初级阶段,此阶段中民族成员的整体道德素质并未达到较高水平。因此,为了鼓励物的充分有效利用和保护遗失物、漂流物、埋藏物拾得者、发现者的利益,仍有必要借鉴古代民事立法,有条件的认可先占、拾得遗失物、拾得漂流物、发现埋藏物为物权取得手段。当然,这与在道德上同时倡导民族成员发扬"拾金不昧"的美德并不矛盾,因为"正律(民事法律)

仅仅是一种作为民事活动底线的最基本的要求"①,仅仅是最低限度的道德。

3. 债法部分

第一,居间合同未吸收我国古代牙人牙行制度的可取之处。我国古代曾长期将买卖合同中介人称为牙人,将买卖合同中介组织称为牙行。早在春秋战国时期,买卖合同中介人就已在牛马交易中出现。唐代时,买卖合同中介人(牙人)被赋予管理商人的权力。宋代时,商业贸易频繁,从事牙人职业者大大增多,官方为了规范牙人活动专门制定了《牙保法》等法律规范。依据这些法律的规定,从事牙人职业要具备一定的年龄和身体条件,要有官府颁发的"身牌",还要有其他人为之作保,同时牙人违反诚信原则或参与非法贸易活动时还应承担一定的责任。"牙人牙行制度是极具中国传统特色的社会经济制度,是中国传统商业制度的核心"②,唐以后,特别宋代对从事牙人牙行制度的规定,如从事牙人职业要具备一定的资质而且还要有保证人担保等规定,对完善我国《合同法》中居间合同的有关规定有积极的借鉴意义。

第二,优先购买权制度未吸收我国古代不动产买卖"先问亲邻"制度的可取之处。早在唐代,民间的田土买卖契约中就有了"先问亲邻"的习惯。五代时期,该习惯被官方法典所认可。《五代会要》卷二十六规定:"如有典卖庄宅,准例房亲、邻人合得承当。若是亲邻不要及著价不及,方得别处商量,不得虚抬价例,蒙昧公私。"宋元时期,官方立法进一步完善了不动产买卖"先问亲邻"制度,对享有优先购买权的亲邻范围、顺序,以及权利救济手段等都进行了规定。如《宋刑统》卷一三规定:"应典卖,倚当物业,先问房亲,房亲不要,次问四邻,四邻不要,他人并得交易。"明清时期,该制度退出了国家法典,但仍为民间的一种交易习惯。"民初进行民商事习惯调查时,仍发现有大量地契体现了买卖田土先问亲邻的习惯。"③ 在现代社会,尽管家族宗法势力已不复存在,不动产买卖"先问亲邻"制度已失去了一项极为重要的存在根基,但该制度却与现代民法的优先购买权制度"暗合",与其有着相同的社会价值追求。在民法中有条件的认可不动产买卖"先问亲邻",并制定合理的救济制度,将有利于引导民族成员构建

---

① 李显冬:《"民有私约如律令"考》,《政法论坛》2007 年第 3 期。
② 黄东海:《传统中国商业法制的一段秘史——制度变迁视角下的牙人牙行制度》,《中西法律传统》(第七卷),北京大学出版社 2009 年版,第 326~343 页。
③ 柴荣:《中国古代先问亲邻制度考析》,《法学研究》2007 年第 4 期。

与家族成员、邻里的和谐关系,而在农村土地承包经营权流转上借鉴"先问亲邻"制度还将有助于实现农地的规模化经营。

4. 婚姻与继承法部分

其一,未吸纳古代婚约制度的有益成分。受西周"六礼"(纳采、问名、纳吉、纳征、请期、亲迎)的影响,订立婚约成为我国古代缔结婚姻的必备程序。因此,婚约为历代官方所重视,在立法中多有规范。如《唐律》规定:"诸许嫁女已报婚书而辄悔者,杖六十;更许他人者,杖一百;与他人成婚者,徒一年半。原婚约仍然有效"。《大明律·户律·婚姻》规定:"辄悔者,笞五十。虽无婚书,但曾受聘财者,亦是。若再许他人,未成婚者,杖七十,已成婚者,杖八十。后订婚者,知情,与同罪,财礼入官;不知者,不坐,追还财礼,女归前夫。前夫不愿者,倍追财礼给还,其女仍从后夫。"而《大清律例·户律·婚姻》除了沿袭前代的规定外,还规定男方悔婚时不得追要彩礼;男方无故超过婚约约定的时间五年不娶,或逃亡三年不归时,女方可以另行订立婚约;任何一方犯罪时,他方可以解除婚约。当前,虽然我国民间订立婚约的现象十分普遍,但现行《婚姻法》并未对婚约进行规范,而司法解释中对婚约的规范也极少〔仅有最高院的《婚姻法若干解释(二)》第10条对三种可以请求返回彩礼的情形进行了规范〕。为了满足社会生活的实际需要,我们有必要依照诚实信用、公序良俗等原则,借鉴我国古代婚约立法的精华部分,对解除婚约的事由、方法、赔偿损害等做出规范,构建完善的、有中国特色的婚约制度。

其二,未吸收古代对遗腹子继承权(胎儿继承权)规定的有益成分。我国古代社会属宗法社会,继承在社会中具有举足轻重的地位,因此,古代立法者对继承制度都不惜笔墨地进行了规范。从现有史料来看,古代立法者很早就注意到了遗腹子继承权的问题。西汉的《二年律令》规定,"若被继承人死亡时,其妻已怀孕,则要等到新生儿出生之后再确定其继承人,保护遗腹子的继承权。"[①]"两宋继承法已经达到了相当完备的程度。"[②] 宋律不仅有条件地认可私生子的继承权,而且认可亡夫之妻所立继子之继承权(继子要承担养母的赡养责任),当然也认可遗腹子的继承权,规定遗腹子有与已出生亲子同等的继承权。明代的司法判例对遗腹子的继承权也持支持态度,在有的司法判例中遗腹子的继承

---

① 刘厚琴:《宗法伦理与汉代家系继承制度》,《南都学坛》2007年第3期。
② 张晋藩:《中国法制史》,商务印书馆2010年版,第266页。

权甚至高于独生亲女。如据明末宁波府推官李清的《折狱新语》载:"阮圻故,妾腹有孕。庶生之女已嫁,婿阴谋以嫁奁田尽夺七十亩田产。判词:阮圻生前只独生女在膝下,死后又柩前呜呜,分给田地十亩,其余田产不许再贪。"① 虽然,我国现行法律对遗腹子的继承权也予以保护,但规范得相对粗糙。《继承法》第28条规定:"遗产分割时,应当保留胎儿的继承份额。胎儿出生时是死体的,保留的份额按照法定继承办理。"但该规定不但未明确应给胎儿保留多少继承份额(是与其他继承人相同还是不同,特别是多胞胎时),而且在胎儿出生前就进行遗产分割的规定显然不利于保护作为弱势一方的胎儿的利益,并还可能造成对其他继承人的不公。可见,我国古代继承法对遗腹子继承权的相关规定对当今民事立法仍有重要的借鉴意义。

5. 侵权责任法部分

首先,未吸收我国古代民法的"偿所减价"规则。我国古代法律虽对侵权行为常施以刑罚,但在其民事赔偿上却主要奉行"偿所减价"的规则。该规则与近现代民法中的"损益相抵"原则有异曲同工之妙。如《唐律疏议·厩库》规定:"诸故杀官私马牛者,徒一年半。赃重及杀余畜产,若伤,计减价,准盗论,各偿所减价,价不减者,笞三十……其误杀伤者,不坐,但偿其减价……诸官私畜产,毁食官私之物,登时杀伤者,各减故杀伤三等,偿所减价;畜生各所毁。"《宋刑统·厩库·犬伤害人畜》规定:"诸犬自杀伤他人畜产者,犬主偿其减价。"《明律·厩牧》规定:"故杀他人马牛……若伤而不死,不堪采用及杀猪羊等畜者,计减价亦准盗论,各追赔所减价钱……其误杀及故伤者俱不坐,但各追赔减价。"杨立新先生认为,我国从《唐律》开始形成的侵权行为赔偿"偿所减价"规则所体现的就是损益相抵原则。② 虽然我国《侵权责任法》并未规定损益相抵原则,但该原则却被司法实践所认可③。不过,司法实践中对该原则的适用范围却存在较大争议,因此我们有必要积极借鉴我国古代民法中"偿所减价"规则的精华,在立法中构建我们自己的"偿所减价"或"损益相抵"原则。

其次,未吸收我国古代惩罚性赔偿制度的有益部分。自汉代以后,儒家春

---

① 孔庆明、胡留元、孙季平:《中国民法史》,吉林人民出版社1996年版,第566～567页。
② 杨立新:《中国侵权行为法的百年历史及其在新世纪的发展》,《国家检察官学院学报》2001年第1期。
③ 2009年7月7日,《最高人民法院关于当前形势下审理民商事合同纠纷案件若干问题的指导意见》(法发〔2009〕40号)第10条规定:"人民法院在计算和认定可得利益损失时,应当综合运用可预见规则、减损规则、损益相抵规则以及过失相抵规则等"。

秋之义中的"原心定罪"思想逐渐成为我国封建社会的司法审判原则。在该原则指引下，主观恶性程度大小，不仅成为决定行为人所受刑罚轻重的重要依据，也成为行为人承担民事责任大小的主要准绳。于是，官方立法和司法实践中常对故意损害他人人身、财产者在施以重刑的同时，又要求侵权人对受害人进行惩罚性赔偿。例如，《唐律疏议·名例四》疏议："假有乙盗甲物，丙转盗之，彼此各有倍赃，依法并应还主。甲既取乙倍备（加倍赔偿。疏议曰：'盗者以其贪财既重，故令倍备，谓盗一尺，征二尺之类。'），不合更得丙赃；乙即元是盗人，不可以赃资盗，故倍赃亦没官。"再如，清典制文献《皇朝政典类纂》卷三九九《刑律人命》载"凡杀一家非死罪三人及支解人者，凌迟处死，财产断付死者之家"；"凡杀一家非死罪二人及杀三人而非一家，内二人仍系一家者，拟斩立决枭首，酌断财产一半给被杀二命之家养赡；如致死一家二命系一故一斗者，及杀三人而非一家者，与本欲谋杀一人而行者杀三人案内造意不行之犯，俱拟斩立决，奏请定夺，毋庸断给财产。"① 可见，我国古代侵权案件中的惩罚性赔偿不但范围宽（涉及故意杀人、盗窃等主观恶性程度高的侵害他人人身、财产权利的故意犯罪），还对于赔偿数额有明确的规定（加倍赔偿、侵权人的所有财产、侵权人的一半财产）。而我国《侵权责任法》仅规定了产品责任应承担惩罚性损害赔偿（第47条），且对惩罚性赔偿的数额没有做出限定（既未定额，又未明确上下限），极有必要借鉴我国古代的惩罚性赔偿立法予以进一步完善。

（三）表现失当的弊端

对民族传统民事法律资源继受的放弃，虽然让我们放下了沉重的思想包袱，轻装上阵，及时应对社会政治经济制度的巨大变迁，较为快速地建立起了更为先进的民事法律制度和体系，但也产生了如下两方面的弊端。

一方面，部分法律与民族成员的理念、习惯相悖，使得民族成员难以普遍建立起对法律的信任、信仰。百余年来，我们为了实现"救亡图存"和"民族复兴"的伟大目标，对旧有制度（包括法律制度）进行了疾风暴雨式的变革，极度希望通过从国际社会移植先进国家的法律制度来改变自身落后的状况。我们往往在"法律能够被民族成员严格遵守和奉行"的美好愿望假设下来进行民事立法，

---

① 孙季萍：《明清侵权行为的民事法律责任问题》，《烟台大学学报（哲学社会科学版）》1992年第2期。

仅单方面重视或专注于法律"破旧立新""移风易俗"等改造和重塑社会的功能，而忽略、轻视民族成员在传统文化、习惯、习俗等支配下对陌生外来法的排斥、抵制。在这种褊狭下，我们的一些民事立法，背离了民族成员的传统理念、习惯，超出了民族成员在当前阶段所能理解、接受的范围，与社会生活脱节、断裂，高高在上，缺少"地气"。在这种立法状况下，民族成员"用脚投票"，以"私了"等方式来规避不被他们认可的法律，使得本来应该对民族成员的民事行为起到指引、评价、预测、教育作用的部分民事法律被"束之高阁"。这种局面使得法律无法良性运作，让民族成员对法律产生普遍的信任，信仰更是无从谈起。"现在我们正在感受着，尽弃'古代民法'所造成的秩序断裂，没有传统滋养和支撑的现代民法形成法律秩序是如何的困难。"[①]

另一方面，立法者痛失了从我国古代民事法律制度中汲取丰富营养的机会。数千年来，我国古代法典的编纂体例一直奉行诸法合体的传统，因而未能产生一部独立的民法典。但是，从调整的社会关系来看，我国古代不仅存在海量规范犯罪及其法律后果的刑事法律规范，而且也存在大量规范户婚、田宅、钱债等人身关系和财产关系的民事法律规范。即我国古代法在法律体系上展现出的是"诸法并存，民刑有分"[②]的风貌。从表现形式来看，我国古代民法既有律令、例规等国家制定法，也有礼俗、乡规民约、家法族规等习惯法（当然，在数量上后者明显占据绝对多数地位）。从内容上看，我国古代民法已涉及近现代民法总则、物权、债权、婚姻、继承、侵权等众多方面。例如，汉、晋、隋、宋、明、清等各代均有关于成丁年龄（涉及民事行为能力）的相关规定；唐代、清代等有关于先占的相关规定；汉代、唐代、宋代等有关于契约签名画押的相关规定；唐以后有了和离离婚（协议离婚）的相关规定；宋代、明代等均有关于遗嘱继承的有关规定；而唐代、金代等均有动物致损的有关规定。总之，我国古代民事法律制度是古人对千百年生活经验的总结，在很多地方展现了古人高超的生活智慧和精湛的立法技术，对后世制定相关立法本身有着极为重要的参考、借鉴价值。

---

① 张生：《中国"古代民法"三题》，《法学家》2007年第5期。
② 张晋藩：《中国法律的传统与近代转型》，法律出版社2005年版，第209页。

（四）纠正表现失当之原则（即继承民族性法律资源之原则）

既然我们已经认识到了现行民法民族性表现失当（即对民族传统民事法律资源继承不足）会产生严重的弊端，那么我们在未来的法制建设中就应高度重视民族性民事法律资源的现实价值，不断深入地开展对民族传统民事法律制度的专项研究，抛开成见，在批判的基础上积极继承民族性民事法律资源，以期早日促使现行法民族性表现恢复恰当。在这一过程中，我们应秉持如下几项基本原则。

1. 分类差序继承的原则

对当今社会而言，我国历史上形成的众多民族性民事法律资源，并非全为优质资源，而是一个良莠混杂、参差不齐的混合体，其间既有良性民事法律资源，还有中性民事法律资源、更有劣性民事法律资源。因此，我们在准备继承民族性民事法律资源时，必须先将其归类，然后再依其类别使用相应的方法予以继承或抛弃。所谓良性民事法律资源是指我国历史上形成的，与我国社会主义政治经济制度相契合的民事法律资源。前文已指出，此部分资源主要是指带有"贵和尚中""以民为本"思想的民族性法律资源，在此不再复述。对于良性民事法律资源我们应大胆地、全面地予以吸收和继承。所谓劣性民事法律资源是指我国历史上形成的，与我国社会主义政治经济制度相矛盾、相背离的民事法律资源。这主要是指带有封建专制思想和封建宗法观念的民族性法律资源。对于该部分资源我们应毫不吝惜地完全抛弃，不但在制定法上不予采纳，而且在民事习惯上也不予认可。当然，由于我国地域之间发展的不平衡性，该部分资源可能在某些政治经济文化发展欠发达地区仍以习惯等形式存在，我们对此并无必要通过立法予以禁止，而应通过努力促进社会发展使其逐渐地、自然地退出历史舞台。所谓中性民事法律资源是指我国历史上形成的，与我国社会主义政治经济制度虽不完全契合但并不根本矛盾的民事法律资源。这部分资源主要是指未包括在上述两类民事法律资源中的与意识形态无关的立法程序、立法技术、法律概念、法律原则、法律规范等民族性民事法律资源。对于该部分资源我们应根据政治经济制度发展需要并结合时代精神加以改造后予以批判的继承。

2. 外来理论不轻易否定本国实践的原则

由于我国古代法律长期"重刑轻民"，因此民法理论构建严重不足。近代以来，我国民法理论主要从外国移植而来。不可否认，这些移植而来的理论在构建我国近现代民事法律制度和提升民法学研究水平等方面做出了巨大的贡献。

因为，理论显然能超越实践，理论通过认识实践的规律，帮助实践克服"片面性"的弊端，从而能有效减少实践为实现自身的发展而付出的"代价"。"源于实践的理论，并不仅仅是对实践经验的概括和总结，更重要的是对实践活动、实践经验和实践成果的批判性反思、规范性矫正和理想性引导。"①但我们同时必须清晰地认识到，理论源于实践，外来理论是对所处地区实践的概括性归纳和总结。因此，运用外来理论对本国实践进行批评、反思、引导时必须要格外地谨慎，在对本国实践没有全面认识的情况下，不可轻易地使用外来理论否定本国实践。因为，"尽管中国古人不曾如同现代人那样对相关制度做细致的分析，也没有今天主要由西方学者创制的种种制度理论或法律经济学分析，但这不等于中国古人不懂得如何最有效地追求自己的利益,不懂得制度的有效性。"②由此可见，"在法律移植过程中，不应单纯以体系上与形式上的原因否定本土资源，更不应盲目崇拜外来法律的逻辑、概念或体系。"③

3. 法的非正式渊源与正式渊源并重的原则

依法的渊源是否具有法定权威和法的效力为标准，可将其分为法的正式渊源和非正式渊源。法的正式渊源是指被国家机关经常作为处理法律问题根据的法的渊源，法的非正式渊源是指具有法律意义的材料、观念及有关准则。④据此概念，我国古代民法的正式渊源不仅包括律、令、格、式、典等各种形式的制定法，而且还包括表现为比、例等形式的判例法。而非正式渊源则包括礼俗、乡规民约、家法族规、儒家经义、律学注释学说，以及未被官方赋予普适性效力的案例等。正式渊源具有稳定性强、覆盖面广、影响力深远、易于搜集的优点，但由于我国古代"重农抑商""重义轻利"等思想长期居于正统地位,官方立法"重刑轻民"，因此民法的正式渊源数量相对较少。而非正式渊源虽然源头众多、地域性特征较为明显，但存世量庞大，且历经数千年的适用已与民族文化完全融合，效力被民族成员广泛认同。因此，我们在继承民族性民事法律资源时，既要重视对传统民法正式渊源的研究、参考、吸收，又不能放松对传统民法非正式渊源的挖掘、学习、借鉴。当然，由于法的非正式渊源具有顽强的生命力，因此

---

① 孙正聿：《理论及其与实践的辩证关系》，《光明日报》2009年11月24日第11版。
② 苏力：《曾经的司法洞识》，《读书》2007年第4期。
③ 崔吉子：《韩国传贯权立法对中国民法典的启示——兼谈法律移植过程中如何对待本土资源》，《华东政法大学学报》2009年第1期。
④ 张文显：《法理学》，高等教育出版社2003年版，第68页。

我们在寻找这种本土资源时，既要重视在历史中去挖掘，更要重视在现实生活中去搜寻。

4. 近代民事法律与古代民事法律并重的原则

我国古代民法虽然在总体上不符合以西方民法为主导的现代民法精神，但其历经数千年的发展，法律思想、法律规范、法律技术等日臻完善、自成一系，与我国传统民族文化完全融合，在很多方面都有与其他法系相异的、却与我国民族文化相一致的独到见解。更何况，古今中外的一切优秀法律文化都具有互通之处，"只要不带有偏见，我们就会发现中西方的法律传统各有其长，通过互补正可以形成各具本国或本地区特色的法律现代化的最佳途径。"① 由此可见，我国古代民法对我国当前的民法法制建设仍有极为重要的继承价值。另一方面，清末以将，为了挽救民族危亡，民族先贤们毅然推动国家走上了变法图强的道路。"自此，开始了中国的变律为法，哀婉告别中华法系民法传统，走上了继受欧陆民法的不归路。"② 清末、民国时期的民事立法虽在一些地方不乏保守、粗糙的一面，但从总体上来讲却指导思想中肯、基本原则先进、体系构建完整、表述用语精当，体现了立法者巨大的创新勇气、高超的政治智慧和纯熟的立法技术，具有重要的历史价值。中华人民共和国成立后，这种以移植外来法来进行法制建设的模式并未发生根本性的变化。只不过，移植对象由清末、民国时期的主要移植德国、瑞士、法国、日本等国民法，转变为主要移植苏联等社会主义国家民法。但由于后者的民法也主要取自德国、瑞士等大陆法系国家，因此我国民法自近代以来表现出了师从大陆法系国家民法特别是德国民法的特征。这一特征从根本上决定了，清末、民国时期的民事法律对我国当前的民法法制建设具有的借鉴意义。

总之，作为一个法治后发国家，我们对发达国家的民事法律积极地学习、移植尤显必要，但法具有民族性，若要实现"已成立的法律获得普遍的服从，而大家所服从的法律又应该本身是制订得良好的法律"③ 之目标，对自身民族传统法律资源进行发掘、继承也为非常必要之举。当然，我国传统民事法律资源

---

① 曾宪义：《论传统法的反思》，《法学家》2007年第5期。
② 杨立新：《百年中的中国民法华丽转身与曲折发展——中国民法一百年历史的回顾与展望》，《河南省政法管理干部学院学报》2011年第3期。
③ [古希腊] 亚里士多德：《政治学》，吴寿彭译，商务印书馆2009年版，第202页。

既博大精深又良莠混杂，我们在针对某一具体制度或规范做出选用民族传统民事法律资源抑或国际社会其他国家民事法律资源的决定前，务必要详加比对、充分论证、再三斟酌，方可做出最后决定。

新千年以来，我国民法典制定在即，呼之欲出。愿我们的立法者能在立足国情的基础上，尽取中华法系、大陆法系、英美法系以及社会主义法系的精气真髓，将它们汇聚入新的民法典中，为我们民族的每一位成员精心打造一副坚固、精巧而又贴身的权利铠甲，切实有效地保护每一位民族成员的民事权利，提升民族成员的幸福指数，堪以告慰百余年来为了中国自己的民法典而不懈斗争的民族先贤、英士。

第六部分　民法总则民族性解读

2002年立法机关决定对民法典采取分阶段、分步骤的方式制定。合同法、物权法、侵权责任法等重要的支撑性法律的颁行，标志着我国民事立法进入了完善化、系统化阶段。当前，推进民法典的立法进程的关键是尽快制定民法总则。

1986年制定的《中华人民共和国民法通则》（以下简称《民法通则》）在一定意义上承担了民法总则的功能，为民法总则的制定奠定了基础。在民法总则的制定过程中，认真梳理、重新审视《民法通则》所体现和形成的"民族性"法律资源，对构建中国民法话语体系，构建既有"民族性"的历史内涵、又有"国际性"的世界关怀的民法文明具有重大意义。

一、民法通则的民族性表现

作为特定历史时期调整基本民事关系的概括性规定，《民法通则》是在广泛借鉴各国立法经验、结合中国法律传统的基础上制定的，并在二十多年的实践中形成了新的中国特色，体现了特定时期的国际性和民族性。①对《民法通则》的法律规范和其所体现的立法理念进行梳理，可以发现，民法通则的民族性主要体现在以下方面。

（一）以"公民"代替"自然人"概念，调整主体范围限于公民和法人

《民法通则》第2条规定："中华人民共和国民法调整平等主体的公民之间、法人之间、公民和法人之间的财产关系和人身关系。"这一规定的特色在于一是在民法中使用了"公民"的概念，二是将民法调整的主体限于自然人和法人。

民法在我国是一个从西方传入的法律概念。清末、民国时期立法初步形成了德国模式的法学概念体系。这一概念体系在1949年以后，在中国大陆，随着政权的更替，让位于以1922年苏俄民法典为代表的社会主义民法学概念体系。其中对中国民法文化影响颇深的就是对苏俄民法中"公民"概念的接受，它全面替代了民国民法中的"自然人"。②1986年《民法通则》中以"公民""公民（自然人）"等概念代替传统大陆法系的"自然人"概念，成为中国民法的一大特色。

《民法通则》第2条将民法调整的主体范围限定为自然人和法人两类。在《民法通则》制定过程中，立法机关曾经讨论过是否在自然人和法人之外确定一种第三民事主体，将合伙等非法人组织包括进去，但最终还是沿袭了大陆法系二分法的立法体制，将民事主体分为自然人和法人。同时，又按照我国经济生活中客观存在的情况，采取了变通的做法，在民事主体部分规定了"两户一伙"和"合伙型联营"这类特殊的民事主体。

（二）将"国家政策"作为民法的渊源，否定"习惯"的法律渊源地位

《民法通则》第6条规定："民事活动必须遵守法律，法律没有规定的，应当遵守国家政策。"将"国家政策"规定为民法的渊源之一，这是我国民法不同于其他大陆法系国家的显著特点，也是《民法通则》颁布当时我国政治、经济体制正处于剧烈变革时期，而相应的立法较为简陋的现实状况的反映。同时，受概念法学的影响，《民法通则》也没有将民事习惯规定为民法的渊源。③

---

① 参见张永辉、麻昌华：《民法总则民族性解读》，《贵州民族研究》2014年第1期。
② 张力：《公民、自然人，抑或其他——论俄罗斯民法文化中公民概念的价值取向》，《河北法学》2007年第3期。
③ 李建华、许中缘：《论民事习惯与我国民法典》，《河南省政法管理干部学院学报》2004年第2期。

(三)将"等价有偿"规定为民法的基本原则

《民法通则》第 3 条规定:"当事人在民事活动中的地位平等。"第 4 条规定:"民事活动应当遵循自愿、公平、等价有偿、诚实信用的原则。"第 7 条规定:"民事活动应当尊重社会公德,不得损害社会公共利益,破坏国家经济计划,扰乱社会经济秩序。"《民法通则》通过这些规定确立了我国民法的基本原则,包括平等原则、私法自治原则、公平原则、诚实信用原则和公序良俗原则。同时,《民法通则》将"等价有偿"原则作为我国民法的基本原则。

(四)"两户一伙"和"合伙型联营"是民法的特殊民事主体

如前所述,由于我国《民法通则》对民事主体是采取的公民(自然人)、法人二分法,所以为了照顾当时的社会现实,又规定了"两户一伙"和"合伙型联营"作为特殊民事主体。

《民法通则》第 26 条规定:"公民在法律允许的范围内,依法经核准登记,从事工商业经营的,为个体工商户。个体工商户可以起字号。"第 27 条规定:"农村集体经济组织的成员,在法律允许的范围内,按照承包合同规定从事商品经营的,为农村承包经营户。""两户"是我国 20 世纪 80 年代改革开放的政策产物,是在原来禁止或限制私人经营工商业或从事农村商品经营的体制下逐渐允许私人经营而采取的法律形式,实际是我国自然人解冻,步向自由经营的先声,也是我国自然人经营受限的见证。①

《民法通则》由于采取公民(自然人)、法人二分法,没有将合伙组织视为一类主体赋予其独立的主体地位,而是把其分为个人合伙和法人合伙,分别规定在"公民"和"法人"两章中。前者为"两户一伙"中的个人合伙,后者为"合伙型联营"。

(五)法人有限责任内涵和法人类型四分法

《民法通则》第 37 条规定:"法人应当具备下列条件:(一)依法成立;(二)有必要的财产或者经费;(三)有自己的名称、组织机构和场所;(四)能够独立承担民事责任。"应该认为这一规定是我国法律对法人组织的要求,是我

---

① 龙卫球:《民法总论》,中国法制出版社 2001 年版,第 351 页。

国法人组织在民事责任方面的特征，采取法人成员有限责任说。

在法人制度方面，另一具有民族特色的规定是法人类型四分法。在传统大陆法系国家根据不同的标准对法人进行分类，可以分为公法人和私法人、社团法人和财团法人、公益法人和营利法人、本国法人和外国法人。我国并没有遵循这些分类标准，而是在第三章第二节和第三节分别规定了企业法人和非企业法人（机关法人、事业单位法人和社会团体法人），形成了我国法人的四种类型，分别是企业法人、机关法人、事业单位法人和社会团体法人。

（六）"民事法律行为"的合法性内涵和"民事行为"概念的设置

《民法通则》第 54 条规定："民事法律行为是公民或者法人设立、变更、终止民事权利和民事义务的合法行为。"将民事法律行为界定为合法行为，成为我国民法不同于传统大陆法系国家立法及法律理论的一项规定。此后，立法和理论另创了"民事行为"的概念作为"民事法律行为"的属概念使用，其外延包括具有合法性的民事法律行为、欠缺合法性的无效民事行为和可撤销的民事行为。

二、民法总则的民族性审视

正如费孝通所言："既要现代化，又要不失其成为一个民族，这是很深的学问。"邓正来认为，指导中国的民法典构建的法律理想图景，应该是一种依凭对中国现实的"问题化"理论处理而阐明的中国本土的理想图景，它既是以批判西方现代化范式为基础的，也是以放弃那种主张一劳永逸且永恒不变之自然法的理论为前提的，更是以批判那种封闭且实质保守的文化意义世界为依凭的。[①] 民法典制定过程中，有必要以现实中国实践之正当性与全球化价值示范的关系框架为依据对现有民族性法律资源进行再审视，以决定取舍或改进。[②]

（一）"公民（自然人）"还是"自然人"

"公民（自然人）"还是"自然人"的表述在我国立法中几经变迁。清末和

[①] 邓正来：《中国法学向何处去》，商务印书馆 2006 年版，第 268 页。
[②] 参见张永辉、麻昌华：《民法总则民族性解读》，《贵州民族研究》2014 年第 1 期。

民国立法中均使用"自然人"一词，到《民法通则》改用"公民（自然人）"，此后的《合同法》和《物权法》又重新采用"自然人"概念。对于这一立法的变迁，学者认为是特定历史时期政治与法律相结合的产物。从俄国民法中引进的"公民"概念在外观上保留了"个人"，实质上消灭了个人取得生产资料所有权的权利能力；在形式上保留了民间，实质上消灭了市民社会。有学者认为："公民"作为一种"政治化概念"，无视民事主体的私法品格，不应在民法中继续使用。将"公民"正名为"自然人"，将"公民法"还复"市民法"的本来面目，以"自然人"概念来彰显民法的私法品格。①

持不同意见的学者认为：由于市民法兼具组织一个社会并分配稀缺资源两种功能，所以民法典可以同时存在公民和市民两种人性标准。市民标准适用于社会生活的组织过程，公民标准体现有稀缺资源的分配过程。"公民"在俄国民法中的使用与泛滥的实质是通过消灭个人取得生产资料所有权的权利能力，在外观上保留了"个人"却消灭了"私人格"——市民；在形式上保留了民间，却实质上消灭了自治的市民社会。市民自治的退出造成人们物质生活的真空，由国家作为所有人与保障者，通过计划与管制来填补。失去自治能力转为服从与受益于国家计划与保障体制的个人，成为"公民"。②

（二）"公民（自然人）""法人"主体二分法

从民事主体制度的发展过程来看，伦理上的人并非一开始就都是法律上的主体，"自然人"之所以能成为法律上的主体源于法律对伦理人格的关怀，这一历史阶段制订的《法国民法典》只承认自然人为民事主体；直到1900年施行的《德国民法典》才确立了法人作为"自然人"之外的民事主体类型；对于非法人组织，理论上和立法上的认识同样也有一个发展过程。德国民法最初将非法人组织界定为"无权利能力社团"，是因当时政治的需要，迫使一些宗教、政治团体登记为法人团体取得权利能力，以便进行监督管理。然而，随着社会物质生活的变化，非法人组织大量客观存在，它们在社会经济生活中起着极其重要的作用，尽管不具有法人资格，但它们事实上能以自己的名义参与民事法律关系、享有权利、

---

① 张力：《公民、自然人，抑或其他——论俄罗斯民法文化中公民概念的价值取向》，《河北法学》2007年第3期。
② 徐国栋：《论市民——兼论公民》，《政治与法律》2002年第4期。

承担义务。① 因此，第二次世界大战以后，民法学界对于非法人组织的认识已有重大发展，无论德国、日本或中国台湾地区的学说、判例，均普遍认同非法人组织的民事主体性。②

我国民事主体类型的立法也经历了一个发展变化的过程。《民法通则》持二元主体论；《合同法》第2条规定："合同是平等主体的自然人、法人、其他组织之间设立、变更、终止民事权利义务关系的协议。"在这里，既非自然人又非法人的"其他组织"，显然可以成为民事关系的主体。此外，《著作权法》《国家赔偿法》《企业法人登记管理条例》均表达了同样的理念；《民事诉讼法》第49条第1款规定："公民、法人和其他组织可以作为民事诉讼的当事人。"这表明，我国已采取立法形式明确了非法人组织的诉讼主体资格。同样，《行政诉讼法》第2条也有类似规定。

随着我国社会的发展，在理论上、立法上、司法解释上已经认为合伙企业、个体工商户、农村承包经营户、个人独资企业、企业法人的分支机构、筹建中的法人、不具法人条件的中外合作企业和外资企业、不具法人资格的公益团体、经民政部门批准登记领取社会团体登记证的社会团体、业主委员会等属于非法人组织。但是，在民事主体制度上，对于"其他组织"或"非法人组织"的概念和其主体资格，仍然缺乏统一的规定。

（三）民法的渊源

限于立法时的法治和社会发展状况，《民法通则》把"国家政策"规定为民法的渊源。在我国目前社会主义法律体系基本建成的情况下，若仍以"国家政策"作为民法的渊源，显然不合时宜。首先，国家政策一般不如法律稳定。国家政策会随时根据政治、经济形势的变化而调整，不能为行为人提供稳定的预期；其次，国家政策不具有普遍的公开性和透明性，不能为民事活动提供指导；最后，国家政策的内容往往具有宏观性和抽象性，不能为民事主体提供可操作的行为模式。

在我国民法典制定的过程当中，习惯能否作为法律的渊源，不管是在理论上还是在立法中都有两种立场。在理论上，反对一方基于概念法学认为，民法

---

① 参见张永辉、麻昌华：《民法总则民族性解读》，《贵州民族研究》2014年第1期。
② 夏旭阳：《非法人组织的法律地位及其立法模式——兼评〈民法草案〉总则有关条文》，《法学杂志》2005年第4期。

典是一个逻辑自在的封闭体系，习惯不应该成为民法的渊源；支持一方受到历史法学的影响，认为法的基础是民族精神，法应该被发现而不是被制定，主张习惯是制定法之外的另一类法律渊源。在立法中，《大清民律草案》第1条规定："民事，本律所未规定者，依习惯法；无习惯法者，依条理。"类似的规定，也出现在后来的《中华民国民法典》之中。① 并且为了配合民法典的制定，都展开过大规模的民事习惯调查，虽然调查成果没有被充分吸收到立法中，但毕竟给予了习惯足够的关注；中华人民共和国成立后，曾经在1954年和1962年两次进行民法典草案的起草，在打破旧传统的指导思想下，都没有将习惯作为民法的渊源，1986年的《民法通则》也体现同样的观点。

习惯源于人们长期的生活习惯、道德伦理传统，是一定地域范围内人们社会生活经验的总结，而国家法规则体系的形成则更多地属于立法者的理性分析与理论建构，很多情况下是立法者主动或被动进行选择的结果。我国百年法治实践表明，基于社会发展的需要，我们试图通过各种方式，甚至不惜以激进的、革命的、运动的方式极力解放思想，试图彻底摆脱传统文化的束缚，但是我们始终无法摆脱这种束缚。作为传统法律文化资源重要组成部分的民间习惯，实际上一直是在法治实践中起着非常重要的作用。② 随着我国大规模法律移植的进行，大量的传统制度不再被国家法所认可，在这种情况下，必然会转化为另一种存在形式——习惯，成为民间生活中发挥重要作用的规则。

从习惯与成文法的关系来看，由于立法者认识能力的有限性，法律规定不可能面面俱到，加上随着社会生活的演进、新事务的产生，必将出现法律漏洞，承认习惯的法律渊源地位可以起到很好的弥补成文法不足的作用。

（四）"等价有偿"应否作为民法基本原则

将"等价有偿"作为中国民法的基本原则，有其特殊的历史背景。《民法通则》制定前夕，中国正处于改革开放初期，在中国是否需要民法，需要什么样的民法的争论过程中，有学者提出，商品经济是人类经济发展中不可超越的阶段，民法是为特定历史时期的商品经济服务的，并且也必然受特定历史时期的商品

---

① 张永辉、麻昌华：《民法总则民族性解读》，《贵州民族研究》2014年第1期。
② 苟军年：《从法律移植视角看民间习惯与国家法关系之协调》，《西部法学评论》2012年第3期。

经济范围的制约。① 立法者接受了这一认识,将民法定位为调整商品经济关系的基本法律,而商品经济的基本特征就是等价有偿。于是,"等价有偿"原则成为民法的基本原则。

(五)"两户一伙"和"合伙型联营"特殊民事主体的去留

如前述,"两户一伙"和"合伙型联营"是《民法通则》不承认第三类民事主体的无奈之选。随着社会中大量非法人组织的出现,承认非法人组织的第三类民事主体地位应该成为我国民法总则的必然选择。而随着"合伙组织"成为一类独立的民事主体,"两户一伙"中的"一伙"和"合伙型联营"也就没有必要再成为民法总则中的主体类型。② 因为二者的区别就在于组成合伙的成员不同,前者是个人,后者是法人,如果二者采取协议的方式成立合伙,不成立相应的合伙组织,则不是一类单独的民事主体,协议各方按照协议约定享有权利、承担责任;如果采取企业的形式成立合伙,则不论合伙人的性质是自然人还是法人都应该按照合伙协议和合伙企业法的规定,享有权利、承担义务,属于第三类民事主体,非法人组织的一种。

"个体工商户"作为我国法律体系中富有中国特色的制度,其性质与法律地位问题,无论是实体法上还是程序法上,无论是理论研究还是司法实践,均存在争议、混乱甚至矛盾。有的学者在通过以相关案例、法律及法律解释为切入点,系统地对我国个体工商户制度进行了考察后,总结得出在当前的法律、理论与经济背景下,个体工商户的经营模式可以为个人独资企业、合伙企业、一人独资公司、有限责任公司等模式所涵盖,没有必要再规定个体工商户制度,以免造成立法之间的重复和矛盾。③

但是,我们应该认识到,个体工商户制度确立以来,对个体经济的发展起到了积极作用,个体工商户的观念已经深入人心。截至 2010 年底,全国个体工商户户数达 3452.89 万户,登记从业人员 7097.67 万人,已成为促进社会经济发展和吸纳劳动力就业的重要力量。④ 为了更好地贯彻国家鼓励非公有制经济发

---

① 佟柔、王利明:《我国民法在经济体制改革中的发展与完善》,《中国法学》1985 年第 1 期。
② 张永辉、麻昌华:《民法总则民族性解读》,《贵州民族研究》2014 年第 1 期。
③ 李友根:《论个体工商户制度的存与废》,《西北政法大学学报》2010 年第 4 期。
④ 参见《政策解读:个体户经营范围将放宽取消人数、身份等限制》,人民网 http://finance.people.com.cn/GB/14576342.html,2013 年 1 月 25 日访问。

展的方针政策,进一步充分发挥个体工商户服务经济社会发展和扩大就业的重要作用,2011年4月16日,国务院颁布了新的《个体工商户条例》,同时废止了国务院于1987年发布的《城乡个体工商户管理暂行条例》。这表明个体工商户制度在现今中国仍有存在的必要性,民法典有必要对这一制度进行规定,并给予完善。

"农村承包经营户"是以家庭为单位进行经营活动的承载组织。从立法和实践来看,从《民法通则》《农村土地承包法》到《物权法》,无一例外地赋予了"农村承包经营户"以民事主体资格,作为我国目前及今后较长时间内的主要农业生产的组织形式,其民事主体资格似乎是毋庸置疑的。虽然也有学者质疑过以"户"作为主体不能体现作为家庭成员的个人的个体独立性,但是应该看到:在现有的人地结构条件下,考虑农业生产技术水平和其他产业对于农村劳动力的吸纳水平,家庭承包经营在现阶段具有现实的合理性。① 在农村,个人并没有完全脱离家庭而成为独立的主体。虽然在法律上每个人都有独立的人格,但是在农村,这种法律上的承诺并不具备在现实社会中兑现的条件:农民个人没有与市民同质的社会保障,老弱人口仍然依赖于家庭而生存。由于农业属于微利产业,土地上的产出仅能维持生存在土地上的人口的基本生存,所以将农村人口的生产生活关系、生存发展利益打包交给家庭这一自然社会组织来安排,应该是一种较为有效的制度模式。②

(六)法人有限责任内涵和法人类型四分法再选择

《民法通则》采取了法人有限责任理论,20多年来,被后续立法不断采纳。我国公司法只承认有限责任公司和股份有限责任公司两种类型,不包括无限公司和两合公司,其原因就是要坚持法人的有限责任学说。同时,为了给投资人提供更多选择,我国《合伙企业法》设置了普通合伙和有限合伙两种企业组织类型,制定了《个人独资企业》法来确立个人独资企业的主体地位。

关于法人的类型,《民法通则》首先根据法人是否以营利为目的将法人分为企业法人和非企业法人(包含机关法人、事业单位法人和社会团体法人)两大类,虽然没有采用大陆法系营利法人和非营利法人的概念,由于这一分类暗含了营

---

① 张永辉、麻昌华:《民法总则民族性解读》,《贵州民族研究》2014年第1期。
② 童列春:《中国农地集体所有权的虚与实》,《农村经济》2011年第10期。

利性标准，企业法人在我国立法和实践中已经被认为是营利法人的代名词，以是否以营利为目的对法人进行分类也是立法和实践所广泛采用的方式。①

《民法通则》在立法当时被视为调整商品经济的法律，相比起营利组织，非营利组织受到的关注较少，仅有一个条文规定了机关、事业单位和社会团体的法人资格，对财团没有规定。这一非营利组织的分类由于缺乏统一的分类标准而被认为是对生活世界已然存在的法人具体形态的白描和列举，立法上所谓的法人类型不过是当时已经存在的法人具体形态。②这一列举没有关注社会发展的需求，没有规定法人成员的标准、法人意思的形成及表达（法人的治理结构）、法人与其成员、成员之间的关系，不能为民事主体利用法人制度提供前提，不能为法官裁判民事主体因利用法人制度而发生的纠纷提供准则。

首先是机关法人，机关法人作为一种典型的公法人，主要活动于政治生活领域，只有从事民事活动时，才被视为私法人，这一主体制度不可能为私人主体所利用。只是在特定的交易中，有时候需要把公立机构视为民法上的"人"，承认它具有从事交易和承担契约义务的能力。所以，民法只需设立转介规范，承认依公法设立之公法人的民事主体资格。③

其次是事业单位法人，"事业单位法人"概念属于《民法通则》的一个创新性规定，但其内涵和外延均不明确，在社会发展过程中应该属于被改革的对象。根据国务院办公厅关于印发分类推进事业单位改革配套文件的通知（国办发〔2011〕37号）规定，按照社会功能，将现有事业单位划分为承担行政职能、

---

① 国务院《关于城镇医药卫生体制改革的指导意见》指出："建立新的医疗机构分类管理制度。将医疗机构分为非营利性和营利性两类进行管理。国家根据医疗机构的性质、社会功能及其承担的任务，制定并实施不同的财税、价格政策。"卫生部《城镇医疗机构分类登记暂行规定》第6条规定：核定为营利性医疗机构的，还应按照有关法律法规到工商行政管理、税务等部门办理相关登记手续。民政部、卫生部制定的《关于城镇非营利性医疗机构进行民办非企业单位登记有关问题的通知》规定了"为做好城镇非营利性医疗机构的登记管理工作，根据《民办非企业单位登记管理暂行条例》和《医疗机构管理条例》，各城镇非营利性医疗机构（政府举办的非营利性医疗机构除外）在取得《医疗机构执业许可证》后，应当依法到民政部门进行民办非企业单位登记。"湖北省人民政府令第338号：《湖北省医疗机构管理实施办法》，2010年8月10日实施。第18条：经批准设置的医疗机构应当依据国家和省的规定，向县级以上卫生行政部门申请执业登记，依法取得医疗机构执业许可证后，民办非营利性医疗机构还须到民政部门登记，取得民办非企业单位登记证书；营利性医疗机构还须到工商行政管理部门、税务部门办理工商、税务登记手续。《武汉市社会办养老福利机构管理办法》第16条规定：非营利性社会办养老福利机构在取得《社会福利机构设置批准证书》和《民办非企业单位登记证书》后，方可运营并对外提供服务。营利性社会办养老福利机构在取得《社会福利机构设置批准证书》后，应当到工商部门依法办理注册登记手续，取得营业执照后，方可运营并对外提供服务。社会办养老福利机构在本机构以外的场所设置分部的，应当作为新设立的福利机构，按照本办法的规定办理相关审批手续。
② 蔡立东：《法人分类模式的立法选择》，《法律科学》2012年第1期。
③ 崔拴林：《论我国私法人分类理念的缺陷与修正》，《法律科学》2011年第4期。

从事生产经营活动和从事公益服务三个类别。承担行政职能的事业单位逐步将行政职能划归行政机构，或转为行政机构；从事生产经营活动的事业单位要逐步转为企业或撤销；从事公益服务的事业单位。即面向社会提供公益服务和为机关行使职能提供支持保障的事业单位。改革后，只有这类单位继续保留在事业单位序列，成为非营利组织的成员，所以，未来民法总则应该放弃"事业单位法人"这一概念。

最后，《民法通则》没有采用社团和财团的分类模式，这主要是由于当时的社会现实所导致的。当时中国经过 30 多年计划经济以及国家与社会不分的改造，传统民法上的财团和社团已逐渐从人们的视野中消失，财团和社团的分类也就没有成为我国立法的选择，只规定了当时社会中存在的社会团体法人。但是应该看到，我国历史上并不缺乏财团的形式：祠产、社会、学租、义仓和众会等慈善组织和财团曾经广泛存在。① 过改革开放后 30 多年的发展，这一状况已经大为改观，② 社会团体和基金会等财团组织已经成为我国社会公共服务体系中一支不可或缺的重要力量，在社会发展的各个方面发挥着不可替代的重要作用。民法总则有必要以社团和财团的理念来对这些社会组织进行类型化规范，以满足其发展需要。鉴于社会团体的概念已经深入人心，民法总则可继续沿用这一传统，另外增加"捐赠法人"概念来涵盖基金会、寺院、个人捐资设立的学校、医院、福利院、文化馆等财团组织。

（七）"民事法律行为"的合法性内涵和"民事行为"概念的设置

大陆法系传统民法理论认为，法律行为是一种以意思表示为要素、旨在发生某种私法效果的法律事实，其本身不包含是否合法的判断。有学者认为《民法通则》对其内涵进行了改造：将法律行为定性为合法行为，是对法律行为内涵的误读，③ 这种改造将导致法律交往的困难，"人为地割裂与大陆法系法律行为

---

① 前南京国民政府司法行政部编：《民事习惯调查报告录》（上册），胡旭晟、夏新华、李交发点校，中国政法大学出版社 2005 年版，第 4～6 页。
② 据民政部发布的《2011 年社会服务发展统计公报》显示：截至 2011 年底，全国共有社会组织 46.2 万个，比上年增长 3.7%（其中，社会团体 25.5 万个，比上年增长 4.0%。民办非企业单位 20.4 万个，比上年增长 3.1%。基金会 2614 个，比上年增加 414 个，增长 18.8%）；吸纳社会各类人员就业 599.3 万人，比上年下降 3.1%；形成固定资产 1885.0 亿元，比上年增长 1.1%；社会组织增加值为 660.0 亿元，比上年增长 24.2%，占第三产业增加值比重为 0.32%；接收社会捐赠 393.6 亿元。
③ 李永军：《民法总论》，中国政法大学出版社 2008 年版，第 177 页。

概念的联系……不利于法律交往"。①

与"法律行为"合法性内涵相匹配,《民法通则》在"法律行为"之前冠以"民事"二字,被认为是对该法颁布前法律行为这一概念频遭滥用现象的妥协。② 同时,用"民事行为"概念取代大陆法系传统上的"法律行为"概念,形成独特的"民事行为——民事法律行为(合法有效的民事行为)"概念体系,与传统大陆法系的"法律行为——合法有效法律行为"概念体系相区别。有学者认为,就实际效果看,我国的"民事行为"概念,就是西方民法中的"法律行为"概念。实际上,"法律行为是合法行为说"并未达到理想的效果,应在未来制定的民法典中予以扬弃,而采纳国际通行的关于法律行为的如下定义:法律行为,是民事主体基于意思表示,设立、变更和终止民事法律关系的行为。③ 因此主张,我们应该回归大陆法系立法传统,放弃"民事行为——民事法律行为"的概念体系,采取"法律行为——合法有效法律行为"概念体系。④

三、民法总则民族性选择

民法是社会生活在法律上的反映,民法典更是对一国生活方式的总结和体现。因此,我们应当从中国的实际情况出发,在借鉴两大法系的经验基础上构建中国特色的民法典体系。

(一)以"自然人"取代"公民"概念,民事立法要注意保护公民权益

有人认为,对于以建设和谐社会为目标的中国而言,不能通过放纵个人主义,先冲垮传统价值体系再说,而是应该在承认集体主义的可取之处的基础上,逐步通过权利的渗入,放松人与人间过于紧密的义务联系,从而令每一个"民法人"居于松紧合适的社会关系网中的合适位置。⑤ 从而认为在民法中保留"公民(自然人)"概念,应该是将来民法典的选择。但是我们应该看到:在我国,"自然人"

---

① 龙卫球:《民法总论》,中国法制出版社 2001 年版,第 479 页。
② 李红润:《论我国未来民法典对法律行为内涵的继受》,《河南教育学院学报》(哲学社会科学版)2012 年第 5 期。
③ 王利明、周友军:《民法典创制中的中国民法学》,《中国法学》2008 年第 1 期。
④ 张永辉、麻昌华:《民法总则民族性解读》,《贵州民族研究》2014 年第 1 期。
⑤ 张力:《公民、自然人,抑或其他——论俄罗斯民法文化中公民概念的价值取向》,《河北法学》2007 年第 3 期。

概念已经深入人心，《合同法》和《物权法》等法律也相继采用了"自然人"概念。民法总则应该在考虑这种现实的基础上采用"自然人"概念，同时，兼顾立法发展趋势，在立法中加强公民保护理念的贯彻。①

（二）保持法人有限责任内涵，承认"其他组织"的第三类民事主体地位

法人有限责任学说在我国已经被理论和实务界广为接受，民法总则应该沿用这一理论传统，同时承认非法人组织的第三类主体地位，来完善我国的民事主体制度。

自法人制度引进中国以后，无论是立法理论研究还是法学教育一致认定法人是能独立承担责任的组织体。尽管有学者提出，这不应成为法人资格的必要条件，但我们不能不考虑法律人的思维定式、不能不考虑我国已初具规模的法律体系，因为一旦改变这种思维，便会引起法律概念以及立法上的混乱。其带来的后果与我们径直承认非法人组织为独立主体的后果相比，成本会更高。

我国民法典应该承认"其他组织"作为"公民（自然人）"和"法人"之外的第三类民事主体。因为一方面，从逻辑上来讲，我国的"法人"制度采取的是法人出资者的有限责任理论，为了给投资者更多的选择，我们必须承认自然人、法人之外的第三类民事主体的地位，也就是合伙等其他非法人组织的主体地位。另一方面，在实践中，随着各类非法人组织的增加，我国先后颁布了《个人独资企业法》《合伙企业法》等单行立法，这无疑是立法对现实应有的回应。② 民法总则应当明确规定非法人组织为第三类民事主体，赋予其民事权利能力和民事行为能力，以消除目前立法上的矛盾现象，确保非法人组织的合法民事权益。

这里的"其他组织"是指介于自然人和法人之间的一切组织。其他组织应经合法成立，有一定组织机构和财产，可以以自己的名义从事相关民事活动的组织，但又不具备法人资格。如合伙企业、个人独资企业、企业集团、非法人公益团体、筹建中的法人等。

---

①② 张永辉、麻昌华：《民法总则民族性解读》，《贵州民族研究》2014年第1期。

(三)放弃"国家政策"、认可"习惯"的民法渊源地位

在我国法律体系已经基本形成的今天,国家政策由于其宏观性、不透明和易变性,不宜再成为我国民法的渊源之一,而应该是制定法律的不可缺少的根据和指南。

在我国现实生活中,习惯作为法律渊源也是客观存在的,比如传统的典权制度,虽然物权法没有对其作出明确规定,但是它一直是广泛存在的出典行为的行为规范。而在少数民族地区,习惯法更是大量存在。习惯对立法的影响可以通过两种途径:一是通过习惯整理,将习惯作为立法的资源,加以取舍。二是赋予习惯民事法律渊源的地位,通过法官的适用来发挥作用。我国《合同法》第 61 条规定:"……可以协议补充;不能达成补充协议的,按照合同有关条款或者交易习惯确定。"《物权法》第 85 条规定:"法律、法规对处理相邻关系有规定的,依照其规定;法律、法规没有规定的,可以按照当地习惯。"应该说,在民事单行法领域我们已经承认了习惯在调整某些法律关系时的法律渊源地位,我国的民法总则有必要承认习惯的法律渊源地位。

(四)"等价有偿"不应再作为民法的基本原则

在《民法通则》制定当时的历史条件下,强调等价有偿原则,对于推动我国的民事立法起到了重要的作用。但在今天看来,商品经济关系只是民法调整的社会关系的一个组成部分,除此之外还有人身关系,而这些社会关系并非都要求等价有偿。因此,从立法的角度讲,未来的民法总则不应该再将"等价有偿"作为民法的一项基本原则。

(五)将"两户"定性为"其他组织",作为第三类民事主体

在决定保留"两户"的立法规定后,对其争议最多的,就是"个体工商户"和"农村承包经营户"的法律地位问题。

就这一问题在立法和实践中一直存在两种认识:一种是认为个体工商户是自然人。《民法通则》将个体工商户置于"公民(自然人)"一章中,将其定位为从事经营活动的自然人;最高人民法院《关于适用中华人民共和国民事诉讼法若干问题的意见》(1992 年)第 46 条规定:"在诉讼中,个体工商户以营业执照上登记的业主为当事人。有字号的,应在法律文书中注明登记的字号。"由此看来,个体工商户在民事诉讼法中不是被作为单位或组织对待的;民事司法

实践中，更多的是按照这一司法解释处理个体工商户的诉讼主体问题：以业主作为当事人。① 另一种是认为个体工商户是独立于业主的单位。2006 年 7 月 10 日由最高人民法院审判委员会第 1393 次会议通过、自 2006 年 10 月 1 日起施行的《最高人民法院关于审理劳动争议案件适用法律若干问题的解释（二）》（法释〔2006〕6 号）第 9 条规定："劳动者与起有字号的个体工商户产生的劳动争议诉讼，人民法院应当以营业执照上登记的字号为当事人，但应同时注明该字号业主的自然情况。"显然，这一司法解释是将个体工商户作为当事人的，从而承认其作为单位的主体地位与当事人资格。司法也发生了相应的变化，出现了将个体工商户作为独立主体对待的情形。②

我国民法典应该在民法总则部分明确个体工商户的法律地位，应该将其认定为自然人、法人之外的第三类民事主体。同样，应以合伙法的原理来设计农村承包经营户的对外对内法律关系，土地承包经营权份额化，理顺农户内部关系。在一定范围内引进有限责任制，如对老、幼、重疾者等无劳动能力者实行有限责任，实行农村承包经营户破产等特殊的有限责任制，减轻农村承包经营户的生产经营风险，促进农业发展。③

（六）完善法人分类方法

对社会组织，区分营利和非营利不同性质，实行分类登记、分类管理，是我国今后社会发展的趋势。为满足这一需要，我国民法总则有必要保留这一分

---

① 在王泽光等诉胡凤芝、南京康澳门诊部、《扬子晚报》社不正当竞争一案中，法院在查明南京康澳门诊部系柯国富设立的个体工商户字号后，明确指出："根据我国相关法律和司法解释，起字号的个体工商户，在民事诉讼中，应以营业执照登记的户主（业主）为诉讼当事人。根据现有证据表明，南京康澳门诊部的组织形式是个人经营，其性质是个体工商户。因此，南京康澳门诊部系该个体工商户的字号，并非适格的民事诉讼主体"，最后裁定驳回了原告的起诉。北京市第一中级人民法院（2003）一中民初字第 6599 号民事裁定书。转引自李友根：《论个体工商户制度的存与废——兼及中国特色制度的理论解读》，《法律科学》（西北政法大学学报）2010 年第 4 期。
② 2008 年 8 月，江苏省东台市香水湾休闲中心（系个体工商户）业主余巧兰因涉嫌容留卖淫被该市公安局取保候审。2008 年 10 月 14 日，东台市公安局以该休闲中心对发生在本单位的卖淫嫖娼活动放任不管、不采取制止措施为由，对其作出行政处罚，决定给予休闲中心罚款 5 万元、并责令停业整顿 15 日的行政处罚。10 月 22 日，东台市公安局将余巧兰涉嫌容留卖淫案移送检察院。12 月 28 日，东台市人民法院做出判处余巧兰有期徒刑 3 年并处罚金 5 万元的判决。余巧兰不服东台市公安局行政处罚决定，提起行政诉讼。东台市人民法院审理认为："休闲中心"可以视为"单位"，被告对休闲中心的行政处罚属于对单位的处罚。被告是在原告涉嫌容留卖淫案移送检察机关前对休闲中心进行的处罚，原告个人承担刑事责任与休闲中心承担行政责任，是两个不同的被罚主体，分别由法院和公安机关适用不同的法律规范做出。参见江苏省东台市人民法院（2009）东行初字第 8 号行政判决书。转引自李友根：《论个体工商户制度的存与废——兼及中国特色制度的理论解读》，《法律科学》（西北政法大学学报）2010 年第 4 期。
③ 沈文朋：《农村承包经营户：从独立民商事主体到适当的有限责任》，《华南师范大学学报》（社会科学版）2012 年第 3 期。

类模式,并继续沿用企业法人概念来统摄营利性组织。

非营利组织经过改革开放后 30 多年的发展,其规模和类型都与立法时大不相同。[①] 社会团体和基金会等财团组织已经成为我国社会公共服务体系中一支不可或缺的重要力量,在社会发展的各个方面发挥着不可替代的重要作用。民法总则有必要以社团和财团的理念来对这些社会组织进行类型化规范,以满足其发展需要。鉴于社会团体的概念已经深入人心,民法总则可继续沿用这一传统来统帅社团法人,另外增加"捐赠法人"概念来涵盖基金会、寺院、个人捐资设立的学校、医院、福利院、文化馆等财团法人。

以此为标准,我国民法总则的法人应该是一种新的四分法,分别是企业法人、机关法人、社会团体法人和捐赠法人。

(七)坚持"法律行为"合法性内涵,完善"民事行为"概念

虽然"法律行为"的合法性内涵有可能是立法者的误读,与大陆法系的概念体系不符,但是,我们应该认识到,立法不能仅追求概念与既定理论的融洽性,也不应为着这种融洽性而去试图改变人们惯常的行为方式,相反而应顺势而为。当"法律行为"的合法性内涵已经在人们的意识中根深蒂固的时候,我们没有必要改弦易辙,只要能够达成共识,就没有必要牵一发而动全身。

所以,我们应该做的是,在顾及"法律行为"合法性内涵已经确立、"民事行为"一词已在我国长期使用这一事实的基础上,参照《合同法》的规定,改造民事行为,将各种影响民事行为效力的事由重新进行评价,并据此确定相应民事行为的效力状态,允许民事主体在合同之外的民事行为领域也能享受充分的私法自治,使"民事行为"概念无论在内涵上,还是在外延上均与"法律行为"实现一致。[②]

[①] 据民政部发布的《2011 年社会服务发展统计公报》显示截至 2011 年底,全国共有社会组织 46.2 万个,比上年增长 3.7%;(其中,社会团体 25.5 万个,比上年增长 4.0%。民办非企业单位 20.4 万个,比上年增长 3.1%。基金会 2614 个,比上年增加 414 个,增长 18.8%)吸纳社会各类人员就业 599.3 万人,比上年下降 3.1%;形成固定资产 1885.0 亿元,比上年增长 1.1%;社会组织增加值为 660.0 亿元,比上年增长 24.2%,占第三产业增加值比重为 0.32%;接收社会捐赠 393.6 亿元。

[②] 参见张永辉、麻昌华:《民法总则民族性解读》,《贵州民族研究》2014 年第 1 期。

第七部分 物权法的民族性解读

《民法典》编纂中的法律资源选择课题具有内容庞大、知识体系精细、法律资源历史性突出等鲜明特征,包括民法体系中民法总则、物权法、债权法侵权责任法、婚姻继承法等内容。本课题所承担的社会调研和社会访谈工作的主要任务就是发现这些问题所具有的民族性和国际性特征,深入到民间大众掌握第一手的实践材料,发掘这些问题与历史以及世界的联系,以期为中国特色服务人民的《民法典》的编纂贡献微薄之力。我们作为项目组成员主要负责物权法部分,在深入民间田地的前提下收集到了物权法中的宝贵的第一手资料。在调研过程中不但收获了成功也发现了问题,为以后课题组的调研完善积累了经验。

一、调研工作概况

此次调研工作可以用"全面""客观"来概括。首先在调研地区的选择上,兼顾了山区和平原的结合,南方省份和北方省份的结合,调研的地区基本上涵盖了全国范围。调研地区既包括江南地区又包括黄河流域地区,黄河流域的调研地区选择在了上游省份山西省和中下游省份河北省;长江流域选择在了中游的湖北省以及中下游的安徽省,珠江流域选择在了广东省。河北省的调研工作选择在了人口比较密集的衡水地区和沧州地区,这两个地区是位于河北省东南部,为传统的农业地区;湖北省是全国比较大的省,因此选择了洪湖、荆州、十堰、襄樊、黄石、大冶六个地区;安徽省的调研主要集中在工业经济发达的铜陵地区,广东省的调研包括潮州和惠州两个地区,而山西省选择在了晋中地区。其次,调研形式的多样性和灵活性相结合,力图做到客观而全面,此次调研有两个中心任务,一是完成调研问卷所设计的问题,二是就相关问题社会访谈。所以针对工作任务的不同,调研采取了发放问卷和访谈笔录两种形式,关键是要搜集到这些地区在贯彻《物权法》实施过程中所存在的问题，寻求本地区的民族习惯与现代法律规定相异之处。我们利用暑期两个月时间走访了河北省的衡水和沧州两个地区的四县5村，湖北省的上述六地区以及安徽省的铜陵地区，调研工作在当地县乡镇政府和村民的积极配合下进展顺利，此地调研共发放调研问卷420份，收回有效问卷420份，在三省的分配分别为：河北省发出调研问卷100份，收回100份、在湖北省发出调研问卷200份，收回有效问卷200份、安徽省发出30份调研问卷，收回有效问卷30份、广东省发出有效调研问卷20份，收回20份、山西省发出调研问卷100份成功收回100份；在村民、村委会、乡镇政府土地部门和派出所以及基层法院等完成30份社会访谈笔录。最后在调研和走访的对象上体现出了全面性，因为此次调研和访谈针对的是发现当地在物权法领域的民族性问题，历史性突出，所以调研的对象必须是对当地历史问题和民风民俗了解的人，年龄集中在36岁至80岁的中老年，既包括暂时回家探亲的外出务工人员和一直靠农业种植为生者，采取问卷自发填写和解释访谈相结合的方式，所以总体讲这次调研工作做到了客观和全面。问卷的内容基本上反映了五省的当地实情，另外访谈的对象涉及面更为广泛，包括当地的基层法院、县、镇乡级政府，以及村委会组成人员等。

问卷中物权法部分主要包括动产和不动产的交付方式、典权、农村宅基地以及农村土地利用如坟地占用土地问题。通过调研和访谈收到了第一手资料，了解和掌握了五省十二地区对上述问题的特殊的规定，也获悉了当地在这些问题上存在的特别之处。

调研于7月24日在河北省衡水地区的武邑县紫塔乡大张北雀村拉开帷幕，历时一天共完成10份调研问卷；又与8月17日和8月18日在紫塔乡谷村完成20份调研问卷，8月17日至8月24日在紫塔乡政府和所辖村村委会完成7份关于宅基地和相邻关系问题的访谈笔录；7月27日、7月28日在河北省衡水地区枣强县马郎村完成20份调研问卷，8月1日在景县彭村完成调研问卷20份；8月26日、27日和28日在沧州地区的吴桥县满庄村完成30份调研问卷和3份访谈笔录。湖北省六地区和安徽省的调研进展亦进展顺利。调研完成后我们就上述调研问卷所涉问题的选项进行了统计和分析，河北省（包括衡水地区和沧州地区）、湖北省（包括荆州地区、洪湖地区、襄樊地区、大冶地区和十堰地区）、安徽省铜陵地区、广东省惠州和潮州地区、山西省晋中地区及全国汇总表的调研统计分析数据及全国汇总表分别见如下六个表格：

问卷内容	问卷情况	衡水地区 70 份						沧州地区 30 份		河北省总计 100 份	
		武邑县 30 份		枣强县 20 份		景县 20 份		吴桥县 30 份			
交付动产	标记	0 份	0	0 份	0	0 份	0	0 份	0	0 份	0
	双方直接交接	6 份	20%	0 份	0	3 份	15%	11 份	36.67%	20 份	20%
	找中间人交接	24 份	80%	19 份	95%	18 份	90%	19 份	63.33%	80 份	80%
	其他形式	0 份	0	1 份	5%	0 份	0	0 份	0	0 份	0
不动产如房屋买卖的形式	到房产部门办登记	5 份	16.67%	3 份	15%	4 份	20%	4 份	13.33%	16 份	16%
	中间人保证签字	16 份	53.33%	14 份	70%	14 份	70%	19 份	63.33%	63 份	63%
	谈好就可，不需其他手续	6 份	20%	3 份	15%	2 份	10%	7 份	23.33%	18 份	18%
	交钥匙为准	3 份	10%	0 份	0	0 份	0	0 份	0	3 份	3%
宅基地是否可以出租	可以，但只租给本村村民	8 份	26.67%	1 份	5%	8 份	40%	5 份	16.67%	22 份	22%
	可出租给任何人	6 份	20%	0 份	0	0 份	0	0 份	0	6 份	6%
	不可以出租	12 份	40%	18 份	90%	12 份	60%	22 份	73.33%	64 份	64%
	不清楚	4 份	13.33%	1 份	5%	0 份	0	3 份	10%	8 份	8%
房屋是否可以出典	可以，典期双方自由约定	5 份	16.67%	1 份	5%	1 份	5%	1 份	3.33%	8 份	8%
	可以，典期固定为 1 年	8 份	26.67%	0 份	0	1 份	5%	0 份	0	9 份	9%
	不可以	3 份	10%	0 份	0	1 份	5%	6 份	20%	10 份	10%
	不清楚	14 份	46.67%	19 份	95%	17 份	85%	23 份	76.67%	73 份	73%
土葬所占用土地	村有公共墓地	9 份	30%	18 份	90%	12 份	60%	15 份	50%	54 份	54%
	使用村里荒地	2 份	6.67%	0 份	0	0 份	0	6 份	20%	8 份	8%
	自己承包地	4 份	13.33%	1 份	5%	0 份	0	3 份	10%	8 份	8%
	向其他承包人有偿讨地	18 份	60%	2 份	10%	11 份	55%	8 份	26.67%	39 份	39%

问卷情况\问卷内容		荆州地 52 份		黄石地区 30 份		十堰地区 20 份		洪湖地区 38 份		襄樊地区 30 份		大冶地区 30 份		湖北省共计 200 份	
	标记	1 份	1.92%	0 份	0	0 份	0	1 份	2.63%	0 份	0	7 份	23.3%	9 份	0.5%
交付动产	双方直接交接	41 份	78.9%	15 份	20%	14 份	70%	22 份	57.9%	22 份	73.3%	19 份	63.3%	133 份	66.5%
	找中间人交接	9 份	17.3%	16 份	53.3%	4 份	20%	14 份	36.9%	15 份	50%	2 份	0.7%	60 份	30%
	其他形式	5 份	9.62%	0 份	0	2 份	10%	1 份	2.63%	0 份	0	2 份	0.7%	10 份	5%
不动产买卖的形式	到房产部门办登记	42 份	80.8%	16 份	53.3%	19 份	95%	27 份	71.1%	3 份	10%	8 份	26.7%	115 份	57.5%
	中间人保证签字	4 份	7.69%	9 份	30%	0 份	0	5 份	13.2%	3 份	10%	17 份	56.7%	38 份	19%
	谈好就可，不需其他手续	2 份	3.85%	8 份	26.7%	1 份	5%	7 份	18.4%	16 份	53.3%	0 份	0	34 份	17%
	交钥匙为准	5 份	9.62%	1 份	3.33%	0 份	0	1 份	2.63%	9 份	30%	5 份	16.7%	21 份	10.5%
宅基地是否可以出租	可以，但只租给本村村民	3 份	5.77%	7 份	23.3%	3 份	15%	7 份	18.4%	11 份	36.7%	0 份	0	31 份	15.5%
	可出租给任何人	3 份	5.77%	0 份	0	2 份	10%	40 份	10.5%	7 份	23.3%	7 份	23.3%	59 份	29.5%
	不可以出租	29 份	55.8%	18 份	60%	9 份	45%	23 份	60.6%	17 份	56.7%	18 份	60%	114 份	57%
	不清楚	17 份	32.7%	5 份	16.7%	5 份	25%	3 份	7.89%	9 份	30%	5 份	16.7%	44 份	22%
房屋是否可以出典	可以，典期双方自由约定	13 份	25%	5 份	16.7%	9 份	45%	9 份	23.7%	26 份	86.7%	3 份	10%	65 份	32.5%
	可以，典期固定为 1 年	10 份	19.2%	0 份	0	2 份	10%	1 份	2.63%	6 份	20%	5 份	16.7%	24 份	12%
	不可以	8 份	15.4%	1 份	3.33%	5 份	25%	19 份	50%	0 份	0	12 份	40%	45 份	22.5%
	不清楚	21 份	40.4%	24 份	80%	5 份	25%	9 份	15.8%	3 份	10%	10 份	30%	72 份	36%
土葬所占用土地	村有公共墓地	25 份	48.1%	9 份	30%	8 份	4%	5 份	13.2%	11 份	36.7%	11 份	36.7%	69 份	34.5%
	使用村里荒地	8 份	15.4%	18 份	60%	1 份	5%	6 份	15.8%	1 份	3.33%	6 份	20%	40 份	20%
	自己承包地	7 份	13.5%	0 份	0	10 份	50%	19 份	50%	3 份	10%	11 份	36.7%	50 份	25%
	向其他承包人有偿讨地	12 份	23.1%	3 份	10%	2 份	10%	8 份	21.1%	14 份	46.7%	2 份	0.7%	41 份	20.5%

问卷内容 \ 问卷情况		铜陵地区 30 份		安徽省共计 30 份	
交付动产	标记	0 份	0	0 份	0
	双方直接交接	13 份	43.33%	13 份	43.33%
	找中间人交接	6 份	20%	6 份	20%
	其他形式	1 份	3.33%	1 份	3.33%
不动产如房屋买卖的形式	到房产部门办登记	26 份	86.67%	26 份	86.67%
	中间人保证签字	1 份	3.33%	1 份	3.33%
	谈好就可，不需其他手续	2 份	6.67%	2 份	6.67%
	交钥匙为准	3 份	10%	3 份	10%
宅基地是否可出租	可以，但只租给本村村民	6 份	20%	6 份	20%
	可出租给任何人	4 份	13.33%	4 份	13.33%
	不可以出租	16 份	53.33%	16 份	53.33%
	不清楚	4 份	13.33%	4 份	13.33%
房屋是否可以出典	可以，典期双方自由约定	10 份	33.33%	10 份	33.33%
	可以，典期固定为 1 年	0 份	0	0 份	0
	不可以	6 份	20%	6 份	20%
	不清楚	14 份	46.67%	14 份	46.67%
土葬所占用土地	村有公共墓地	13 份	43.33%	13 份	43.33%
	使用村里荒地	6 份	20%	6 份	20%
	自己承包地	5 份	16.67%	5 份	16.67%
	向其他承包人有偿讨地	6 份	20%	6 份	20%

问卷内容 \ 问卷情况		晋中地区 100 份		山西省共计 100 份	
交付动产	标记	1 份	1%	1 份	1%
	双方直接交接	56 份	56%	56 份	56%
	找中间人交接	28 份	28%	28 份	28%
	其他形式	16 份	16%	16 份	16%
不动产如房屋买卖的形式	到房产部门办登记	11 份	11%	11 份	11%
	中间人保证签字	31 份	31%	31 份	31%
	谈好就可，不需其他手续	53 份	53%	53 份	53%
	交钥匙为准	5 份	5%	5 份	5%
宅基地是否可出租	可以，但只租给本村村民	21 份	21%	21 份	21%
	可出租给任何人	10 份	10%	10 份	10%

续表

问卷内容	问卷情况	晋中地区 100 份		山西省共计 100 份	
宅基地是否可出租	不可以出租	12 份	12%	12 份	12%
	不清楚	57 份	57%	57 份	57%
房屋是否可以出典	可以，典期双方自由约定	25 份	25%	25 份	25%
	可以，典期固定为 1 年	0 份	0	0 份	0
	不可以	6 份	6%	6 份	6%
	不清楚	69 份	69%	69 份	69%
土葬所占用土地	村有公共墓地	9 份	9%	9 份	9%
	使用村里荒地	2 份	2%	2 份	2%
	自己承包地	46 份	46%	46 份	46%
	向其他承包人有偿讨地	43 份	43%	43 份	43%

问卷内容	问卷情况	惠州地区 10 份		潮州地区 10 份		广东省 20 份	
交付动产	标记	1 份	10%	0 份	0	1 份	5%
	双方直接交接	7 份	70%	3 份	30%	10 份	50%
	找中间人交接	2 份	20%	6 份	60%	8 份	40%
	其他形式	0 份	0	1 份	10%	1 份	5%
不动产如房屋买卖的形式	到房产部门办登记	4 份	40%	8 份	80%	12 份	60%
	中间人保证签字	5 份	50%	1 份	10%	6 份	30%
	谈好就可，不需其他手续	0 份	0	0 份	0	0 份	0
	交钥匙为准	1 份	10%	1 份	10%	2 份	10%
宅基地是否可出租	可以，但只租给本村村民	2 份	20%	0 份	0	2 份	10%
	可出租给任何人	2 份	20%	9 份	90%	11 份	55%
	不可以出租	4 份	40%	0 份	0	4 份	20%
	不清楚	2 份	20%	1 份	10%	3 份	15%
房屋是否可以出典	可以，典期双方自由约定	3 份	30%	7 份	70%	10 份	50%
	可以，典期固定为 1 年	0 份	0	1 份	10%	1 份	5%
	不可以	0 份	0	1 份	10%	1 份	5%
	不清楚	7 份	70%	1 份	10%	8 份	40%
土葬所占用土地	村有公共墓地	9 份	90%	6 份	60%	15 份	75%
	使用村里荒地	1 份	10%	1 份	10%	2 份	10%
	自己承包地	0 份	0	0 份	0	0 份	0
	向其他承包人有偿讨地	0 份	0	3 份	30%	3 份	15%

问卷情况 问卷内容		河北省 100 份		湖北省 170 份		安徽省 30 份		广东省 20 份		山西省 100 份		全国共计 420 份	
交付动产	标记	0 份	0	9 份	0.5%	0 份	0	1 份	5%	1 份	1%	11 份	2.62%
	双方直接交接	20 份	20%	133 份	66.5%	13 份	43.33%	10 份	50%	56 份	56%	232 份	55.24%
	找中间人交接	80 份	80%	60 份	30%	6 份	20%	8 份	40%	28 份	28%	182 份	43.33%
	其他形式	0 份	0	10 份	5%	1 份	3.33%	1 份	5%	16 份	16%	28 份	6.67%
不动产如房屋买卖的形式	到房产部门办卷登记	16 份	16%	115 份	57.5%	26 份	86.67%	12 份	60%	11 份	11%	180 份	42.86%
	中间人保证签字	63 份	63%	38 份	19%	1 份	3.33%	6 份	30%	31 份	31%	139 份	33.1%
	谈好就可，不需其他手续	18 份	18%	34 份	17%	2 份	6.67%	0 份	0	53 份	53%	107 份	25.48%
	交钥匙为准	3 份	3%	21 份	10.5%	3 份	10%	2 份	10%	5 份	5%	34 份	8.1%
宅基地是否可出租	可以，但只租给本村村民	22 份	22%	31 份	15.5%	6 份	20%	2 份	10%	21 份	21%	82 份	19.52%
	可出租给任何人	6 份	6%	59 份	29.5%	4 份	13.33%	11 份	55%	10 份	10%	90 份	21.43%
	不可以出租	64 份	64%	114 份	57%	16 份	53.33%	4 份	20%	12 份	12%	210 份	50%
	不清楚	8 份	8%	44 份	22%	4 份	13.33%	3 份	15%	57 份	57%	116 份	27.62%
房屋是可以出典	可以，典期双方自由约定	8 份	8%	65 份	32.5%	10 份	33.33%	10 份	50%	25 份	25%	118 份	28.1%
	可以，典期固定为 1 年	9 份	9%	24 份	12%	0 份	0	1 份	5%	0	0	34 份	8.1%
	不可以	10 份	10%	45 份	22.5%	6 份	20%	1 份	5%	6 份	6%	68 份	16.19%
	不清楚	73 份	73%	72 份	36%	14 份	46.67%	8 份	40%	69 份	69%	236 份	56.19%
土葬所占土地	村有公共墓地	54 份	54%	69 份	34.5%	13 份	43.33%	15 份	75%	9 份	9%	160 份	38.1%
	使用村里荒地	8 份	8%	40 份	20%	6 份	20%	2 份	10%	2 份	2%	58 份	13.81%
	自己承包地	8 份	8%	50 份	25%	5 份	16.67%	0 份	0	46 份	45%	109 份	25.95%
	向其他承包人有偿讨地	39 份	39%	41 份	20.5%	6 份	20%	3 份	15%	43 份	43%	129 份	30.71%

以上数据显示，在河北省动产交付主要采取双方直接交接、找中间人做保证人和见证人的方式，其中80%的人认为找中间人交接更为安全和合理。而通过对湖北省荆州、洪湖、襄樊、十堰、大冶及黄石地区200人的调研发现，在湖北省动产交付中有133人支持由买卖双方当事人直接交接，占到了66.5%，60人认为找中间人做见证人交接，占到了30%。安徽铜陵地区的调研反映出在此地区对于动产交付方式与湖北地区相似，亦实行双方直接交接，占调研总数的43.33%。广东省调研中支持双方直接交接的占到了50%，为动产交付的主要方式。山西省的调研情况反映出来的情况和广东省相似，有56%的人认为动产交付方式为直接交付。对于不动产如房屋的买卖其交付形式却多样化，在湖北省地区57.5%、安徽铜陵地区86.67%、广东省60%的被调研者支持房屋所有权移转应到房产部门办理登记，而河北省衡水地区和沧州地区的调研显示，这两地区对于不动产交付方式和我国物权法的规定出入比较大，只有16%的人认为应该采取我国法律规定的方式到房产部门办理房产登记，而63%的农村人仍采取世代相传的方式采取找中间人做保证的方式买卖房屋，18%的人认为房屋买卖和其他动产买卖没有什么本质的区别，他们遵循着朴素的信用原则，认为只要双方谈好就可以了，3%的人认为房屋买卖的关键形式就是拿到钥匙，只要钥匙拿到了房屋所有权就是自己的了。在山西省这一古朴的思想更为突出，有57%的被调研者认为不动产所有权的移转不需要其他手续，只要双方谈好就行了。通过对五省的调研发现对于宅基地是否可出租问题，在河北省、安徽省和湖北省争议不是很大，在河北省的衡水地区和沧州地区认为宅基地不可以用来出租的分别占到了60%和73.33%，湖北省和安徽省铜陵地区支持者分别为56.47%和53.33%，而在广东省对于宅基地出租问题显示不同的结果，有55%的人认为宅基地可以出租，在山西省发现有57%的人不清楚宅基地的出租问题。对于素有中国特色性质的典权问题，在湖北省、河北省和安徽省的调研显示，典权在中国呈现出了逐渐消退的局面。在河北省的衡水地区和沧州地区的部分县村中的调查统计只有总计17%的人支持典权的存在，只是对于典期的期间规定不同而已，而近73%的被调研人员不知道典权的存在，10%的人认为典权的存在具有不合理之处，房屋是不可以出典的。在湖北省和安徽省不清楚典权存在的分别占到36.47%和49.67%。广东省40%、山西省69%的人不清楚典权问题。虽然中央已经在全国推行了人去世后火化的政策，但是火化后还是实行土葬，土葬是占用农地，大部分地区已经实行坟地规划制度，在湖北省、河北省、安徽省和广东省划出了专门的公共墓地的比例分别为 34.12%、54%、43.33% 和 75%，占用承包地作为坟地的分别占到 22.94%、39%、20% 和 45%。对五省调研数据总体分析发现，在全国范围内对于动产所有权的移转方式主要采取双方直接交接和找中间人交接的方式，分别占到 55.24% 和 43.33%；不动产所有权移转方式与我国《物权法》等相关法律规定一致，42.86% 的被调研者认为房屋等不动产所有权的移转应到房产部门办理房屋过户登记手续；在农村宅基地是否可以出租向来存在争议，也屡屡出现了实践与立法相矛盾的情形，而调研显示 50% 的被调研者认为宅基地不可以出租；典权这一古老的法律制度随着滚动的历史车轮也逐渐消失，有 56.19% 的被调研者不清楚房屋典权的存在；调研显示在中国广大农村推行火化政策是符合中国农村实际的，火化后再占用耕地现象逐渐减少，五省近 38.1% 划定了专门的墓地。

二、调研内容的民族性表现

（一）物的所有权的转移

根据物理属性上是否可以移动及移动后是否影响其价值，将物分为动产和不动产，在我国《物权法》上动产所有权的转移主要采取交付方式，不动产如房屋和土地采取登记形式。这与世界上其他国家的规定基本一致。

但是在我国历史上，对于动产和不动产的所有权移转方式却与《物权法》的规定迥然不同。对于动产交付方式曾经存在除交付之外的其他特殊方式。买卖双方直接交接为动产转移的一种方式，这与现代《物权法》的规定相似，即民间通说的"一手交钱，一手交货"，钱货交付完毕动产所有权移转，湖北省和安徽省的调研结果与上述方式一致，这种交接方式简便快捷，适应了现代经济生活的特点，在当地成为主要的动产移转方式。除此之外还存在标记形式，标记即为动产所有权转移的一种方式，买卖双方在木头上或者是铁块上烙记号时动产即为交付，所有权移转，而这种古朴的动产移转方式在中国已成为历史，几乎已完全销声匿迹。在中国民间和历史上人们在相互关系中习惯找一个双方都信任过的人作为交易的见证人，中间人或者是在当地具有德高望重的人或者是与交易有关的具有特殊技能的人，中间人除能积极促成交易完成的作用外还具有证约的作用，当双方因交易发生纠纷时习惯找中间人，中间人解决纠纷的建议易被双方接受能快速及时的解决纠纷并能缓解民间矛盾，因此中间人在中国交易的历史舞台上发挥着不可估量的作用。在河北省的衡水和沧州两个地区的调研数据显示，这两个地区在动产的交易上80%的人仍保留着找中间人的习惯，在调研和访谈中发现，这两个地区在牛的买卖上采取独特的形式，在当地存在着牛或者马等牲畜的集中买卖市场，俗称"牲畜市"，这些市场只有在当地的"赶集"时间开放，平时关闭，在"牲畜市场"存在着一批活跃的中间人，在当地这些人被称为"金金"，这些人帮助买卖双方讨价还价，促成买卖的交易顺利完成并在交易成功后提取一定的佣金，佣金由卖方承担，数额不定，由双方协商确定。"金金"先与卖方交涉，在确定好卖价后再去寻求合适的买方，"金金"与买方谈价时采取特殊方式，双方将手握在一起藏在袖口下用手势和手指谈定交易数额。在依靠原始的非机械化农业种植的这些地区，"牲畜市场"曾起到了积极的推动作用，当然随着科技进步和国家科技下乡活动的推行，这些地区目前主要采取机械化种植，依靠牛或者马耕作的局面已经不复存在，"牲畜市场"也依渐消退，昔日风光的活跃的"牲畜市场"亦渐冷清，我们在访谈中曾去了这些曾经的"牲畜市场"，往日的风采已经不在，只有几个曾经用来拴牛的几个日渐腐朽的木桩子证明了它的曾经存在和辉煌。虽然"牲畜市场"和"金金"已经不存在了，但是买卖动产寻求中间人的方式在当地一直延续使用着。

与动产交易相对的是不动产的交易，对于不动产如房屋所有权的移转，我国《物权法》及相关法律均做出了明确规定，房屋所有权的移转必须到房产部门办理过户变更登记手续。湖北省和安徽省坚持贯彻执行着我国上述立法规定。而河北省衡水地区和沧州地区的不动产交易烙上了动产交易的烙印，在民间63%房屋交易采取中间人签字做保证形式，不需要到房产部门登记。据调研了解在这些农村地区并未发生过因为房屋交易发生的纠纷。但是随着城市务工人员的不断增加以及农民生活水平的提高，在当地很多农民开始在镇或者县城买房，这涉及商品房的买卖的问题，16%采取到房产部门办理房屋登记手续。

（二）农村宅基地使用权问题

宅基地使用权，是我国特有的一种用益物权形式，是农民因建设住宅而使用集体土地所形成的土地使用权。《物权法》明确肯定了宅基地使用权对农民的财产意义及物权属性。从规范意义——《物权法》第154条中的"村民"用语——上看，该法所谓"宅基地使用权"仅指农民在农村集体的土地上建造住宅及其附属设施的权利。① 对宅基地使用权是否可以流转问题没有做出明确规定,这在实践中造成了很多问题。这就使我们有必要审视有关法律,结合中国国情在实践中寻找解决途径。

就此次调研访谈的数据显示,对宅基地是否可以出租,在全国三省调研结果基本一致,认为宅基地不可以出租的在被调研者中占到很大的比例,这与我国国家政策及相关立法规定的精神保持一致。但是通过调研和访谈我们发现了一些问题。这些问题在实践中比较凸显,为我国进一步完善宅基地立法具有重要的借鉴作用。如在河北省衡水地区的调研中,支持宅基地出租者和反对宅基地出租者分别占到了40%和60%,支持者认为宅基地只能出租于本村村民,而在沧州地区的吴桥县分别为22%和64%。

(三) 不动产相邻关系

相邻关系是指两个或者两个以上的相互毗邻的不动产的所有权人和使用权人之间因为不动产相邻而产生的给予便利和受到限制的权利和义务关系,我国《民法通则》和《物权法》均有相邻关系的规定。本着有利于生产、方便生活、团结互助、公平合理的精神处理相邻关系。因土地和房屋相邻而产生的诸如流水、采光、通行等早在我国立法之前已经在民间长期存在。

通过此次调研的访谈发现,相邻关系在河北省衡水地区和沧州地区的存在是毫无争议的。但是农民对于相邻关系的称谓却反应不同,有近70%的被调研者不清楚何谓"相邻关系",但是对相邻关系所包含的内容却非常了解,民间也存在关于流水、通行采光等相邻关系的习俗。村民因为相邻关系引起的排水、通行等纠纷也普遍存在。我们在访谈笔录中有详细的内容记载。在武邑县紫塔乡存在着祖辈承袭的"压东不压西"习俗。即相邻农户之间盖房子时,东边的房子不能比西边的房子高。因此紫塔乡的大部分村庄的相邻房子都是东低西高。这一习俗在当地村民间长期存在着,但是没有相关政策的规定,村民间发生了相关的纠纷时,村委会和乡政府一般也是依据民间传统调解解决,在房子还未完全施工完毕时尽量遵循民间习俗,如果因为房子已经建成则采取经济补偿或者道歉的方式解决。

---

① 参见陈小君:《农村土地制度的物权法规范解析(下)——学习〈关于推进农村改革发展若干重大问题的决定〉后的思考》,《法商研究》2009年第1期。

(四）典权的存废

典权是中国一项古老的传统制度，以其特有的便民功能在中国存续近千年，指占有、使用、收益他人不动产的一种物权。占有他人不动产而享有使用收益权利的一方为典权人；收取典价而将自己的不动产交典权人占有、使用、收益的一方为出典人。在中国承认以房屋作为典权标的物。早在汉晋时期就出现典质，后来又陆续出现典当，典质，典卖并行。大概在南北朝时期初步形成了典权的雏形，宋元明时期是典权制度发展的重要时期，典制首次被载入法典并得以向广大地区推行。清朝至民国时期典权制度得到了进一步的发展，1986 年全国人大通过的《中华人民共和国民法通则》没有收入典权制度。典权制度日渐淡出人们的视野。

（五）坟地占用耕地问题

中国有近 70% 的人生活在农村，在农村一直保持着"人死后入土为安"的传统思想，因此坟地问题成为我国土地立法中亟须解决的一个关键性问题。近年来国家已经出台了政策法规，明确规定禁止墓地占用耕地，但是坟地占用耕地的现象在某些农村依然十分严重，大片优质的耕地变成了故去人的坟包，目前我国在农村推行尸体火化政策，并在村划出了专门的"异地"集中为坟场占用地，这些"异地"一般都是村里未开垦的荒地，目的就是减少占用耕地这一现象。

调研发现在河北省衡水地区和沧州地区被调研的四个县中上述国家政策贯彻的比较好，近 54% 的被调研者承认村已经有了专门的坟地用地。但是仍有 39% 的人认为人死后应入祖坟从而产生了有偿占用他人耕地问题。在湖北省六地区、安徽铜陵地区和广东省惠州地区和潮州地区亦划出了专门的坟地，但是这并没有完全杜绝坟地占用耕地现象，坟地占用承包地的情况现实存在着，占到了近 56.66%，这是一个不容忽视的社会问题，这种情况在山西省晋中地区尤为突出。我们在五省与当地村民的访谈过程中发现有以下原因造成：一是历史原因，在中华人民共和国成立初期中国农村地区并没有推行尸体火化政策，在"守祖"的传统观念支配下，形成了同一宗族占用同一片坟地的现状，如果一个宗族的长辈的坟地在现有的农村承包地中，那么晚辈去世后自然的要进祖坟守孝了。并且中国农村向来流行着坟头大家火旺的迷信思想，因此人死后坟地占用了大面积的农村耕地；二是思想原因，风水之说自古就有，是地理位置等自然因素和社会因素的综合，在农村，在选择安葬的地方，风水是头等大事。不但要阳光好还要依山傍水，那肯定是上乘的耕地了，耕地和坟地相互冲突，矛盾凸显。目前农村人口占全国大多数，要保护农村耕地首先必须解决好农村坟地占用耕地问题，这也是立法者在将来的立法中不得不认真思考的一个现实问题。

（六）土地承包经营权的流转

农民享受的土地承包经营权是其农业收入的基础，随着农民进城务工等其他情况的出现，农民与土地的联系逐渐疏远，他们开始寻求土地承包经营权的流转。而我国2003年的《农村土地承包法》却在农村土地承包经营权的流转上设定了两道关卡：其一表现在第37条规定："采取转让方式流转的，应当经发包方同意。"其二关于流转主体的限定，规定土地承包经营权转让后的受让主体即受让方是从事农业生产经营的农户。河北省是一个农业大省，国民经济主要依靠农业收入，在衡水地区和沧州地区的调研中发现，这两个地区部分被调研县已经制定了有关农村土地承包经营权流转的相关政策，一方面赋予了农民流转的自由权、另一方面也扩大了承包经营权的受让主体，土地承包经营权的流转解放了农民，保证了农民在拥有土地承包经营权的同时赋予了农民自由权，农户之间相互协商承包经营权的流转，不但给予了农民更多的自由和选择权，还在一定程度上缓解了农村土地抛荒现象，提高了农地的利用率，保证了我国18亿亩耕地红线。

我们通过调研发现在衡水地区的武邑县和饶阳县土地流转的灵活性推动了当地经济进一步发展，同时也催生了农村的"上班族"。武邑县紫塔乡的大张北雀村是一个农业种植大村，乡镇政府加大力度依靠党的好政策，依据土地承包经营权流转的合法性推行大规模种植，鼓励科技种植。来自东北大兴安岭地区的赵春活一家承包了大张北雀100亩的农田，承包期为20年，赵先生自承包土地后自己打了水井，原来被大张北雀村村民称为"薄地"的近百亩农地为赵春活一家创造了近15万的年收入。赵春活的大规模种植不但富裕了自己，同时还带动了当地农民收入的提高，周边村庄的农民前来上班，每天工资40元至50元不等。谷村41岁村民窦丽环、郑秀娥提到每天的工作笑得合不拢嘴，"每天工作八小时，月收入1000多元，在村边上轻轻松松就能把活干完，还不耽误自己农活，在自己家门口就能把钱挣了，感觉比城市人还幸福。"

枣强县的马郎村是一个普通的农业村，多年以来村民主要依靠农业种植为生,自绿色蔬菜种植技术推广服务有限公司通过土地流转的形式,在马郎村投资建厂,租下了近 1000 亩土地,建成了绿色蔬菜种植技术推广基地,农民不但得到了土地租金还成为公司的"上班族"。近 70 户村民来此公司上班,主要负责瓜果的施肥、浇水和杀虫,月收入 1150 元,实现了在家门口领工资,转地但不失业,收入有保障。目前武邑县和枣强县已经成功流转土地一万多亩,涌现农民"上班族"近五千人。紫塔乡政府负责人表示,以后还要流转更多的土地引进更多的优势企业和人才,推动当地经济的大力发展。

三、物权法立法中的民族性选择

通过对以上调研数据和调研内容以及访谈笔录的分析,发现在被调研的河北省衡水地区和沧州地区存在着许多与现行法律规定不一致的地方,这些差异性的规定来自于历史民间传统,有其特殊的民族性和地域性。在《民法典》的编纂中应予以考虑。在所有权的取得方式上,我国《物权法》只规定了动产交付、不动产登记的转移方式,但是在部分地区存在着本地区更为简洁也更易于被接受的其他转移方式,如在河北省一直推行着中间人做保证人的交付形式;随着进城务工人员队伍的扩大,一方面,农村宅基地空闲问题日渐突出,为了充分利用农村土地应在一定程度上适度放开农村宅基地流转;另一方面农民与承包的土地逐渐疏远,为了保证我国农业产量,应灵活放开农村土地承包经营权的流转,赋予农民更多的流转自由权,扩大受让的主体,实践证明这种方式产生了积极的社会效应;典权因其中国传统认为变卖祖产,仍败家之举,足使祖宗蒙羞,为众人所不齿已消失在人们的视野之外,其积极的社会功能逐渐被其他相似的法律制度所取代;坟地占用农地问题应亟须立法完善,实践证明在农村推行火化和实现坟地专用地制度起到了一定的社会作用,应严格立法杜绝占用耕地这一现象。消除人们的旧风俗,旧观念。针对上述的调研情况,具体分析如下:

(一)物的所有权的移转

目前我国相关法律对动产或者不动产的所有权的移转做出了明确的规定,我国《物权法》第 9 条规定:"不动产物权的设立、变更、转让和消灭,经依法登记,发生效力;未经登记,不发生效力,但法律另有规定的除外。"第 23 条就动产的所有权移转做出了规定："动产物权的设立和转让，自交付时发生效力，但法律另有规定的除外。"因此，根据《物权法》及大陆法系国家相关的物权法理论，不动产所有权的移转主要采取了登记主义，根据不动产性质的不同，具体分为登记生效主义和登记对抗主义，无论是哪种主义，登记为不动产所有权移转的主要方式。不动产的所有权自通过我们调研访谈的感受，我们认为，到房产部门办理登记过户手续的形式仍很难超越当地流行的中间人作保的方式。在农村地区房屋等不动产交易找中间人作保的方式将在一定时期内长期存在。并且在我国广大农村地区，房屋主要承担了村民居住而不是融资的功能，因此要求村民在房屋所有权移转时均需到房产部门办理登记手续是不现实的，因此在《民法典》编纂过程中如何协调在农村地区存在的这种方式也是立法者面对的一个严峻的难题。

（二）农村宅基地使用问题

总体讲在河北省不支持宅基地出租的占到了大部分，但是我们进一步了解到，不支持宅基地出租者却认为宅基地可以买卖，这种买卖是通过宅基地上的房屋的买卖实现的，农民这种认识与我国"房地一体"的规定不谋而合。在将来的立法中应对宅基地的流转方式做出明确规定，正确界定宅基地的出租与出卖效力是立法完善的一个关键环节。在农村，宅基地使用权的流转存在一定的社会基础，目前我国法律规定也为宅基地使用权的流转留下了发展空间。《土地管理法》第62条第4款规定农村村民出卖、出租住房后，再申请宅基地的，不予批准。这从另一个角度说明宅基地使用权是可以出租、出卖的。如果不允许农民利用宅基地使用权抵押、出资，也就减少了农民的融资手段，限制了外部资金进入农村内部，束缚了农民自主发展的手脚，不利于农村经济的发展，也会造成农村土地和城市土地"同地不同权"。但是农村土地有其特殊性，一旦处理不妥就会造成难以弥补的社会问题，这已成为不少国家的历史教训。在宅基地使用权流转问题上我们应当采取循序渐进的办法，一方面在农地权利体系构建中建立农村宅基地有偿使用制度，这既是宅基地使用权作为用益物权的必然表现，也有利于集体资金的筹集，且有助于提高土地的利用效率，农村宅基地有偿使用还是宅基地使用权有序流转的必要条件，另一方面加强国家宏观调控作用，规范和引导农民集体利用土地进行活动。可以创建类似于国有土地有偿出让制度，在保留土地所有权的前提下，要求进行商业化利用的农户办理必要的商业化利用手续，并补交一定的费用。为此，必须改革农村宅基地使用权的流转制度，健全土地利用规划和农村宅基地使用权管理体制，从而使农村宅基地使用权与城市建设用地使用权被同等对待，还农村宅基地使用权于应有的法律地位。

（三）不动产相邻关系

不动产相邻关系，在我国立法中就处理不动产相邻关系的原则做出了具体规定，《物权法》第七章就此问题做了专章规定，第 84 条规定："不动产的相邻权利人应当按照有利生产、方便生活、团结互助、公平合理的原则，正确处理相邻关系。"而第 85 条的规定："法律、法规对处理相邻关系有规定的，依照其规定；法律、法规没有规定的，可以按照当地习惯。"这为司法实践中法院处理具体案件纠纷提供了一个可自由裁量的法律依据，因为，相邻关系是一个关乎地方民众安定团结的一个重要制度，在案件的具体处理中，应充分地考虑到民众的接受程度并应照顾到民众的情绪。

（四）典权的存废

对于典权在我国法律中是否明确，学界的观点不一，在制定《物权法》时对于典权存废在法学界曾展开了激烈的讨论，典权曾在《物权法》的二次审议稿中出现。

典权是否入典又成为当今的热点问题。学者主要基于以下几个方面的原因认为典权应该在立法中明文规定。首要的原因是民族文化因素。典权是中国特有的法律制度，在中国历史上曾存续近千年，具有深厚的民族性和本土性，在立法中规定典权是尊重民族文化的表现，更易于为广大人民群众所接受；其次是典权本身的功能性所决定的。典权具有社会融资和担保的功能，其既可保证不丧失对不动产的所有又可以获得融资资金，具有简便快捷的功能；第三即现实需求，我国地域辽阔，各地民族习惯不同，因典权引起的法律纠纷不在少数，因此国家应加强立法促使纠纷的解决。第四是经济发展的需求，目前我国国民收入增加，很多居民已经步入小康生活，除了解决基本的居住之外开始投资房地产，很多居民已经拥有不止一套的商品性住房，如果允许在房屋上设定典权则可避免出租或者委托他人代管之麻烦。[①] 而反对典权立法的学者针对上述理

---

① 参见张新宝：《典权存废论》，《法学杂志》2005 年第 5 期。

由提出了反驳意见,首先是对于民族习惯的尊重问题。我们在制定法律的时候固然要考虑民族习惯,但是并不是任何的民族习惯我们都不加改变的予以承袭,我们要本着"取其精华,去其糟粕"的精神正确的看待民族习惯。典权在我国历史上曾担当了一个"有辱祖业,败家败族"的罪名,随着现代经济的发展和人们生活观念的改变,典权的存在已无必要。其次,典权的融资担保功能完全可以被现代的其他法律制度所替代。再次,随着法律的全球化和国际化的加强,我们应努力和世界其他国家的法律接轨,典权亦应被废止。最后典权引起的纠纷毕竟只是个案,我们不能因为个案而单独立法,这些纠纷完全可以通过最高法院的司法解释予以解决。

我们认为,典权的存在在中国已逐渐丧失其存在的经济、社会、历史和文化等基础。典权的传统功能逐渐被担保、抵押等其他的法律制度所取代,并且人们对房屋买卖观念的改变,买卖房屋不再是败家之举,房屋作为典权融资担保的功能已失去经济和社会基础;典权本身表现出来的双方不平等性等固有缺陷也决定了其与现代民法观点的格格不入。我们在河北省衡水地区和沧州地区的调研中发现73%的被调研对象不知何谓典权,湖北省和安徽省不清楚何谓典权的被调研者亦占多数,全国范围16.33%的被调研者认为房屋不可以设定典权,49.67%的被调研者不知何谓典权,通过我们进一步解释也只有其中小部分人曾经听说过有这一问题存在过,两项总体比例为66%,远远超过了34%的支持者。通过调研现实典权的相关规定在三省已经不复存在,典权在三省八地区已经成为历史,事实再次证明典权已无存在的必要性。

(五)坟地占用耕地问题

此问题,我国《物权法》并未做出明确规定,而这一问题相比较物权领域的其他问题而言,更为敏感,一旦处理不当,将极大地影响到我国社会的安定团结,造成民众和国家政府之间的敌对情绪的产生。我国曾有因坟地问题处理不妥,群众和政府之间产生冲突的事件发生。因此,此问题应在《民法典》中予以明确规定。

(六)土地承包经营权的流转

农村土地承包经营权流转,一直是我国政府非常关注的一个问题,此问题目前我国相关立法比较成熟了,我国《物权法》确立了农村土地承包经营权的用益物权性质，其中的第 128 条和第 129 条就土地承包经营权的流转做出了明确的规定："土地承包经营权人依照农村土地承包法的规定，有权将土地承包经营权采取转包、互换、转让等方式流转。流转的期限不得超过承包期的剩余期限。未经依法批准，不得将承包地用于非农建设。""土地承包经营权人将土地承包经营权互换、转让，当事人要求登记的，应当向县级以上地方人民政府申请土地承包经营权变更登记；未经登记，不得对抗善意第三人。"

《物权法》是一部中国特色比较浓厚的法律，在修改过程中，哪些规定需要进一步完善、修改是关于民族性资源选择的问题，在修改的过程中，应坚持可适用性原则、科学性原则、时代性原则和普遍性原则。对于先进的民族性资源，如果立法上没有规定，应纳入《物权法》规范中，比如上文中提到的农村宅基地流转问题，在立法上应考虑到广大农村中宅基地流转的特殊性，为了农民权益的最大化保护以及目前我国城镇化的发展，是否可以考虑适当地放开农村宅基地的流转，在《物权法》中规定，宅基地使用权在特殊情形之下的出租和出卖。中性的民族性资源，如果立法上存在的，继续保留，如调研中涉及的不动产相邻关系，《物权法》的相关规定，考虑到了此问题的特殊性，规定特殊情况下，应该特殊适用，在《物权法》中应继续保留；而有些制度，《物权法》未作出规定，比如坟地占用耕地问题，建议修改《物权法》，明确坟地占用何种性质的土地，如果占用耕地，将承担什么样的法律责任，这些都应在立法中明确化，对于典权制度，正如上文我们所论述，在中国大陆已无此制度存在的理论和实践意义，《物权法》不应对此作出规定，这种制度也必将随着社会的发展，逐渐地淡出历史舞台。

第八部分　债法的民族性解读

一、债法规范民族性法律资源的调研概况

债法规范作为民法规范的一个分支，主要是调整人与人之间的财产流动关系，从债法规范产生的根源来看，其植根于人们的现实社会生活，从某种意义

上来说，债法规范即是人们之间财产流动规则在法律上的反映。存在于民族共同体内部的历史中形成的调整财产流动关系的一些传统行为规则，如交易习惯、风俗传统、道德规范等是债法存在的"土壤"。债法规范入典，不仅要将现有具有法律效力的债法规范体系化地融入民法典之中，而且要从债法规范存在的"土壤"出发，将一些具有民族性特色的准债法规范上升为法律规范，从而纳入民法典之中。这是民法典编纂中要体现民族性的客观要求。要将具有债法规范性质的民事习惯、民族性法律资源上升为具有法律效力的债法规范，其前提是要了解和掌握广泛存在于民间社会的规范资源。为此，本课题组成员根据科学性与通俗性、历史性与现代性相结合的原则，围绕准债法规范可能存在的领域，精心设计调查问卷和访谈提纲，并组建专门的调研小组。各调研小组分别于 2011 年、2012 年以集中或者分散的方式，对河北、湖北、安徽、山西、广东、河南、陕西、贵州、云南等省份的广大地区进行了实地调研和访谈。

综合各地的调研情况来看，就债法规范民族性法律资源存在的现状而言，呈现出如下特点：

首先，这些民族性法律资源表现形式多样。有的表现为一种交易习惯，有的表现为一种地方风俗，还有的表现为一种纯粹的道德规范，表现形式不一而足。

其次，从规范效力上来看，这些民族性法律资源一般都不具有强制性约束力。虽然这些规范不具有强制性约束力，但就该规范所广泛存在的区域而言，这些规范却具有适用上的自觉性，在调整居民之间涉及财产流动关系方面起到积极的作用。尤其是交易习惯，基于其产生于当地居民的交易关系并被反复适用，因而具有适用上的普遍性和稳定性，交易习惯往往具有准法律规范的属性。

再次，这些民族性法律资源具有较强的地域性。根据实地调研和访谈的实际情况来看，一些具有准债法规范属性的民族性法律资源，在一些地方具有适用上的广泛性和典型性，而在另一些地方却并非普遍存在。另一方面，有些民族性法律资源虽然具有适用上的广泛性，但在不同的地区，其规范内容具有一定程度上的差异。比如，就租赁房屋修缮费用的承担问题，在河北省调研地区，选择大修归房东，小修归房客的比例很高，这说明租赁房屋修缮费用的承担在当地居民间已形成相对稳定的习惯。

最后，这些民族性法律资源从主体部分来看，不违反现行有关债法规范及其他法律规范的精神，对现行债法规范具有补充适用的作用。但是，在调研过程中也发现，有些民族性法律资源与现行债法规范直接抵触，甚至与法的精神直接相悖。本章在根据实地调研和访谈所形成的资料的基础之上，拟选取一些典型性的准债法规范资源，深入分析这些规范资源中所存在的民族性内容，然后结合现行有关债法规范的内容设计，将正当、合理的民族性内容融入现有债法规范体系之中，为构建民法典债法编提供资源借鉴。

二、债法规范的民族性特色

债法规范作为调整社会生活中财产流动关系的法律规范，旨在规范财产流动关系，为财产流动提供规则指引。从促进财产流动和经济发展的角度来看，债法规范本应具有统一、普遍适用的属性。但是由于交易实践具有复杂性，交易规则具有多元性，一国的债法规范不可能覆盖交易实践中全部的交易规则、交易习惯等，有关财产流动的一些习惯性规则必然停留在债法规范之外，并且对民间社会的财产流动发挥着实际的指导作用。正视制定法之不足、承认法律的多元化，是不可逆转的立法思潮。[①] 以现有债法规范的适用为主线，深入社会实践发现该债法规范适用中存在的问题，找寻实践中存在的调整此种财产流转关系的交易习惯或民间规则，将一些具有普遍适用性、合理性的交易习惯或者民间规则上升为债法规范，是完善债法规范体系、增进债法规范生命力的有效途径。但是债法规范内容丰富、包罗万象，搜寻与全部的债法规范相关的交易习惯与民间规则几乎不可能。因此本章选取了几种重要的债法规范，以实地调研的方式发现这些规范在适用过程中遇到的交易习惯和民间规则，以实证分析的方式揭示这些规范中所蕴含的民族性内容。

（一）租赁房屋修缮费用的承担

房屋租赁是现代社会中常见的一种经济现象，广泛存在于人们的社会生活之中。围绕房屋租赁所产生的纠纷有多种，如租金的支付、租赁房屋的修缮、买卖、租赁合同的解除等，其中租赁房屋的修缮、修缮费用的承担是房屋租赁实践中经常发生的纠纷。所谓租赁房屋修缮费用的承担，实际上指的就是在房屋租赁

---

① 王洪平、房绍坤：《民事习惯的动态法典化》，《法制与社会发展》2007年第1期。

实践中是由出租人还是由承租人承担出租房屋的修缮义务。根据《合同法》第220条、第221条的规定，租赁物的修缮有约定的从其约定，没有约定的由出租人承担。但在调研过程中，我们发现在房屋租赁实践中，往往将租赁物的修缮分为"大修"和"小修"，由于"大修"和"小修"之间没有一个明确的界限，当出租人和承租人就修缮费用的承担没有约定的情况下，往往会引发争议。

就调研地区的总体情况来看，关于租赁房屋修缮费用的承担，存在着一个普遍性规则，即由房屋租赁当事人在达成租赁协议时就修缮费用的承担做出约定，将来发生争议的按照约定处理。但是在调研中我们也发现，当事人在达成租赁协议时往往没有对租赁房屋的修缮费用进行约定，在房屋租赁过程中一旦出现修缮事宜，双方会因修缮费用的承担产生纠纷。在处理此种纠纷时，被调研者一般认为应将房屋修缮分为"大修"和"小修"，但在大修和小修所产生的修缮费用的承担上存在着不同的处理规则。更多的人认为，应坚持租赁房屋修缮费用的合理分担规则，即因房屋大修所产生的费用由房东承担，租赁房屋小修所产生的费用由房客承担，但也有人认为，既然房东是房屋的所有权人，其在享受租金利益的同时就应承担由此产生的房屋修缮费用，因此房屋修缮费用不论大小一律由房东承担。[1] 由此可见，在租赁房屋修缮费用的承担方面，如果当事人之间有协议或者事后能协商一致的，按照协议或者协商的意见处理；如果没有协议并且事后又无法协商一致的，存在着不同的处理规则，即房屋大修的费用由房东承担，房屋小修的费用由房客承担。出租房屋的大修，即涉及修缮费用较大时由出租人承担，出租房屋的小修即涉及修缮费用较小时，更多的人选择由承租人承担，是较为普遍存在的一种习惯性规则。

（二）交易实践中的"中人"现象及"中人"的作用

在中国传统的交易实践中，存在着"中人"现象。所谓"中人"，又称为"中间人"，是指在买卖、租赁、借贷等交易活动中存在的为双方当事人的交易活动提供媒介、见证、调解、担保等服务的人。"中人"是集体的、也是累世所创造

---

[1] 就选择"大修归房东，小修归房客"的比例与选择"大修小修都由房东承担"的比例来看，河北调研地区选择"大修归房东，小修归房客"的比例比选择"大修小修都由房东承担"的比例高出13个百分点（比例分别为40%、27%），湖北调研地区此种比例高出8个百分点（比例分别为31.5%、23.5%），安徽调研地区此种比例高出20个百分点（比例分别为43.33%、23.33%），山西调研地区占此种比例高出35个百分点（比例分别为44%、9%），广东调研地区此种比例持平（均为15%），参见调研统计数据。

的、并有着令人不得不承认和尊崇的特别权威。① 在交易当事人缔约阶段,"中人"的作用是为交易当事人提供交易信息、交易机会,其担负的是交易媒介的角色。在正式缔约时,"中人"一般要在交易合同上签字,见证交易的存在。在合同履行过程中,"中人"要督促合同当事人积极履行合同。在合同履行过程中发生纠纷,"中人"还要调解纠纷。"中人"是否要承担担保合同履行的责任视合同约定情况而定。在现代的市场交易中是否还存在"中人"现象,如果存在此种现象,"中人"在交易中起到何种作用,此种作用能否被现行相关法律规范与制度所取代。就调研的总体情况来看,关于市场交易中是否存在"中人"的现象,绝对多数的被调研者认为在其交易实践中存在过找"中人"的问题,关于这一点在广大农村地区表现更为明显。② 另外,就"中人"在交易中是否承担债务履行的担保责任来看,呈现出不同的情况。有的认为在一些交易中虽然存在"中人",但其仅仅起到证明交易存在的作用,不承担任何担保债务履行的责任;有的认为"中人"不仅有证明交易存在的作用,而且还要承担债务履行的担保责任,即当债务人不履行或者不适当履行债务时,"中人"要承担债务履行的责任。但是就"中人"担保债务履行的责任来看,又呈现出不同的情形,有的认为"中人"就债务的履行承担连带责任,即当债务人不履行或者不适当履行债务时,债权人既可以要求债务人也可以要求"中人"承担债务履行的责任;有的认为"中人"就债务的履行承担补充责任,即当债务人不履行或者不适当履行债务时,债权人必须先要求债务人履行债务,只有当债务人无力履行债务时,"中人"才承担相应的债务履行责任,也就是说在此种情形下"中人"享有先诉抗辩权。③ 就交易实践中"中人"承担债务履行的担保责任来看,一般来说以"中人"承担补充履行责任为主体。"中人"承担补充履行责任而不是连带责任有其合理性,这是因为"中人"在交易中一般不以盈利为目的,不谋求自己的特定利益,责令其承担连带责任势必加重其负担,因此以其承担补充责任最为合理。

---

① [法] E. 迪尔凯姆:《迪尔凯姆社会学方法的准则》,狄玉明译,商务印书馆1995年版,第30页。
② 从调研数据的统计来看,认为民间交易中存在"中人"现象的占83.33%,此种现象在河北调研地区占95%,湖北调研地区占76%,安徽调研地区占86.77%,山西调研地区占84%,广东调研地区占90%,这在很大程度上说明了"中人"在民间交易活动中存在的普遍性。
③ 在民间借贷活动中,"中人"是民间借贷活动的重要参与者,"中人"承担债务履行的担保责任也可以分为连带责任、补充责任等。关于民间借贷活动中"中人"的责任可参见郑永福、李道永《清末民初民间借贷中的民事习惯》,《江西财经大学学报》2012年第1期。

(三）亲邻的不动产优先购买权

根据《最高人民法院关于审理城镇房屋租赁合同纠纷案件具体应用法律若干问题的解释》第 24 条第 1 款规定，城镇租赁房屋出卖时，卖方的近亲属享有优先于房屋承租人购买的权利。在房屋租赁实践中，根据《合同法》第 230 条的规定，房屋承租人享有优先购买权，即当租赁房屋出卖时，房屋承租人在同等条件下享有优先于一般购买人购买的权利。上述司法解释赋予卖方的近亲属享有优先于房屋承租人购买的权利，实际上是赋予了卖房人的近亲属在购买房屋时的优先购买权。对于农村租赁房屋的买卖问题，根据该司法解释第 1 条的规定，可参照城镇租赁房屋出售规则进行处理，也即农村租赁房屋出售时，卖方的近亲属也享有优先购买权。但是卖方近亲属的优先购买权能否对抗卖方，该司法解释并没有明确。

在我国有关田产、房产等的传统交易习惯中，存在着"亲邻先买权"的习惯。所谓亲邻先买权，是指当业主出卖田产、房产时，须先遍问亲邻由亲邻承买，如亲邻不愿承买，方可径卖他姓和他人。① 就田产而言，囿于我国现行土地制度的约束，土地买卖是被禁止的，因此在现行法律规范背景下，也就不存在田产买卖中的优先购买权问题。就房产买卖而言，是否应赋予卖房人的近亲属、同宗族的其他人、甚至邻居以优先购买权，是值得澄清的问题。在调研过程中，有接近一半的被调研者认为，在现代的市场交易中，应该遵循交易自由原则，不应对卖房人出卖房屋附加不合理的限制，因此不能赋予卖房人的亲属、邻人以优先购买权。但也有被调研者认为，一方面考虑到近亲属之间的关系，另一方面考虑到房屋的便利使用，应该赋予卖房人的近亲属以同等条件下的优先购买权。对于是否应该赋予卖房人的邻居以优先购买权时，众多的被调研者认为，现代社会是一个相对自由流动的社会，房屋交易已经市场化，因此根本就没有必要赋予卖房人的邻居以优先购买权。但是在调研过程中，当我们与不主张赋予卖房人近亲属优先购买权的人在谈论该问题时，他们普遍认为即使不赋予近亲属的优先购买权，房屋的出卖人在出卖房屋时，如若其近亲属主张购买该房屋，同等条件下出卖人都会将该房屋出卖给自己的近亲属。也就是说，即使未来的立法赋予房屋出卖方的近亲属同等条件下的优先购买权，也不违反这些人的预期。

---

① 郑永福、李道永：《清末民初房产交易中民事习惯的历史考察》，《中州学刊》2010 年第 4 期。

(四) 租赁房屋改善物和增设物的处理

根据《合同法》第 223 条的规定，经出租人同意，承租人可以对租赁物进行改善或者增设他物，但对租赁期满改善物或增设物应如何处理，《合同法》没有规定。根据《最高人民法院关于审理城镇房屋租赁合同纠纷案件具体应用法律若干问题的解释》第 10 条和第 12 条规定，对租赁房屋改善物和增设物的处理，没有形成系统的处理规则，以该司法解释的规定为基础，结合调研所反映的情况，建立起符合交易实践的处理规则是解决此类纠纷的前提。

根据司法解释的态度以及调研过程中所反映的实际情况来看，在处理租赁物的改善物或增设物时，往往将改善物和增设物区分为两类：一是与租赁物不可分割或难以分割的改善物和增设物，如房屋墙面的涂刷物、埋设在墙面内的电线等；二是可与租赁物进行分割的改善物和增设物，如增设的家具、吊灯等。对于可分割、可拆除的改善物和增设物，租赁期满或者租赁合同解除，司法解释的规定与调研所反映的情况一致，即如果房屋租赁双方当事人在租赁合同中有明确约定或者虽没有约定但事后达成协议的，按照约定或者事后协议处理。如果没有约定并且事后又无法协商一致，该司法解释第 10 条确立的一般规则是由承租人自行拆除。众多的被调研者也认为在无法协商一致的情况下，由承租人自行拆除是合理的规则。当然，如果出租人需要继续使用该改善物或者增设物，出租人可以和承租人就该改善物、增设物协议作价。就不可分割或难以分割的改善物、增设物而言，承租人无法将其拆除或者虽可拆除但显无经济价值。对于这些物的处理，大部分的被调研者认为，这些改善物或者增设物一般价值不大，因此其应无偿归房屋出租人或者由出租人给予一定的补偿即折价归出租人。

三、完善债法规范的有效方法——民族性内容的合理吸收

债法规范作为法律规范的一种，虽然是由国家制定或者认可，但是就债法规范的实质来源而言，其是对社会生活实践中所存在的交易习惯和交易规则的一种总结。所谓债法规范的民族性内容，实际上指的是广泛存在于民间社会的一些传统的交易规则和交易习惯，囿于各种因素的限制，这些传统的交易规则和交易习惯尚未上升为债法规范。债法规范体系的完善、内容的丰富，离不开这些传统的交易习惯和交易规则，将这些传统的交易习惯和交易规则整合进债

法规范体系之中，是增进债法规范适用性和生命力的必然选择。将这些具有民族性特色的交易习惯和交易规则整合进债法规范体系之中，有着不同的操作方法。就立法层面而言，主要有两种方法，一是通过立法赋予某些交易习惯和交易规则的法源地位，即为某些交易习惯和交易规则进入债法规范提供"通道"。比如，根据我国《合同法》第 293 条的规定，客运合同自承运人向旅客交付客票时成立，但当事人另有约定或者另有交易习惯的除外。该条明确赋予了交易习惯的法律效力，这为交通运输领域所存在的一些交易习惯和交易规则进入债法规范提供了空间。① 另外一种方法则是将存在于民间社会的交易习惯和交易规则整合进相应的债法规范之中，使之成为具体的债法规范。本课题将采取后一种方法，即以典型债法规范的适用为主线，将一些与之相关的传统交易习惯和交易规则融入现行债法规范之中，探索建立相应的更合理、更完善的债法规范。

（一）租赁房屋修缮费用承担规则

租赁房屋修缮费用的承担，实际上指的是在房屋租赁实践中，是由出租人还是由承租人承担出租房屋的修缮义务。根据我国《合同法》第 220 条、第 221 条的规定，租赁物的修缮，有约定的从其约定，没有约定的由出租人承担。从调研的总体情况来看，被调研者一般均认为，就租赁期间租赁房屋的修缮费用可以由租赁合同双方当事人协商处理，也就是说在租赁房屋的修缮费用承担方面，双方当事人有自主决定权，无须法律的强制性介入，调研所反映出来的情况与《合同法》的规定精神是一致的。但是，如果房屋租赁双方当事人对租赁期间内房屋修缮费用没有做出约定，事后又无法协商一致的，《合同法》规定出租房屋的一切修缮费用都由出租人承担。在调研过程中，一些地方的被调研者也是这么认为和操作的。但值得注意的是，还有相当一部分调研者认为，在其当地往往将租赁物的修缮分为"大修"和"小修"，主张"大修"的费用由房东承担，"小修"的费用由房屋承租人承担，这一部分调研者认为，这样做是非常合理的，因为在租赁期间，对房屋所进行的一些小修在所难免，一般所花费的费用也很低，动辄请房东来维修或者要求房东承担很小的费用，感觉不合情理。由此可见，在房屋租赁实践中，关于出租房屋修缮费用的承担，出租人和承租

---

① 与此类似的规定还可参见我国《合同法》第 22.26.60 条、61.136.368 条等，这些规定具有相同的特点，即通过法律规范的形式赋予交易习惯以法律效力，为具体的交易习惯和传统的交易规则进入债法规范提供了可能。

人当然可以事前约定或事后协商,在事前没有约定或者事后协商不成,出租房屋的大修即涉及修缮费用较大时,由出租人承担,出租房屋的小修即涉及修缮费用较小时,更多的人选择由承租人承担,是较为普遍存在的一种习惯规则。因此,无论是在将来的立法修正或者是在有关租赁法律规范适用的过程中,遵从当地的这一习惯规则,也完全是正当和合理的。

(二)"中人"规则的纳入

在诸如房屋买卖或者出租以及其他一些重要的交易活动中,交易的双方当事人往往寻找一个"中人"作保,"中人"在交易活动中具有多重作用。首先,"中人"有介绍买卖、促成交易的作用。"中人"的此种作用主要表现为为交易双方当事人提供交易信息和交易机会,即为交易"牵线搭桥",为交易的达成创造条件以促成交易;其次,"中人"往往都要在交易合同上签字。"中人"在交易合同上签字,主要目的是证明此次交易活动的存在,"中人"起到交易见证人的作用。"中人"参与到交易中来,有利于保障交易活动的严肃性,提高交易双方当事人对此次交易活动的重视程度;再次,在合同履行过程中,当一方当事人不履行或者不按照约定履行合同,对方当事人可以找"中人"从中协调,由"中人"督促对方当事人按照约定履行合同,"中人"起到保障交易顺利进行的作用;最后,"中人"在交易中还起到担保债务履行的作用。交易合同签订以后,任何一方当事人不履行或者不按照约定履行合同,给对方当事人造成损失,对方当事人有权要求"中人"承担连带赔偿责任或者补充赔偿责任。

"中人"的作用类似于我国《合同法》第 23 章规定的居间人,但是"中人"在交易中所起的作用要远远大于居间人。所谓居间是指居间人向委托人报告订立合同的机会或者提供订立合同的媒介服务,委托人支付报酬的一种制度。[①] 居间人的主要作用是为委托人与第三人进行交易提供信息和机会,帮助交易当事人达成交易。"中人"除了具有交易媒介的作用以外,还具有见证交易、担保交易、调解纠纷等多种作用。另外,居间人一般都是专门从事提供交易信息和机会等交易服务并以此为营利的人,居间人的居间活动都是有偿的,交易一旦达成,委托人要支付报酬。"中人"可以是交易当事人的邻居、亲友等也可以是交易双

---

① 陈小君主编:《合同法学》,高等教育出版社 2003 年版,第 449 页。

方当事人都信得过的其他人,并且"中人"参与交易一般都是无偿的。更为重要的区别是,居间人仅仅是为当事人之间的交易提供中介服务,不是交易活动的担保人,而"中人"一般在交易中还要承担债务履行的担保责任。由此可见,"中人"的作用根本无法由居间人取代,鉴于"中人"在民间交易上对促成交易、保障交易顺利进行、及时有效化解交易纠纷等方面都起到重要的作用,建议未来有关交易合同的立法或者司法解释应该保护和尊重交易中存在的"中人"现象,认可"中人"交易参与人的重要地位。

(三) 近亲属的不动产优先购买权规则

是否应该赋予不动产出卖人的近亲属以优先购买权,关系到不动产出卖人及其近亲属以及其他交易对象的切身利益,也关系到交易自由的问题。因此,从立法角度是否认可不动产出卖人的近亲属的优先购买权,必须权衡利弊慎重对待。关于这一问题的立法处理,在我国现行立法以及有关司法解释中也可以找到一些相关的内容。比如《最高人民法院关于审理城镇房屋租赁合同纠纷案件具体应用法律若干问题的解释》第24条第1款第2项的规定。就出租房屋的出卖问题,《合同法》第230条明确赋予了房屋承租人的优先购买权,也就是说,在租赁房屋出卖时,房屋承租人相对于其他的交易对象享有同等条件下的优先购买权。反观《最高人民法院关于审理城镇房屋租赁合同纠纷案件具体应用法律若干问题的解释》第24条的规定,该条文蕴含了一层意思,即当卖房人将租赁房出卖时,卖房人的近亲属实际上享有同等条件下的优先购买权,此优先购买权既然可以对抗房屋的承租人,更可以对抗其他的一般交易对象。对于农村租赁房屋的买卖问题,根据该司法解释第1条的规定,可参照城镇租赁房屋出售规则进行处理,也即农村租赁房屋出售时,卖方的近亲属也有优先于承租人购买房屋的权利。

由此可见,不管是城镇租赁房屋还是农村租赁房屋在出卖时,卖房人都有权利优先将该房屋出卖给自己的近亲属,卖方的近亲属享有优先于房屋承租人主张购买的权利,卖方近亲属的优先购买权可以对抗房屋承租人。但是对于城镇房屋或者农村房屋买卖时,卖房人近亲属的此种优先购买权是否可以对抗房屋出卖人,也就是说假如房屋出卖人宁愿将房屋卖给其他人而不愿卖给近亲属,其近亲属能否提出异议,法无明文规定。从我们调研所反映的情况来看,大部分人认为不能赋予卖房人的近亲属以优先购买权,不能以此优先购买权来限制卖房人卖房的自由,这一点是尊重卖房人所有权、保障交易自由的重要体现,应为立法所肯定。但当卖房人把房子卖给自己的近亲属,房屋的承租人主张《合同法》第230条规定的优先购买权时,卖房人的近亲属可以主张优先购买权,此优先购买权可以对抗房屋承租人,以保障卖房人近亲属的利益。因此,为了兼顾房屋出租人、承租人以及其他交易对象的利益,考虑到房屋租赁的现实,司法解释将享有优先购买权的人限于近亲属,无疑是公平、合理的选择。

(四)租赁房屋改善物和增设物的处理规则

租赁期间,承租人为满足租赁房屋使用上的特别需要,往往会对租赁房屋进行改善或者增设他物。根据《合同法》第223条的规定,经出租人同意,承租人可以对租赁物进行改善或者增设他物。承租人对租赁物进行改善或者增设其他设施,必须征得出租人同意,否则出租人有权解除合同并要求赔偿损失。经出租人同意所设置的改善物或者增设物,在租赁期满或者租赁合同解除时应如何处理,《合同法》第223条并没有规定。根据《最高人民法院关于审理城镇房屋租赁合同纠纷案件具体应用法律若干问题的解释》第10条和第12条的规定,对于租赁期内设置的增设物或者改善物到底应如何处理,房屋出租人和承租人当然可以进行事前约定或者事后协商,此种情况下不存在争议。

但是当出租人和承租人事前没有约定,事后又无法协商一致,根据司法解释的态度以及调研所反映的实际情况来看,在处理租赁物的改善物或增设物时,往往要将改善物和增设物区分为两类:一是与租赁物不可分割或难以分割的改善物和增设物,如房屋墙面的涂刷物、埋设在墙面内的电线等;二是可与租赁物进行分割的改善物和增设物,如增设的家具、吊灯等。对于一些可分割、可拆除的改善物和增设物,租赁期满应由承租人拆除后带走,这既符合上述司法解释的规定,也和调研所反映出来的情况一致。如果出租人同意继续使用该增设物或者改善物,可以采取折价的方法将该增设物或者改善物归房屋出租人,这对出租人和承租人都有利。对于不可分割或难以分割的改善物、增设物,由于无法拆除或者虽然可以拆除但是会破坏租赁物和改善物的效用和价值,因此该改善物、增设物应无偿归出租人。一方面是基于某些不可分割的改善物、增设物的价值难以确定或者其价值一般都不大,另一方面改善物、增设物的设置往往是为了承租人的需要,对出租人来说其价值不大,无偿归出租人更显公平合理。

编纂《民法典》的过程，实质上是一个民法规范的选择、完善和体系化的过程。如何处理现有民法规范与民间规范的关系、如何对待广泛存在于民间社会的民事习惯规则，是必须要考虑的一个重要命题。我们主张，在民法典民法规范、法律资源的选择上，要充分考虑并利用一些广泛存在于我们日常生活中的传统行为规则，要将一些有着广泛社会基础、较为稳定的调整民事关系的传统行为规则上升为法律或者为其进入法规范体系提供通道。如此，不仅能大大丰富民法规范的内容，更重要的是，由此编纂出来的《民法典》能最大程度上体现此种民族共同体的"本土"特色，更容易被共同体内部的个体所广泛接受。

第九部分　婚姻法的民族性解读

民法作为植根于市民社会的法，从其来源上讲，具有国家性和习惯性双重特性。并且，相对于习惯性来说，其国家性特征是外在而浅显的。民法从根本上来说来源于社会生活和生产过程中自发形成的习惯规则，在于人们对生活惯例的一种屈从倾向。[1] 婚姻法作为民法的一个分支，主要规范的是男女两性之间的婚姻关系以及亲属之间的血缘关系，其本身既是一个自然现象，又是一个社会现象。尽管随着社会的演进与发展，人们在构建各种制度、规范时已经习惯性以理性的设计和运行为基础，但唯独婚姻法成为情感的绿洲，保持着某些非理性的设计，保留着些许人类情感的原始风情。[2] 可以说，婚姻法是整个法律体系中最具民族特色、与国情民风联系最为直接最为密切的部分，其在法律普遍性国际化的今天，最大限度的保留着本国文化中的传统因子，并展示了其固有

---

[1] "习惯是自然的，积渐养成的一种人类的行为标准，人类对于习惯，差不多成为第二天性。"参见朱采真《现代法学通论》，世界书局1931年版，第35页。
[2] 王新宇：《民国时期婚姻法近代化研究》，中国法制出版社2006年版，第1页。

的保守性和稳定性。

婚姻法作为民法典的重要组成部分，对婚姻法的民族性问题进行解读实质上就是婚姻法规范的选择、完善和体系化过程。其中，如何处理婚姻法规范与民间传统习俗之间的关系，尤其是如何看待被制定法所摒弃却广泛存在于民间的婚姻习俗问题，是婚姻法入典必须要考虑的一个重要命题。

我们认为，在《民法典》婚姻法规范的选择上，要充分考虑存在于我国民间的传统婚姻习俗，在尊重民族文化、民族情感和民族心理的基础上将一些广泛存在的婚俗现象上升为法律或者为其进入法规范体系提供通道。如此，不仅能大大丰富婚姻法规范的内容，更重要的是，由此制定出来的婚姻法规则能体现此种民族共同体的"本土"特色，更容易被共同体内部的个体所广泛接受。有鉴于此，2012年7月至8月间国家社会科学基金项目"民族性与国际性：民法典编纂中的法律资源选择"课题组派出两个调研组，分别在河南、陕西、云南和贵州四省以问卷和访谈的形式开展了调研，共回收有效问卷893份，涉及12个县市，汉族、苗族、回族、白族、彝族、傣族、侗族、瑶族8个民族，根据我们前期的理论梳理和总结，在问卷中，设置有关婚姻法的问题为：（1）解除婚约是否承担赔偿责任？（2）解除婚约后彩礼是否需要返还及纠纷处理方式？（3）夫妻结婚一般以什么作为判断的依据？同时，以开放性访谈的方式，调研民众认为需要婚姻法规制的问题。对这些"定向问题"和开放性访谈的归纳总结，引发了我们对婚姻法民族性解读更深入的思考。

一、婚姻法的演进与民族性

（一）婚姻法民族性的历史考察

婚姻是民间细事，其既是个体生活方式的一种安排，同时也是一项社会制度。婚姻立法是对一个社会家庭、婚姻状况及模式的表达，它虽并非是现实社会的镜子，但可能以非常隐晦的方式反映着现实。婚姻家庭作为一种社会现象并非永恒不变，其随着社会历史的更迭先后经历了群婚制、对偶婚制和一夫一妻制的转变，恩格斯在《家庭、私有制与国家的起源》中对婚姻的演变规律做出了精辟的概括："群婚制是与蒙昧时代相适应的，对偶婚制是与野蛮时代相适应的，以通奸和卖淫为补充的一夫一妻制是与文明社会相适应的。"[1] 与前述婚姻家庭制度的历史类型更迭相适应，中国婚姻法体现出鲜明的民族性，其主要通过各个时代形态各异的编制体例及其内容反映出来，具体包括以下几方面。

1. 诸法合体的古代婚姻家庭法

在古代社会，经济上盛行的自给自足的小农经济决定了当时的社会关系比较简单，统治者并不需要制定诸多法律部门来调整人们的各种社会关系，于是王朝统治者一般制定一部统一的法典用以调整政治、军事、财政、刑事、民事以及婚姻家庭各种法律问题，从而形成了诸法合体的古代婚姻家庭法。这种婚姻立法编制体例的特点如下：

其一，婚姻法与其他法律并存于同一部法典之中。这在我国历朝法典中体现得颇为明显，我国古代调整婚姻家庭关系的法律一般与户籍、税收等内容一起编制在《户律》（或《户婚律》）当中，设专编加以规定，成为统一法典的有机组成部分。

其二，用刑法手段制裁婚姻家庭的越规行为。也就是说，这时候的婚姻法通常并不正面规定人们应当遵守的婚姻规则，而是通过刑法角度对违反某些行为予以处罚，如我国《唐律》规定："诸同姓为婚者徒二年"，"诸詈祖父母、父母者绞；殴者斩。"此外，《汉谟拉比法典》也规定："倘自由民之妻与其他男人同寝而被捕，则应捆缚此二人投之于河。"

其三，以其他社会规范加以补充。由于这种诸法合体的统一法典往往条文不多、内容简单，婚姻家庭领域的很多具体问题则需要通过宗教、道德、风俗习惯等社会规范加以补充调整。例如我国古代统治阶级便一直以礼教规范来调整具体的婚姻关系，推行礼法并重、以礼辅法的统治模式。[2]

2. 属于民法组成部分的婚姻家庭法

随着社会化大生产时代的到来，资本主义文明开始兴起，人们之间相互的交流愈来愈频繁、社会关系日益复杂，一部统一的法典已经无法适应调整诸多社会关系的需要。在这样的背景下，法律被划分为若干部门，分别调整不同的社会关系，婚姻家庭关系被当作民法的调整对象和范畴成为民法典的组成部分。

在这种婚姻法立法编制体例下，根据所属法系的不同，婚姻法的编制体例

---

[1]《马克思恩格斯全集》（第二十一卷），人民出版社 2003 年版，第 88 页。
[2] 陈苇：《婚姻家庭继承法学》，法律出版社 2002 年版，第 12～13 页。

也有所不同。具体包括以下两种：

第一，大陆法系的编制体例。在大陆法系国家，一般都有统一的民法典，其主要以1804年的《法国民法典》和1900年的《德国民法典》为代表，婚姻法被统一规定在"人法"或者"亲属编"中。

第二，英美法系编制体例。在英美法系国家中一般没有成文法典，这些国家调整婚姻家庭关系的法律除通行的习惯法和判例法之外，多由一系列的单行法规所组成，如结婚法、离婚法、夫妻财产法等。而这些单行法不论是在理论上还是在法律分类上都属于民法的有机组成部分。

3. 成为独立法律部门的婚姻家庭法

这种婚姻法的编制体例是从十月革命以后苏联开始的。俄国十月革命成功以后，苏联先后颁布了《关于民事婚姻、子女和实施户籍登记的法令》和《关于离婚的法令》，此后，在1918年9月，又对上述两部法令进行了修改，颁布了《俄罗斯联邦户籍登记、婚姻、家庭和监护法典》，共计246条，从而将婚姻法从苏俄民法中完全独立出来，成为单独的法律部门。第二次世界大战以后，包括我国在内的亚欧新兴社会主义国家都按照苏俄模式，将婚姻法从民法中分离出来，成为独立的法律部门。

婚姻法的这种编制体例主要是考虑到在社会主义制度下，婚姻家庭关系在本质上发生了变化，婚姻家庭主要调整的是社会成员之间的人身关系，虽然其中也存在一部分财产关系，但它是从属于人身关系的，且这种财产关系仅仅是家庭成员之间实现共同生活、共同消费、发挥家庭职能、赡老育幼的物质条件，不再具有契约性质，因而将婚姻法从民法中独立出来，以示区别。

但是随着我国法学理论研究的深入，不少学者认为婚姻法调整的婚姻家庭关系以及由此而产生的人身关系和财产关系，仍然属于平等主体之间的关系，符合民法的调整对象，因为没有必要为了刻意添加阶级意志的烙印而将其分离出去。在编纂《民法典》时，婚姻法还是应当归属到民法当中去，借鉴大陆法系民法典编制模式，将婚姻法作为民法组成部分自成一编。①

---

① 陈苇：《婚姻家庭继承法学》，法律出版社2002年版，第14～15页。

（二）婚姻法民族性解读的现代意义

"每一种法律制度都必然以一定的法律价值观为基准，设立具体的法律规范，解决现实中的法律纠纷。法律价值观不是固定不变，而是随着时代的变迁和社会的发展而不断更新的。"① 因而，婚姻家庭制度的演变与社会发展如何息息相关？在社会发展转型的进程中，又是哪些因素决定和影响了婚姻家庭制度的演变？对婚姻法的民族性进行解读的现代意义何在？均是值得探讨的问题。

1. 是传统婚姻法向现代婚姻法进行转变的需要

我国封建社会的婚姻家庭制度延续了几千年，且近代中国沦为半殖民地、半封建社会后，在帝国主义、封建主义和官僚资本主义的联合统治下，封建的经济基础、上层建筑仍然存在，封建礼教在婚姻家庭生活中仍然具有很大的影响。这种现象在《关于中华人民共和国婚姻法起草经过和起草理由的报告》有着生动的描述② 面对这种现象，以"反封建"作为自己使命的共产党必然会通过法律来消除这种封建主义，确立新民主主义的婚姻家庭制度，从而实现婚姻法由传统向现代的转变。

于是，中华人民共和国成立初期，通过自上而下"运动式"的宣传教育、检查执行，旧时封建性的包办婚姻、纳妾、买卖婚姻等婚姻习俗被禁止，基层民众开始接受现代的婚姻观念，自由恋爱、婚姻自由思想得到广泛传播。人类学者阎云翔对这一现象评论道："政府的社会改造计划在意识形态领域非常成功，独立自主、自由恋爱、男女平等这些观念通过政治教育、宣传机器、娱乐活动，等方式被引进了村子。而且，大跃进期间动员妇女参加农业生产、水利建设等集体经济活动，也的确给村里妇女的社会生活打开了新的天地。"③

2. 是婚姻法利益指向由国家到个人转变的需要

作为一项基本的社会制度，婚姻家庭制度反映的是国家对婚姻家庭领域的基本态度和立场，这种态度和立场就涉及婚姻家庭制度的利益指向问题。也就

---

① 黄文艺：《中国法律发展的法哲学反思》，法律出版社 2010 年版，第 84 页。
② 具体描述为"由于旧社会落后意识和野蛮传统在婚姻问题上的深重影响，不仅父母或其他亲属等包办强迫青年男女婚姻的现象，不仅老百姓中第三者干涉男女结婚自由的行为，在许多地方现在仍严重存在；也不仅一部分村、乡、区级的公务人员，时常无理蛮横地去干涉男女结婚自由；甚至有极少数县级的行政或司法干部，也顽固地用非法办法去反对基于相互爱情的男女自由结婚。"参见中央人民政府法制委员会 1950 年 4 月 14 日向中央人民政府委员会第七次会议所作《关于中华人民共和国婚姻法起草经过和起草理由的报告》
③ [美] 阎云翔：《私人生活的变革：一个中国村庄里的爱情、家庭亲密关系》，龚小夏译，上海书店出版 2009 年版，第 60 页。

是说,婚姻法的利益相关方究竟应该以国家为主,还是应当以个人为主?中华人民共和国成立以后,初生的社会主义政权面临着严重的内忧外患:对内,国民党蒋介石的残余力量仍然试图颠覆国家政权,进行了一系列的破坏活动;对外,新中国的国家主权并没有得到国际社会的广泛承认,以美帝国主义为首的资本主义阵营对新中国的红色政权虎视眈眈。在这种背景下,我国效仿苏联采取了"强国家、弱社会"的治理模式。在这种思维模式下,甚至出现了"新疆荒原上的第一代母亲"的故事,即1949年到1954年,新疆军区从湖南、山东、四川等地征召了4万多名女兵入伍,主要是为了解决当时驻新疆20万官兵婚姻难题。①

随着改革开放,尤其是经济体制从计划经济转轨至市场经济,整个中国社会生活发生了翻天覆地的变化,在逐步迈向民主与法治社会的道路上,公民个人自由与私生活自主权日益受到重视②。在此背景下,婚姻法实现了利益指向由国家到个人的转变,也即国家对婚姻家庭领域的管制采取了有限干预的原则,把更多的空间留给了道德来调整,并强调每个人应当对自己的婚姻行为及其后果进行负责,更加尊重个人自由。

3. 是以责任为主体的传统婚姻向以情感为主体的现代婚姻转变的需要

在中国古代,婚姻家庭被认为是涉及家族之间利益联系的大事,其兼具社会和家族双重责任,传统"盲婚哑嫁"被认为是极为平常的事,个人情感很少被纳入婚姻的考虑因素之内。对此,费孝通先生认为,中国婚姻的确立,首先意味着建立父母系生育,而不是西方社会中所谓男女间的爱情。也正因为如此,中国的婚姻是由社会力量产生的,为了使婚姻关系负有责任,社会制定出法律来,对背离社会规范的行为要加以制裁,并且"把其他经济关系等渗入婚姻关系中,并扩大向婚姻关系负责的团体,这样使夫妻间的联系加强,即使夫妇间一时感情失和,每会因牵涉太多,不致离异。"③简单来说,责任在传统婚姻中占据重要地位,人们往往通过增加婚姻所担负的责任来增进婚姻的稳固性。

这种家族本位的传统使得婚姻本身背负了太多责任,包括社会责任、道德责任和家庭责任。而现代婚姻的目的除了传宗接代、维持经济生活以外,更看

---

① 朱丽娟:《当代中国婚姻家庭制度演变的观念基础》,吉林大学2011年博士学位论文。
② 王洪:《从身份到契约》,法律出版社2009年版,第4页。
③ 费孝通:《乡土中国生育制度》,北京大学出版社1998年版,第132页。

重的是满足男女双方生理、心理多方面的需求。在婚姻关系中，感情的因素才是最重要的因素，婚姻双方当事人追求幸福的价值体现。

综上所述，通过对婚姻法民族性之演进的发现和考察，我们发现婚姻家庭制度的每一次修改和变动都与社会的发展密切相关，这种演变不是无目的、无方向的，而是具有一种可以依循的轨迹。其在总体上呈现出从封闭走向开放，从一元走向多元，从身份走向契约，从传统走向现代的趋势。

（三）婚姻法修法与民族性立法资源的扬弃

我们国家历次婚姻法的修改，其实都是一次立法资源的选择和扬弃。我国的传统民族文化中，蕴含着丰富的民事立法资源，其中有些是封建的、落后的，与时代精神相悖，应当被抛弃，有些是在社会发展中与时俱进的，民族文化发展中需要发扬的，需要以法律形式确认的。而不论是 1950 年《婚姻法》，还是 1980 年《婚姻法》及其司法解释，对我国有关婚姻家庭生活的民族性因素体现都不够，有待我们进一步完善。

1. 1950 年《婚姻法》

以 1950 年 5 月 1 日公布施行的《中华人民共和国婚姻法》为例，该法是中华人民共和国成立后制订的第一部具有基本法性质的法律，它的颁布施行标志着全国范围内婚姻家庭制度改革的开端。该法的主要任务，是在中华人民共和国成立后，在全国范围内进行婚姻家庭领域内的反封建民主改革，废除在中国已存在数千年之久的封建婚姻陋习。因而，其立法宗旨是废除封建主义婚姻制度，实行新民主主义婚姻制度，为社会主义婚姻家庭制度的建立扫清障碍。该法第一条开宗明义的指出："废除包办强迫、男尊女卑、漠视子女利益的封建主义婚姻制度。实行男女婚姻自由、一夫一妻、男女权力平等、保护妇女和子女合法权益的新民主主义婚姻制度。"1950 年《婚姻法》虽然建立了社会主义婚姻家庭制度，但它具有历史局限性，仍存在许多问题，一些旧的传统思想，习惯势力的影响并未完全破除。

2. 1980 年《婚姻法》及司法解释

在 1950 年《婚姻法》施行后的六七十年代，由于政治运动和社会动乱，该法并没有得到很好的贯彻执行。期后，十年动乱结束，在国家进行改革开放的新时期，我国第二部《婚姻法》，1980 年《婚姻法》出台。该法共 6 章 37 条，修订的具体内容有以下四方面：完善了婚姻法的基本原则，补充了"计划生育原则";修改了结婚条件;扩大了家庭关系的调整;规定了离婚的法定条件。① 实现了理念更新和制度完善。然而,随后的改革开放,市场经济全面取代计划经济,经济的多元化带来了观念的多元化。人们对待婚姻家庭有了新的追求。作为调整婚姻家庭关系的婚姻法逐步显现出局限性、滞后性,故在2001年、2003年、2011年最高人民法院相继出台了关于适用《中华人民共和国婚姻法》若干问题的解释(一)、解释(二)和解释(三)。纵观现行《婚姻法》及其司法解释,应当说,已经比较全面地规定了人们婚姻家庭生活的各方面,但在应对层出不穷的社会问题时仍存在各种漏洞和不足。如前所述,在社会发展的过程中,一些新的现象出现,如丁克家庭,同性恋婚姻、重婚、骗婚、包二奶、姘居、婚外恋等。这些新旧问题,唤醒了我们对历史长河中,民族性立法资源的记忆。我们认为,在众多的问题之中,婚约、配偶权和事实婚姻这三个问题是具有代表性,并且是讨论比较成熟,应该在修法时考虑回应的。其中婚约问题尤为突出,是我国民间自古以来存在,并一直发挥着重要效用的风俗习惯。配偶权问题是随着时代的发展,生成的新概念,但它的产生却与颠覆中国传统"夫权主义""男权主义"和夫妻平等运动密不可分。属于在淘汰落后的民族性法律资源中兴起的概念。而事实婚姻问题,是历次婚姻法修法中态度最反复的一个争论焦点,在今后一段时期内,仍将困扰我们的婚姻家庭生活,需要积极应对。

需要指出的是,我们在此所讨论的《婚姻法》民族性问题,并非该条所指的少数民族地区的婚姻家庭习俗,而是当前中国社会具有普遍性、体现中华民族特性的问题。

二、现行《婚姻法》民族性缺失的主要问题

(一) 婚约

1. 婚约存在的现实性

所谓婚约,我国理论界基本上形成了统一的认识。从字面理解,婚约即关

---

① 巫昌祯:《中国婚姻法的新发展:1978—2008年修订婚姻法纪实》,《朝阳法律评论》2009年第1期。

于婚姻的约定。我国著名婚姻家庭法学家巫昌祯教授认为，婚约是男女双方以将来结婚为目的所做的事先约定。① 史尚宽先生则认为，所谓婚约者，一男一女约定将来应缔结婚姻之契约也。② 此外，台湾学者高凤仙认为，所谓婚约，系指男女双方订定将来应相互结婚之契约而言。婚约之缔结，俗称订婚，订婚并非结婚前必须先践行之法律程序。婚约以结婚为目的，只要不违背婚约之纯洁，其内容可自由约定。婚约并非要式行为，不需订立书面契约，亦不需交换礼物，且不须媒妁或证人，仅当事人有合意即可。③

婚约是我国民间的一种传统风俗习惯。在我国，自古以来就存在婚约，尤其是在广大的农村地区。课题组成员对河南省、陕西省、云南省和贵州省四省的婚姻习俗进行的问卷调研，结果如下：

问卷内容	问卷情况	河南省 290 份		陕西省 171 份		云南省 242 份		贵州省 190 份		总计 893 份	
18. 解除婚约是否承担赔偿责任	要，婚约有法律效力	88 份	30.3%	50 份	29.2%	96 份	39.7%	49 份	25.8%	283 份	31.7%
	要，一方为结婚做了准备	51 份	17.6%	29 份	16.9%	55 份	22.7%	56 份	29.5%	191 份	21.4%
	不要，除非恶意骗婚，骗取彩礼	113 份	38.9%	64 份	37.4%	65 份	26.9%	78 份	41.1%	320 份	35.8%
	不要，婚约没有法律效力	19 份	6.5%	22 份	12.9%	26 份	10.7%	7 份	3.7%	74 份	8.3%
19. 解除婚约后彩礼是否可返还及处理方式	需要，不返还找媒人或其他人协调	166 份	57.2%	102 份	59.6%	103 份	42.6%	127 份	66.8%	498 份	55.8%
	需要，不返还到法院起诉	77 份	26.5%	23 份	13.4%	31 份	12.8%	20 份	10.5%	152 份	17%
	不需要，彩礼是对方的赠予	24 份	8.3%	19 份	11.1%	60 份	24.8%	36 份	18.9%	139 份	15.6%
	不需要，除非是女方过错导致	15 份	5.2%	23 份	13.4%	48 份	19.8%	7 份	3.7%	93 份	10.4%

---

① 巫昌祯：《婚姻与家庭法学》，中国政法大学出版社 1999 年版，第 127 页。
② 史尚宽：《亲属法论》，中国政法大学出版社 2000 年版，第 236 页。
③ 高凤仙：《亲属法理论与实务》，台北五南图书出版公司 2007 年版，第 27 页。

调查显示，对于第一个问题"解除婚约是否承担赔偿责任"，有 31.7% 认为婚约有效力，解除要承担赔偿责任；21.4% 认为一方为结婚做了准备，要承担；35.8% 的认为一般情况下不需要，除非恶意骗婚和骗彩礼；8.3% 的认为婚约没有法律效力，不需要承担责任，其余为 2.8%。对于第二个问题"解除婚约后彩礼是否可返还及处理方式"，有 72.8% 认为彩礼需要返还，解决途径主要为自由协商、找媒人或者中间人协调、向人民法院起诉；27.2% 认为不需要返还，但其中有 10.4% 认为若女方有过错则需要付返还责任。

调研数据表明，婚约现象在这些地区仍然大量存在，人们对婚约及婚约的约束力普遍持肯定态度。诚然，婚约现象作为一种社会意识，不是从来就有的，它的产生和消亡既是一个自然历史过程，又是一个社会历史过程。婚约现象作为一种历史传统，存在于普通民众的意识、心理、习惯、行为方式及生活过程之中，与一个社会的有机体密不可分，甚至在某种程度上，成了社会成员信仰或认同的载体[①]。在本次调研中，我们发现，婚约存在于我国几千年传统延续下来的民间习俗当中，有着深刻的社会、历史和经济根源，具体表现为：

第一，从社会角度看，男婚女嫁看似是纯粹的当事人个人之间的事，但它实际上也是关系着社会群体生存与发展和社会稳定的大事。尽管婚约并不具有法律上的约束力，但是现实生活中人们仍然广泛采取订立婚约形式来确保婚姻关系的缔结，这是因为婚约可以产生某种约束力和排他力。即："婚约成立后，在当事人之间，就具有了准夫妻关系，这种夫妻关系尽管不具有法律效力，但却可以从道德上约束彼此的两性交往，不得与第三人发生性与婚姻关系；同时对第三人产生道德上的排他性，从而增加未来婚姻的可期望性。"[②]

第二，从传统习俗的角度看，社会中的个体都渴望融入某一群体中，成为群体的一员，这就必然要求该个体充分尊重并融入某一群体的共同习俗当中。而"在中国人根深蒂固的观念中，人生大事必须谨慎从事。而谨慎从事的体现，一是所谓的明媒正娶。二是要举行隆重的订婚仪式和结婚仪式"[③]，这就是自我国古代西周时期便开始创立的六礼程序。虽然六礼程序在当今社会已然大大简化，但是隆重的订婚、结婚仪式不仅在农村地区常见，即便在城市中，每逢节假日，

---

① 张文显：《法理学》，高等教育出版、北京大学出版社 2003 年版，第 350 页。
② 周安平：《关于我国婚约的法理学分析》，《天津市政法管理学院学报》2002 年第 3 期。
③ 周安平：《论婚约》，苏州大学 2004 年硕士学位论文。

马路上浩浩荡荡的订婚或结婚车队，生动地说明了城市中的人们对结婚仪式的重视并不亚于农村。这样，法律就与生活拉开了距离。婚约作为一种民间习俗，具有很强的历史传承性，从某种程度上来说，订婚送彩礼已经成为农民的社会生活的一部分，成为传统文化的重要表征。而在城市中，人们也赋予了婚约以新的内容，在两人恋爱到一定的程度，男方送给女方订婚戒指或双方互赠一定的礼物，以表示爱意，或表示始终不渝的爱情，这种场面我们在生活当中和在电视剧里并没有少见。

第三，婚约现象长盛不衰还有着深刻的经济根源。从总体上来说，在婚姻关系中，我国仍然是以从夫居为主，这在农村表现得尤为明显。一般而言，女子出嫁后，到男方家里居住，成为男方家庭劳动力的一分子，这对女方家来说，的确是一种巨大的损失，如此便有了"嫁出去的女儿，泼出去的水"的说法。女方向男方索要一定的彩礼聘金，以补偿养育女儿所付出的辛苦和费用也便成了理所当然的事情。另外，"由于我国男女性别比的失衡，在婚姻市场上女性处于供不应求的状况，而男方则处于供过于求的状况，男性过剩的婚姻挤压越来越严重"。[①] 这样，在婚姻关系的缔结过程中，女性成为一种稀缺性资源，男性想要获取这一资源就要付出更多的经济代价，而婚约中的彩礼内容，就是其中一项很重要的内容。

综上所述，婚约现象长存不衰有着深刻的心理基础、文化基础和经济基础，只要这些因素仍然存在，婚约就必然有其生存、发展的空间。

2. 婚约立法的必要性

就目前的立法现状来看，中华人民共和国成立后先后颁行的两部《婚姻法》及其司法解释，均未对婚约问题作出规定。尽管立法者有意淡化婚约这一传统习俗，但是自1950年第一部《婚姻法》颁布实施以来六十余年的时间过去了，立法上对婚约习俗的刻意淡化并未能使得这一传统习俗销声匿迹，在民间的婚嫁习俗中婚约仍然有着顽强的生命力。因此，我们认为，我国现行婚姻法对婚约这一普遍存在的社会现象，以及因婚约产生的大量纠纷，不进行调整，而采取一种回避的态度，缺陷是显见的，具体表现为以下三个方面：

第一，婚约立法的缺失使婚姻家庭领域的立法出现了法律真空。进行婚姻

---

① 朱明媚：《农村性别比例失衡令人关注》，《中国妇女》1992年第8期。

家庭立法，必须实事求是，从实际出发，尊重社会现实和中国国情，把现实生活中存在的客观规律正确反映在法律规范之中，这是立法导向的现实性定位。"①我们不能因为婚约在其历史发展过程中曾经出现过的一些诸如"包办型"的"童养媳""小女婿"等负面现象而彻底否定这一传统习俗，相反，正因为婚约有可能带来这些问题，我们的立法就更应该给婚约一个明确的态度，如在婚约立法中明确规定不得给未成年人订立婚约，或该规定有效的婚约必须是成年人自愿订立，以防止上述现象的发生。从社会现实的角度看，婚约依然是民间婚嫁的普遍习俗。婚约仅仅具有道德约束力而没有任何法律上的效力，会在事实上造成对道德低下的人任意毁约的一种纵容。因此，我们认为无论从婚约的本身的属性来看，还是从现实的需要来看，都应当将婚约制度纳入到国家制定法的范围内来。

第二，我国婚约立法的缺失，使得婚姻法未能充分发挥法律的社会导向功能作用。现行婚姻法对婚约现象不作规定无疑使得人们对这一行为的自我调整失去了统一的标准。换句话说，在婚约问题上，哪些行为是合法的，哪些行为是不合法的，难以确定一个统一衡量的标准。每个人都只能根据自身的经验和价值评判标准，对婚约问题做出选择和判断，这便难免出现许多与婚姻法基本原则相违背的现象。事实上，当前社会生活中所出现的过早订婚、为未成年子女订婚、借婚约索要聘财聘金等问题，与婚姻法对婚约现象缺乏具体明确的法律规定不无关系。

尽管随着整个社会文明程度的不断提高，尤其是人们的自身素质以及法律素养的普遍提高，婚约的适用范围有可能逐渐缩小。但是，就目前现状来看，在现在以及今后相当长的一段时间内，婚约现象不会立刻淡化乃至消失，因此，我们认为在婚约习俗事实上仍然普遍存在的今天，婚姻法确实有必要对婚约的法律效力、对订立婚约进行立法限制，并且对因婚约产生的财产纠纷问题加以明确规定。由于婚约及因婚约而产生的财物纠纷的大量存在，立法者在制定婚姻家庭法的时候，应尽可能地周密，不能只规定社会生活中的主流情形。从而使其内容真正变成调控社会关系和个体行为的价值规范，成为人们能自觉意识和行为准则，最大限度地实现其规范、引导、确认、预测等多重功能。②

---

① 曹诗权:《中国婚姻家庭法的宏观定位》，《法商研究》1999年第4期。
② 参见杨子江:《论婚约》，苏州大学2004年硕士学位论文。

第三，我国婚约立法的缺失造成了司法实践无法可依的困境。关于这一点，日本学者高见泽磨在其所编著的《现代中国的纠纷与法》中做出了生动的描绘："根据浙江省高级人民法院民事庭于1957年2月进行的调查，县法院审理的72%的离婚案件与彩礼有关。这其中既有赠予性质的又有买卖儿女性质的。因此在处理上也产生了混乱。虽然最高人民法院及司法部的意见认为，1950年《婚姻法》第2条同样也禁止双方自愿的财物赠予，所谓婚姻自由只是建立在纯粹爱情基础上，但是，在当时各地的司法实务中，都把财物的数量、品种、用途、方式等作为标准来把握，并没有一律处以违法。"①

总而言之，在我国婚姻法废除婚约制度之后，结婚订立婚约的风俗以及订婚送彩礼的习惯，在我国并没有消失。而婚约立法的缺失，无疑致使在因婚约问题发生纠纷后，得不到法律的有效规制，于是就出现了国家不得不用司法解释或文件的形式给予解决的尴尬局面。②

（二）配偶权

所谓配偶权，学说上争议较多，主要有五种不同解释：一是身份说，认为"配偶权为合法有效的婚姻关系存续期间夫对妻以及妻对夫的身份权。"③二是陪伴说，认为配偶权是指"配偶之间要求对方陪伴、钟爱和帮助的权利。"④三是利益说，认为配偶权是指"夫妻之间互为配偶的基本身份权，表明夫妻之间互为配偶的身份利益，由权利人专属支配，其他任何人均负不得侵犯的义务。"⑤四是法定说，认为配偶权是指法律赋予合法婚姻关系中的夫妻享有配偶身份权利，其他人负有不得侵犯的义务。五是性权利说，认为"配偶权是一项民事权利，夫妻互为配偶，就有配偶权，其核心特色是性权利。"⑥这五种学说虽然侧重点各有不同，但是有以下几点是一致的：第一，配偶权存在的前提是具有合法的夫妻关系；第二，配偶权在性质上属于身份权；第三，配偶权是专属性权利，其他人均负有不得侵犯的义务。

---

① ［日］高见泽磨：《现代中国的纠纷与法》，何勤华、李秀清、曲阳译，法律出版社2003年版，第111页。
② 参见杨子江：《论婚约》，苏州大学2004年硕士论文。
③ 彭万林：《民法学》，中国政法大学出版社1994年版，第164页。
④ 韩松：《婚姻权及侵权责任初探》，《中南政法学院学报》1993年第3期。
⑤ 杨立新：《人身权法论》，中国检察出版社1996年版，第791页。
⑥ 高洪滨：《关于配偶权之探讨》，《法学论坛》2000年第4期。

虽然当今世界大多数国家婚姻家庭立法中都规定有配偶权制度，但是我国《婚姻法》并没有对配偶权问题做出明确规定，学界对应否在立法上确立配偶权也存在着争议：支持者们声称夫妻互尽忠实义务是婚姻的本质要求，是一夫一妻制的内涵之所在。如果法律不对配偶权进行明确规定，就会造成侵犯合法婚姻的违法行为得不到有效救济，一些诸如通奸、姘居等严重威胁社会婚姻家庭秩序的行为将得不到有效制裁，而法律规范的缺失必然造成当事人在解决矛盾纠纷时缺乏统一的标准，从而造成婚姻家庭秩序的混乱。

但是反对者则认为夫妻的忠实义务是道德问题，不应当运用法律手段来调整。他们还指出，如果配偶权"意味着将自己的性权利一次性的承诺给了配偶，那还有没有婚内强奸呢？"[①]一些学者担心配偶权一旦以立法的形式被确立下来，某些不法分子可能以此为挡箭牌，其结果必然是更加不利于妇女权益的保护。此外，反对者们还认为人的感情是复杂而多变的，夫妻间的忠诚义务属于情感领域的范畴，曾经的"海誓山盟"也可能随着时间的流逝发生异化和改变，这种情感的变化属于个人隐私的内容，法律不宜过多干预。想要借助配偶权的确立解决"婚外恋""包二奶"等问题理论上看似可靠，实践中将难以通行。

我们认为，反对配偶权立法是对其理解上存在偏差，在我国民法典立法中，婚姻法应当将配偶权的完整内容作为立法内容之一。这是我国婚姻法立法技术更加成熟更加科学的体现，也是废除封建夫权、确立现代夫妻平等关系的必然要求。

（三）事实婚姻

所谓事实婚姻是相对法律婚姻而言的，其通常是指男女双方未经结婚登记就以夫妻名义同居生活，而群众也认为是夫妻关系的结合。[②]事实婚姻在我国的存在是一个不容置疑的事实，同时也是一个不容忽视的问题。长期以来，事实婚姻在我国城乡，尤其是农村地区以及偏远落后的少数民族聚居区仍然大量存在。课题组就"结婚判断依据"的设问调研结果如下：

[①] 刘引玲：《配偶权问题研究》，中国检察出版社2001年版，第69页。
[②] 叶英萍：《婚姻法学新探》，法律出版社2004年版，第147页。

问卷内容	问卷情况	河南省 290 份		陕西省 171 份		云南省 242 份		贵州省 190 份		总计 893 份	
20.结婚判断依据	办酒席	37 份	12.7%	23 份	13.4%	84 份	34.7%	33 份	17.4%	177 份	19.8%
	领结婚证	224 份	77.2%	140 份	81.9%	133 份	55%	157 份	82.6%	654 份	73.2%
	以夫妻名义同居	27 份	9.3%	4 份	2.3%	14 份	5.9%	0 份	0%	45 份	5%
	其他方式	0 份	0%	1 份	0.6%	11 份	4.5%	0 份	0%	12 份	1.3%

数据显示，73.2%的受访者认为领取结婚证是判断依据，19.8%的认为是办酒席，5%的认为同居即可。尽管现如今随着民众法律意识的普遍提高，已经有越来越多的村民认为只有办理结婚证才受法律保护，但在农村地区，尤其是偏远落后的少数民族聚居区，一直到现在还以摆喜宴为正式结婚的标志，宣誓结婚的成立。

结婚以婚姻登记为其成立的合法程序，这早在土地革命时期的革命根据地立法中就有要求，此后中国共产党领导的革命政权也始终强调结婚要办理婚姻登记，实行法律婚。中华人民共和国成立以后先后颁布的几部《婚姻法》也都以明文规定，办理结婚登记是婚姻合法成立的唯一程序。但是，事实婚姻却依然顽固存在，根据我们的研究，造成其拥有如此强盛的生命力的原因主要如下：

其一，受传统婚姻习俗的影响，认为举行结婚仪式即可公示婚姻之成立。在古代中国，不论是儒家文化要求，还是国家成文立法，都没有婚姻登记的规定。"六礼"仪式一直是婚姻成立的法定程序。经过几千年的演变，"六礼"仪式渐渐成为民间普遍的婚俗习惯，尽管婚姻当事人民族、职业、身份各不相同，其所在地区各异，结婚仪式的具体内容也不完全相同，但结婚必须举行仪式这一点却是一致的。结婚仪式这一婚俗在中华民族中，可谓深入民心、根深蒂固，其不单单体起到恭贺新人的作用，还具有强大的公示效果。

其二，婚姻当事人法律意识淡薄。这一点在偏远、贫穷的农村地区体现得尤为明显。我们知道，婚姻法本身是一部惩罚性不强的法律，且因其有些规定不符合当地的传统习俗，与民众的婚姻观念相左，因而常常得不到足够的重视。在上述地区民众看来，结婚只要双方同意，办个仪式热闹一下并接受亲友的祝福就足够。有的民众甚至认为，结婚登记是为离婚做准备的，只要不离婚，登记不登记就无所谓。

其三，故意逃避法律的审查和监督。在事实婚姻的当事人中，还有一些人是故意违反法律，不办理结婚登记的，目的是为逃避法律对其不合法婚姻的审查和监督。在这类事实婚姻中，有的是双方或者一方未达法定婚龄的早婚；有的则是父母强迫包办的非自愿婚姻；有的是已有配偶又与他人以夫妻名义同居的重婚；甚至还有金钱性的买卖婚姻。正是由于没有办理结婚登记，逃过了婚姻审查，才使得上述种种违法婚姻得以产生并存在。①

此外，在现代都市生活中，同居不登记者数量也大幅增加，根据新浪网所做的一个关于对同居生活态度的调查，在参加调查的10538人中，有46.75%的人认为同居有益婚姻，非常赞同；46.70的人认为可以理解，但不接受，只有6.55%的人认为有害无益，坚决反对。② 显然，事实婚姻与同居关系已经成为我国目前一个无法回避又难以禁止的社会现实，我们应当充分认识其对传统婚姻法的冲击和挑战，并尽快采取相应的法律救济手段。

三、《婚姻法》修法中的民族性资源选择

（一）建立我国婚约法律制度的立法建议

在我国婚姻法中建立婚约制度必须以社会主义婚约理念为基础，以实现个人婚姻家庭幸福为目标，同时借鉴外国法中的先进经验。据此，我们认为在构建婚约制度时，应当紧密联系社会生活的需要，同时要把握现代婚约制度的精神实质，对传统婚约习俗采取"形式保留、内容改良"的态度，从而构建一个理论上符合现代法律自由主义精神、实践中满足司法实践需要的婚约制度。具体而言，这一制度应当包含以下几个方面的内容。

1. 婚约的定义及效力

婚约本质上应当是男女双方预定将来应相互结婚的契约。③ 但是，在这里应当特别注意：婚约系以结婚为目的，仅当事人有合意即可；且虽然婚约为结婚的预约，但其并不是结婚的前置程序。据此，当事人只要不违背婚姻之纯洁，便可以自由约定婚约内容了。

---

① 叶英萍：《婚姻法学新探》，法律出版社2004年版，第158～160页．
② 巫昌祯：《婚姻法执行状况调查》，中央文献出版社2004年版，第28页。
③ 何国强、何抒然：《解读婚约——现象、性质及立法》，《重庆理工大学学报（社会科学）》2014年第5期。

关于婚约的效力，根据世界各国的立法趋势以及婚约自身的精神内涵，必须明确以下三个方面的内容：首先，婚约不生任何身份上的效力，并不产生真正的姻亲关系或者夫妻关系；其次，婚约不得请求强制履行，男女双方当事人中的任何一方不得依据其所订立的预定将来应相互结婚的契约要求另一方强制履行结婚义务；最后，婚约附加违约金条款者，该条款无效。这样可以杜绝借婚约之名，行买卖婚姻之现象的发生。

2. 婚约的要件

鉴于婚约在其历史发展过程中，曾经诞下了"包办型"的"童养媳""小女婿"等负面产物，法律有必要对婚约的要件加以限制：婚约仅需要男女双方当事人意思表示一致即可成立，但是，当事人必须是自愿且要达到一定的年龄方可订立，即应当具备"订婚能力"。我们认为，订婚不同于结婚，没有达到法定婚龄以前也可以订婚。当事人具备完全民事行为能力时，也就具备了相应的"订婚能力"。

3. 婚约无效、可撤销及其法律后果

当婚约内容有违婚姻法禁止性规定或者具有其他效力上的瑕疵时，婚约无效。这时当事人间有礼物的交付得请求违约方返还，当事人因婚约无效而受有财产上的损失不得请求损害赔偿。由于婚约不得强制履行，婚约当事人其中一方要求解除婚约时应当允许，但这时当事人间有礼物的交付得请求违约方返还。当事人因婚约撤销而受有财产上的损失，无过错方得请求损害赔偿。

4. 解除婚约的损害赔偿问题

在订立婚约以后，给付彩礼的一方悔婚则无权要求对方返还聘礼，而收受彩礼的一方悔婚则必须向对方双倍返还聘礼。适用彩礼定金罚则难以或不足以弥补所受损害的，则应赔偿与信赖利益的差额部分。所受损害应予赔偿，所失利益不予赔偿。如有严重精神损害事实，还应支付相应的精神损害抚慰金。

（二）增设配偶权的思考

配偶权是一种权利的集合，内含各种派生权利。这些权利相互支持、相互制约，构成一个有机的权利体系。其中，某些权利的缺失或者遭受侵犯，必然会影响其他权利的存在、行使和功能的发挥，进而影响到夫妻感情生活的各方面及婚姻关系的质量。因而，对于配偶权法定内容的确定及对违反配偶权行为的处置等制度设计，既要考虑保护婚姻家庭、保护妇女儿童合法权益等宪法原则，又要考虑婚姻家庭及社会发展的需要，还要考虑该制度的现实操作性问题。①

考虑到未来修法时在配偶权制度设计上必须对上述各种利益做出平衡，我们认为配偶权的内容可以被概括为以下五项：第一，夫妻之间的同居义务，这是夫妻关系本质性的体现。但是同时，我们要考虑保障这一义务的履行，防止其中一方钻法律的空子，假借此义务之名侵害对方权利。在立法上，对此可以借鉴国外的先进经验，在规定同居义务的同时建立"别居制度"。第二，夫妻之间的忠实义务，这是现代婚姻伦理的最基本要求。第三，夫妻之间的协助义务，即配偶双方基于身份关系有要求对方协作、救助的权利，这是婚姻关系的必然要求。第四，日常家事代理权，我国现行《婚姻法》《民法通则》均没有规定配偶之间的此项权利，但夫妻在日常生活中需要处理的事情琐碎而繁杂，不赋予其相互之间的家事代理权不仅影响家庭生活的和谐幸福，也不利于动态的交易安全。第五，婚姻住所决定权，这是夫妻共同生活所必需的权利。② 当然，配偶权属于社会发展中新生的概念，它的设置，牵涉的问题诸多，还需要进一步调研和论证，我们在此仅表明一个方向和态度。

（三）解决我国事实婚姻问题的设想

如前所述，事实婚姻的长期存在，除传统聘娶婚姻习俗的传承影响、偏远地区公民法治观念淡薄、执法不力等原因之外，现代人对两性结合重内容、轻形式，追求自由，不愿承担责任也是不可忽视的原因。我们必须充分认识到事实婚姻对《婚姻法》的冲击和挑战，并采取相应的法律救济手段。

具体而言，建议我国立法结束对事实婚姻态度的反复，采取相对承认的法律态度，并通过司法解释对事实婚姻做出明确规定。目前，我国《婚姻法》第8条规定："要求结婚的男女双方必须亲自到婚姻登记机关进行结婚登记。符合本法规定的，予以登记，发给结婚证。取得结婚证，即确立夫妻关系。未办理结婚登记的，应当补办登记。"这一条文对事实婚姻的态度暧昧，规定得似是而非、含混不清。我们赞同通过司法解释对事实婚姻做出明确规定的做法：符合结婚实质要件，未进行结婚登记而以夫妻名义公开同居生活，且符合下列条件之一的，

---

① 孔祥瑞、李黎：《民法典亲属编立法若干问题研究》，中国法制出版社2005年版，第99～100页。
② 参见孔祥瑞、李黎：《民法典亲属编立法若干问题研究》，中国法制出版社2005年版，第100～109页。

人民法院可以认定为事实婚姻：(1) 双方共同生活达 2 年以上，其间未有间断；(2) 虽然双方共同生活未满 2 年，但同居生活期间已经育有子女并且双方对同居生活之事实无争议。①

四、结语

经过几代人的努力，我国《民法典》的编纂切入了"调整夫妻关系、家庭成员之间及其他近亲属之间的人身关系和财产关系"的亲属法，将历史性地回归为民法典的一编。② 但是亲属法回归民法典并不应简单地将现有婚姻家庭法方面的单行法规罗列其中，而应趁此契机，全面完善我国亲属法规范。而非常重要的一点即是遵循民族性的立场。婚姻法的民族性问题并不是属于历史范畴的概念，而是鲜活地存在于现实社会的客观实践中。我们国家民族众多、幅员辽阔，不同地区的文化传统、宗教信仰、生活习惯、婚嫁习俗千差万别，对于某些被时代摒弃的"陋习"，我们要根据可适用性原则、科学性原则、时代性原则和普遍性原则进行选择和扬弃。而对于其他留存下来的或者因时代发展而出现和改变的习惯，我们要进行鉴别，如果是"先进"的，那么作为民族性资源，我们应考虑是否在立法上予以确认。

如前文所述，本课题对某些问题的论证，如设置"配偶权"等问题的建议是表明一个态度和方向，同理，我们对婚姻法民族性的解读也是一个开端，以此为起点，前面还有许多工作要做。而纵观当前我们社会婚姻生活现状，在未来修改《婚姻法》时，除本课题所论及的几个问题外，我们还应该关注一些当代婚姻习惯法，包括择偶习惯法、同居习惯法、同性恋习惯法、婚姻解除习惯法、分家析产习惯法等。这些习惯法是由一定的社会群体创制并为一定的社会成员所共知和遵守，具有一定的强制性和约束力的行为规范，它包含中国民众婚姻家庭生活的具体规则，是中国社会最平凡的人平常而普通的婚姻家庭行为规范，反映着简单的生活常理，散发着朴实的泥土气息，传递着浓郁的乡土色彩，体

---

① 巫昌祯：《婚姻法执行状况调查》，中央文献出版社 2004 年版，第 31～32 页。
② 孔祥瑞、李黎：《民法典亲属编立法若干问题研究》，中国法制出版社 2005 年版，第 1 页。

现着灼热的城乡活力，昭示着潜在的生长轨迹。① 我们理所应当吸取其精华，尊重这些千百年流传下来的生活结晶。

第十部分　继承法的民族性解读

继承制度是人类历史上最古老、最基本的制度之一。德国学者耶林认为，继承法无论是对个人生活还是民族生活都具有重要意义。② 各国的政治经济制度以及法律传统、法律文化存在一定的差异，导致各国的继承法必须结合本国的习俗和习惯来制定。从这一意义上说，继承法具有一定的民族性，应与本国的政治、经济、文化和民族传统习惯相适应。正如孟德斯鸠所言："为某一国人民制定的法律应该是非常适合于该国人民的，所以如果一个国家的法律竟能适合于另外一个国家的话,那只能是非常凑巧的事。"③ 中国法律现代化的过程在某种程度上说是一个西方法律制度移植和借鉴的过程，中国继承法的发展也不例外。事实上，继承和婚姻规范具有较强的本土性和民族性，"移植"和"借鉴"只有适应本土化和体现民族性才能被接受。中国民法典的出台是社会主义市场经济发展的必然结果。④ 对现行《继承法》进行修改和完善，是编纂《中国民法典》的主要任务之一。⑤ 2012 年，全国人大已将继承法提上立法修改议程。但对继承法的修改和完善，"首先必须立足于我国的国情……我们也必须吸收借鉴那些先进的经验和做法，将其为我所用"。⑥ 事实表明，传统习惯和制度的正当用途

---

① 高其才：《当代中国婚姻家庭习惯法》，法律出版社 2012 年版，第 4 页。
② 参见［德］鲁道夫·冯·耶林：《为权利而斗争》，胡宝海译，梁慧星主编，中国法制出版社 2000 年版，第 44 页。
③ 参见［法］孟德斯鸠：《论法的精神》（上册），张雁深译，商务印书馆 1985 年版，第 6 页。
④ 参见余能斌：《沿着中国法典化历史的轨迹看中国民法典与现代化》，余能斌主编《民法典专题研究》，武汉大学出版社 2004 年版，第 245 页。
⑤ 现行《继承法》是 1985 年颁布的，至今已近 30 年。虽然其对调整我国的财产继承关系发挥了十分重要的作用，但随着社会经济、政治、文化的发展，人们财产状况和继承观念均发生了变化，财产关系愈来愈复杂，致使现行继承法面对现代社会立法滞后，对其修改和完善已势在必行。
⑥ 参见王利明：《我国民法典重大疑难问题研究》，法律出版社 2006 年版，导言第 2 页。

在于使法典贴近本国人民的生活。① 如何对待广泛存在于民间社会的继承习惯规则，即将哪些继承习惯上升为民事法律以及上升为法律规范的合理性何在等问题，都是继承法修改及《民法典》编纂时必须进行探讨的重要命题。

一、继承法民族性法律资源的总体调查情况

关于继承法的民族性法律资源实地调研主要于 2012 年 7 月至 8 月进行，采用问卷调查、个人访谈等形式对民间继承习惯情况进行了社会调研，具体范围遍及河南、陕西、贵州、云南四省 10 个县或自治县的 17 个乡镇，共发出调查问卷 900 余份，收回有效调研问卷 893 份；访谈 14 人次。限于调查问卷的篇幅，2012 年调查问卷中只设计了两个问题：（1）在当地，养子女对亲生父母的财产是否享有继承权？ A. 没有；B. 如果生父母家还有其他孩子，则没有；C. 有，与被收养没有关系；D. 有，但要减少份额。（2）在当地，"配偶、子女、父母"三者对遗产的继承，一般会怎么处理？ A. 配偶优先继承；B. 子女优先继承；C. 父母优先继承；D. 三者平均继承。其他有关继承法的民族性问题主要通过个人访谈形式进行调研。

从调查的数据和资料显示，（1）继承人的范围方面，在农村，儿子和女儿享有的继承份额不相同，一般情况出嫁女是无继承份额的。（2）公众对养子女是否享有对亲生父母遗产的继承权，争议较大，意见不一。（3）夫妻共同遗嘱方面，在农村设立共同遗嘱的现象普遍存在。老人遗产一般在双方都去世时才开始继承，也有些情况是在老人还在世时将大部分财产分给子女，自己只留够满足基本生活的财产。（3）继承人范围方面，没有法定继承人的人去世后，其后事一般由其亲属中的一人来操办，因此没有法定继承人的，遗产一般会归操办后事的亲属所有，遗产归国家的情形极少。（4）在遗产方面，宅基地使用权和土地承包经营权在实践中都属于被继承的遗产。另外，"父债子还""禁止遗赠"

---

① 中国拥有有关继承的悠久民族习惯。它更接近古代罗马的普遍继承而非现代罗马法和大陆法典发展出来的继承观念。传统的民族习惯和法律制度不应仅仅因为它们是传统的，或在西方世界的比较法中找不到对应就为法院抑制或被法学家所忽略。参见［美］庞德：《作为中国法基础的比较法和历史》，中国民商法律网，http：//www.civillaw.com.cn/article/default.asp?id=20340，访问时间：2013 年 2 月 2 日。

等观念在农村相当范围内还根深蒂固。对上述继承习惯在立法修改时必须认真对待和合理改造。

二、继承法民族性的现实载体

各民族在各自的生活中形成的习惯，是制定法的一个重要渊源。尤其是以亲属身份关系为基础的继承法，它与亲属法一样，具有一定的"习俗性"，有部分内容属"固有法"。而夫妻、亲子之自然关系，莫不受社会环境、风俗、人情之影响，各有其传统。故一国亲属法律关系，多随习俗而转移。其与"国情"之不合之规定，鲜能发挥其效用。① 在现代社会，一国继承法之发展既需要参考和移植他国法律的经验，也需要以适合本国国情的民众习惯为基础。② 对本国民众继承习惯的发现和认识，是实现法律移植成功的关键。因此，一国继承法的发展，必须尊重适合本国国情的民众继承习惯。③ 习惯乃是为不同阶级或各种群体所普遍遵守的行动习惯或行为模式。有些习惯被视为是人们的一些具体义务和责任，这些习惯是重要的社会事务，是为了确保令人满意的集体生活而必须完成的工作。④ 继承法的制定应以民间继承习惯为基础，民间继承习惯对我国现阶段民法典的制定具有重要的理论意义和现实应用价值。⑤

继承法具有显著的家庭性和伦理性。中国几千年形成的"家""礼""和"民族传统观念已深入人心。尊重和吸收民族的继承习惯传统，反映了对中国传统家庭观念和现实生活条件的认可。民法作为私法规范，以意思自治和不违反公序良俗为基本原则和精神，在继承法方面同样应贯彻民法的基本原则。民族继承习惯是民众在长期的社会生活中不断积累和形成的，在一定程度上反映了民众的真实生活和特有观念。虽然有些还保留着保守的思想和观念，但其契合

---

① 参见史尚宽：《亲属法论》，中国政法大学出版社2000年版，第5页。
② 美国法是在英国法的根基上构建的，但其并没有照搬英国的法律，而是以符合美国国情为原则，有选择地进行移植，对英国法进行了诸多变革。例如，北美殖民地时期许多地方并未接受英国的长子继承制，而是采用长子二倍于其他子嗣的动产或不动产的继承份额。参见 Carole Shammas, Marylynn Salmon, Michel Dahlin, *Inheritance in America: From Colonial Times to the Present*, Piscataway: Rutgers University Press, 1987, p.208.
③ 参见陈苇：《外国继承法比较与中国民法典继承编制定研究》，北京大学出版社2011年版，第42页。
④ 参见［美］E. 博登海默：《法理学：法律哲学与法律方法》，邓正来译，中国政法大学出版社2004年版，第399～400页。
⑤ 参见陈苇：《当代中国民众继承习惯调查实证研究》，群众出版社2008年版，第23～27页。

了民众的经济生活条件和心理需要,更反映了不同民族、不同地域的生活特点。因此,即使有些继承传统习惯从内容上与现代法的精神不完全吻合,但其在民众生活中存在着较强的适应性和现实合理性,并不违背社会公序良俗。如果国家制定法为了维护形式上的公平正义,强行摒弃和干预当地所遵循的继承习惯,一概否认所有继承习惯做法,则会导致国家法和习惯法之间的冲突,从而造成社会的不稳定与不和谐,结果只会事与愿违。

中国是一个具有五千年历史的文明古国,在历史发展的长河中形成的文化传统、道德价值和行为理念通过民族习惯风俗这种载体世世代代得以传承。因而,民族习惯和风俗作为民族文化传承载体蕴含了丰富的民族文化和民族精神,在一定程度上体现了和反映了中华民族的民族性格和民族心理。传统的继承习惯是民族文化的外在表现形式,是民族文化的重要组成部分,具有深厚的民族价值和民情基础。"造成一国之础本、形成一国之国风,即习惯也。故此如有无视该民族之习惯而规定各种法令,则不能期待于行政之万全明矣……不可不洞悉中国固有而在国内现行之习惯。"[1] "法律像语言一样,是民族生活的表现,它是从民族的经验与需要,经过自然过程而成长起来的,法学家不能被称为法律的制定者,正如语言学家不能被称为语言的创造者一样:他们只是发现了群众生活所创造的东西。这些创造物一部分仍然是习惯,而其他部分则变为法律。"[2] 历史法学派代表人物萨维尼认为,"一切法律本来就是从习俗与舆论而不是从法理学形成的。"[3] 中国五千年的历史发展形成了十分广泛的民族传统习俗,但民族习惯和风俗源自于生产力的发展状况,并受当时客观环境和条件制约的。从其性质属性来讲,既包括良俗,有夹杂着陋俗。值得注意的是,法是习惯的再制度化。针对民间习惯的两面性,立法应当在坚持科学性、普遍性、可操作性和时代性原则的基础上,对其内容合理性和价值正当性进行甄别和考量。对需要弘扬的优秀传统文化精神的继承习惯,结合时代特征对其进行完善,纳入为制度规范;不符合时代精神的,将之禁止和取缔;可有可无的,立法和司法不予干预,任其自生自灭。

---

[1] 前南京国民政府司法行政部:《民事习惯调查报告录》,中国政法大学出版社2005年版,第13页。
[2] 参见[美]鲍哈那:《法和战争》,[纽约]自然历史出版社1987年版,第197页。转引自杜江涌《论尊重习惯法原则在继承立法中的贯彻》,《内蒙古社会科学(汉文版)》2005年第1期。
[3] 参见耿淡如:《十九世纪的历史学与历史学家》,商务印书馆1989年版,第79页。

任何一项制度的产生和存在都有其合理的现实性基础和相应的效益价值。[①]继承的家庭性和伦理性为习惯法在继承法范围内的适用提供了正当性和必要性。立法和司法的实践表明，违背民事习惯的法律很难被遵守和实施，甚至有可能变为空洞的废纸。实际上，民众的习惯习俗和立法的司法适用始终是相互作用和影响的。习惯法主要依靠道德强制性和公共舆论被民众所遵循，具有较强的可操作性。综上所述，融入继承法以继承习惯的内容，赋予传统继承习惯以法律的特征，是制定法和习惯法相互融合，促使法律借助习惯有效渗入民众现实生活的有效路径。

三、我国继承法民族性的表现

　　在我国现代社会转型过程中，如何对待民事习惯和民族传统文化比对待国家制定法更为重要，尤其在婚姻家庭法和继承法领域。原因在于习惯法比国家制定法更贴近普通民众生活，对普通民众的影响更大，对普通民众的规范更直接。[②]随着市场经济的快速发展和社会财富的不断增加，1985年制定的现行继承法已难以满足和适应现代经济生活的需要，立法修改已迫在眉睫，但继承法的修改在借鉴国外先进继承制度的同时，必须结合我国的国情和实际，尤其应在尊重传统民族文化和继承习惯的基础上完成继承法的现代化转型。因此，构筑一部具有包容性和开放性的现代继承法是时代发展的需求，也为《中国民法典·继承编》的编纂奠定坚实的基础。根据本项目课题组的调研数据和资料所反映的继承传统习惯和现实继承情况[③]，本课题主要从现行继承法规定的继承人的范围和顺序、遗产的范围、遗嘱的方式、特留份制度以及遗产债务的清偿等几个方面对其民族性表现状况进行评析，为下一步立法的修改和完善提供理论参考。

---

① 杜江涌：《论尊重习惯法原则在继承立法中的贯彻》，《内蒙古社会科学》（汉文版）2005年第1期。
② 参见高其才：《中国习惯法论》，湖南出版社1995年版，第18页。
③ 下文有关调研数据情况除注明其为其他学者调研数据外，均默认以本课题调研报告为依据，为行文简洁，不再逐一注明。

（一）继承人的范围和顺序

1. 继承人的范围

根据我国《继承法》第10条、第12条、第32条的规定，继承法将法定继承人的范围具有严格限制。一旦被继承人生前没有以遗嘱的形式明示对其遗产做如何处理，又无法定继承人的，其遗产将被依法收归国家或者其生前所在集体所有制组织所有。自古以来，继承制度主要以血缘关系和婚姻关系为基础和依据。根据本课题调研的情况显示，如果没有《继承法》规定的法定继承人的情况下，一般由四等亲以内的旁系亲属继承，很少有将遗产交归国家或集体所有的情形。中国是一个非常看重家庭观念的国家，民众非常重视家庭成员之间的亲情和血缘关系。从历史传统乃至现实生活中来看，四等亲以内的亲属关系都是相当密切的，甚至在一些特殊家庭中，抚养和赡养的义务主要依靠四等亲以内的旁系亲属（叔、伯、姑、舅、姨、侄子女、外甥子女等）在履行。在我国社会养老供给机制不完备的背景下，把四等亲以内的旁系亲属纳入法定继承人的范围，是同我国的历史传统和民族习惯相适应的。但是，根据现行继承法规定，四等亲以内的旁系亲属却不享有法定的继承权，不属于法定继承人的范围之列，这显然与我国的传统习惯和当今的现实生活发生了错位。

由于我国继承法的法定继承人范围较为狭窄，加之计划生育政策造成的独生子女家庭越来越多，现实生活中极有可能导致被继承人的遗产无人继承而转为国家或集体所有，这显然不符合被继承人的意愿和民众的传统继承心理。因此，我们建议将侄子女、外甥子女、伯、叔、姑、舅、姨等四等旁系亲属纳入法定继承人的范围，尽量避免遗产无人继承收归国家或集体所有，最大限度上减少公权对私人财产的介入和干预。

关于养子女对生父母遗产是否享有继承权，根据我国《收养法》第23条的规定，养子女与生父母之间的权利义务虽因收养关系的成立而消除，但两者之间的血缘关系是事实存在、无法割断的。我国继承法司法解释第19条规定体现了继承法律关系上权利与义务对等的原则。根据本课题组对该问题的调研问卷显示①，39.1%的被调查者认为有继承权；25.6%的认为没有继承权；18.4%的认为如果还有其他子女，则没有继承权；15.3%的认为可以适当继承。现实中，

---

① 该调研样题为：在当地，养子女对亲生父母的财产是否享有继承权？ A. 没有；B. 如果生父母家还有其他孩子，则没有；C. 有，与被收养没有关系；D. 有，但要减少份额。

收养关系形成原因比较复杂，主要有合法收养、过继①和因抱养而形成的事实收养。目前在农村，收养关系大部分是在被收养人刚出生不久时因抱养而成立，送养人和收养人之间都有约定，除非第三人恶意破坏，被收养人一般并不知自己的亲生父母。目前 DNA 亲子鉴定技术已经成熟，一旦被收养人知道自己的身世，找到其生父母，又不愿解除原收养关系的，是否对生父母的财产享有继承权变得异常复杂。实践中，一般依据是否形成收养关系和事实上形成抚养关系作为判断标准。如果收养关系成立，被收养人不可以继承生父母的遗产。只有在其生父母无法定继承人时，或对生父母尽了较多扶养义务时，被收养人才可以继承或适当分得生父母的遗产。

关于丧偶儿媳和女婿对公婆或岳父母尽了主要的赡养义务的，均作为第一顺序法定继承人的规定，其立法目的主要为了保证老人的生活有保障和依靠，便于弘扬中华民族的传统美德。但实际调研发现，丧偶儿媳和女婿之所以对公婆或岳父母尽赡养义务，其主观目的并非为了将来继承老人的遗产，而是基于个人情感履行其道德义务和家庭责任。若其再婚，被继承人的遗产将无疑转入他人之下，这不符合"家财不外移"的传统习惯。另外，将尽了主要赡养义务的丧偶儿媳和女婿排除在法定继承人的范围之外并不影响其子女的代位继承权的实现。为了体现权利和义务相一致的原则，可以在遗产分割时赋予其适当分得遗产的权利，而这一权利并非法定继承权。

2. 继承人的顺序

关于继承顺序，本课题调研的问卷统计显示②，受访的 35.1% 的人认为配偶优先继承，24.5% 的认为子女优先继承，30.1% 的认为配偶、子女和父母平均继承，只有 8.2% 的认为父母优先继承，其余为 2.1%。可见，第一顺序继承人的继承地位在民众传统继承心理中并非完全相同，配偶的继承地位优先于子女和父母。山东大学王丽萍教授在山东省的民间继承习惯调查结果也证实了这一

---

① "过继"，又称"立嗣"或"承嗣"，是我国旧时农村存在的一种习俗，是指没有儿子的人，为了传宗接代、承继香火、养老送终，以亲兄弟、堂兄弟同宗族的儿子为自己儿子的做法。它是我国封建宗法制度下的一种特殊收养形式。中华人民共和国成立后，废除了封建宗法立嗣制度，现行法律对其不予认可。过继形式因地而异。如陕西过继子嗣有三种形式：一是从小过继；二是成人过继；三是宗族议定。在当前农村，过继子女现象仍然存在。关于过继子女的法律地位问题，我国《婚姻法》和《继承法》均未明确规定。实践中经常发生过继子女与亲生子女之间的继承纠纷。
② 该调研样题为：在当地，"配偶、子女、父母"三者对遗产的继承，一般会怎么处理？A. 配偶优先继承；B. 子女优先继承；C. 父母优先继承；D. 三者平均继承。

点。① 在访谈中也了解到，在广大农村地区，被继承人去世后，遗产一般不予分割继承，而由其配偶负责掌管遗产，只有在被继承人配偶双方均去世后，才由其子女分割继承，外嫁女一般不参与继承。如果有数个子女的，由于存在"分家析产"的传统习惯，房屋等不动产遗产一般由与被继承人共同生活的儿子继承，动产遗产按照子女的人数平均继承。在被继承人有子女继承的情况下，被继承人的父母一般不参与继承。兄弟姐妹、祖父母、外祖父母以及侄子女、外甥子女、叔、姑、舅、姨等亲属只有在没有配偶、子女、父母的情况下才参与继承。在继承习惯中之所以存在与法定继承顺序的差异，原因在于"家产不外移"的传统观念，尽量避免把遗产向更远的旁系血亲或姻亲扩散和转移。

在中国传统的"同居共财"②家庭生活中，经济上的"共财"并不意味着法律上的财产完全均等的"共有"。③ 按照传统习惯，女儿作为家庭一员，虽具有在共有财产中被抚养的资格，但在财产所有和继承方面却无和儿子相同的权利。在我国广大农村，尤其是偏远地区，由于存在"嫁出去的女儿泼出去的水"等传统观念，外嫁女不参与财产继承的现象普遍存在。继承法作为最具民族性的部门法之一，其与一国的婚姻家庭制度和传统习惯有着密切的联系。传统观念否认外嫁女享有继承权在一定程度上反映了儿子和外嫁女在家庭中的权利义务责任不相同，这是由中国传统的家庭生活方式和经济生活条件所决定的。其虽有悖于"继承权男女平等"的基本原则，但该传统深深地根植于中国传统文化的土壤中，具有顽强的生命力，并被乡土社会所普遍接受。正如马克思和恩格斯分析继承现象时指出的那样，继承法最清楚地说明了法对于生产关系的依存性。④ 因此，继承法欲冲破这一传统习惯的藩篱将需漫长的过程。进一步分析，否认外嫁女享有继承权从个体家庭来看违背了男女平等原则，但从社会整体来看，继承关系中遵循着同一规则却是相对公平的。因为外嫁女新融入的家庭中

---

① 调查统计结果显示，第一顺序继承人的选择中配偶的比例最高（丈夫 84.6%，妻子 80.8%），其次是子女（儿子 54.4%，女儿 49.5%），再次是父母（父亲 39.6%，母亲 38.3%）。参见王丽萍《我国〈继承法〉法定继承规定的民间态度——山东省民间继承习惯调查研究》，《甘肃政法学院学报》2007 年第 3 期。
② "同居"即以男性血缘关系为核心的数代同堂或兄弟同居；"共财"即家庭财产的共产制，即祖传的家产以及家庭劳动所得全部归家产，作为家庭中的成员获得扶养的资格。参见何燕侠《女性财产继承权的历史考察——法原理与法习惯方面的纠葛》，《大连大学学报》2003 年第 3 期。
③ "共财"和"共有"是有区别的，"共财"是经济上的共同关系；而"共有"是法律上的财产关系。参见［日］滋贺秀三《中国家族法论》，［日］创文社 1967 年版，第 92 页。
④ 参见《马克思恩格斯全集》（第三卷），人民出版社 1960 年版，第 420 页。

同样否认其外嫁女的法定继承权。因此，继承法的修改应在当事人自愿接受这一继承习惯的前提下，尊重乡土社会中的这一传统做法。事实上，通过调研了解到，法官在司法实践中经常按照当地的继承习惯对遗产继承纠纷进行调解和化解，取得了良好的社会效果。

关于配偶的继承顺序，各国的继承法主要采用两种立法体例；一是固定继承顺序；二是无固定继承顺序。从我国民间习惯来看，在被继承人有直系卑亲属时，父母一般不参与继承，遗产由被继承人的直系卑亲属和配偶均分。当被继承人没有直系卑亲属时，才由父母和配偶继承遗产。在这种情况下，配偶和父母如何分割遗产是继承法修改讨论的一个焦点问题。父母和配偶是按人数均分还是父母和配偶各分遗产的一半在学界存在争论。鉴于国外配偶无固定顺序和我国现实生活中的做法，配偶和父母各继承遗产的一半较为合理，也符合被继承人的意愿。另外，被继承人死亡后，房屋和家具等基本生活资料一般先不予分割，配偶和依靠被继承人赡养或抚养的父母和未成年子女对上述部分遗产享有优先使用权。但我国现行继承法对上述权利未进行规定，应在修改时加以明确规定，保障上述继承人的基本生活需求。

（二）遗产的范围

我国的遗产范围制度分散规定在《继承法》第3、第4条以及最高人民法院的司法解释中。[①] 从上述规定来看，我国继承法对遗产采取了正面概括加正面列举的立法模式，未从反面进行界定。随着社会的发展，财产的类型处于不断扩张之中，虽然列举式的模式缺陷在于无法穷尽全部的财产类别，但通过列举遗产的范围有利于引导民众确定自己的遗产范围，树立正确的财产追求目标，符合民众的思维习惯。遗产范围问题的难点在于仅从正面规定遗产的范围是不完整的，还应从反面限制的角度规定不属于遗产的范围，同样可以起到引导作用。因此，在修改《继承法》时，应采取概括的方式规定遗产的概念，以正面列举的方式规定遗产具体范围的同时，以排除式方式明确哪些财产不是遗产。[②]

---

① 《继承法》第3条规定，遗产是公民死亡时遗留的个人合法财产，包括公民的收入；公民的房屋、储蓄和生活用品；公民的林木、牲畜和家禽；公民的文物、图书资料；法律允许公民所有的生产资料；公民的著作权、专利权中的财产权利；公民的其他合法财产。第4条规定，个人承包应得的个人收益，依照本法规定继承。个人承包，依照法律允许由继承人继续承包的，按照承包合同办理。
② 参见麻昌华：《遗产范围的界定及其立法模式选择》，《法学》2012年第8期。

关于遗产的性质问题，用合法性来判断财产是否属于遗产是不科学的。一般而言，遗产的合法性判断需要由第三方机构进行认定，而由继承人判断遗产是否合法没有实际意义。正如古罗马法学家乌尔比安所言："我们不考虑忽视立遗嘱意愿的人……占有遗产上合法或是不合法。因为占有遗产或者遗产之一部分无论是否合法都能以告示被提起诉讼。"① 国外立法一般通过共同继承人对遗产的权利瑕疵担保责任予以救济。我国的继承传统也是如此，在遗产继承时，第三方机构未认定遗产为非法的，一般推定遗产是合法的。从实践上看，对遗产逐一审查其是否合法，不具有可操作性。故而，立法修改时应将限制遗产概念的"合法"一词删除。

值得关注的是，农村遗产中所特有的土地承包经营权和宅基地使用权能否作为遗产的类型一直备受争议。我国2007年颁布的《物权法》明确规定，土地承包经营权可以采取转包、互换、转让等方式流转②，但能否通过继承方式流转则未予以规定。在性质上，土地承包经营权和宅基地使用权都属于用益物权的范畴，是典型的财产权和具有强烈的身份属性。当前农村实行的土地承包政策30年不变，使土地承包经营权的财产属性更为强烈。为了与《物权法》《农村土地承包经营法》《土地管理法》协调一致，在继承时应区分继承人的不同身份区别对待，如继承人属于本集体经济组织的成员，则允许继承，否则，只能继承转让上述用益物权所取得的经济利益。

（三）遗嘱继承

1. 遗嘱的方式

我国《继承法》第20条规定遗嘱有公证遗嘱、自书遗嘱、代书遗嘱、录音遗嘱、口头遗嘱五种形式。根据陈苇教授主持的我国民众继承习惯调查显示，目前我国民众对密封遗嘱这一问题上态度比较多元化。③ 现实生活中虽然存在密封遗

---

① 参见［意］桑德罗·斯奇巴尼选编：《婚姻、家庭和遗产继承》，费安玲译，中国政法大学出版社2001年版，第335页。
② 我国《物权法》第128条规定："土地承包经营权人依照农村土地承包法的规定，有权将土地承包经营权采取转包、互换、转让等方式流转。"第153条规定："宅基地使用权的取得、行使和转让，适用土地管理法等法律和国家有关规定。"《农村土地承包经营法》第50条规定："土地承包经营权通过招标、拍卖、公开协商方式取得的，该承包人死亡，其所得的承包收益，依照继承法的规定继承；在承包期内，其继承人可以续包。"《土地管理法》第15条规定："农民集体所有的土地，可以由本集体经济组织以外的单位或者个人承包经营，从事种植业、林业、畜牧业、渔业生产。发包方和承包方应当订立承包合同，约定双方的权利和义务。"
③ 参见陈苇：《当代中国民众继承习惯调查实证研究》，群众出版社2008年版，第340页。

嘱的形式和情形，但密封遗嘱本质上是公证遗嘱、自书遗嘱、代书遗嘱乃至录音遗嘱的一种外在表现形式，目的在于被继承人去世之前不愿公开遗嘱的内容，避免继承人因遗嘱的内容引发家庭纠纷。就其记载内容而言，与密封内的公证、自书、代书、录音遗嘱相一致，其本质上仍然是公证、自书、代书、录音遗嘱。因此，立法应当认可遗嘱密封这一特殊外在形式，但不应作为遗嘱的一种单独类型和形式。

2. 共同遗嘱

共同遗嘱也称合立遗嘱，是指两个或两个以上的遗嘱人共同订立的一份遗嘱，在遗嘱中同时处分共同遗嘱人的各自的或共同的财产。[①] 我国继承立法对共同遗嘱未予规定，但从我国司法部 2000 年制定的《遗嘱公证细则》第 15 条中侧面反映了在实践中不提倡设立共同遗嘱，但经过公证机关公证的共同遗嘱可以认可其效力。[②] 目前，学界对共同遗嘱的法律地位和效力主要有肯定说和否定说两种学说。[③] 通过调研了解到，夫妻共同遗嘱在现实生活中是大量存在的，而夫妻以外其他人订立共同遗嘱的情形很少存在。从立法上看，现行继承法未对夫妻共同遗嘱明确规定，主要是因当时立法所奉行的"宜粗不宜细"和"遗嘱自由"的指导思想所造成的。从理论上看，夫妻共同遗嘱存在的原因主要有三：一是我国家庭中的夫妻共同财产制是夫妻共同设立遗嘱的客观物质基础和前提条件；二是其符合我国民间长期存在的民族传统和习惯做法；三是其有利于保护配偶和未成年子女的利益，减少家庭遗产纠纷，维护家庭的和谐稳定。从实践中看，夫妻共同遗嘱无论对遗产纠纷的解决，还是对尊重共同遗嘱人对其遗产的自由处分来讲，都是利多弊少，可以作为遗嘱的一种特殊表现形式由立法所规定。因此，从我国国情出发，应该承认共同遗嘱的效力，但应仅限于夫妻共同遗嘱，其他形式的共同遗嘱不予认可其效力。

---

① 参见杨立新：《对修正〈继承法〉十个问题的意见》，《法律适用》2012 年第 8 期。
② 《遗嘱公证细则》第 15 条规定："两个以上的遗嘱人申请办理共同遗嘱公证的，公证处应当引导他们分别设立遗嘱。遗嘱人坚持申请办理共同遗嘱公证的，共同遗嘱中应当明确遗嘱变更、撤销及生效的条件。"
③ 肯定说又分为两种意见：一种意见为，按照"法无明文规定即自由"的原则，虽然继承法没有规定共同遗嘱，但共同遗嘱并不违反社会公共道德和公共利益，应当承认共同遗嘱的有效性。另一种意见认为，立法应当对共同遗嘱的主体、变更或撤销的行使条件等方面进行限制，将共同遗嘱限于夫妻共同遗嘱，对其他主体订立的共同遗嘱不予认可。参见麻昌华、曹诗权：《共同遗嘱的认定与建构》，《法商研究》1999 年第 1 期。否定说认为，共同遗嘱违背了遗嘱自由原则和我国遗嘱的法定形式，未得到立法上的明确规定，应否认其法律效力。参见郭明瑞、房绍坤：《继承法》，法律出版社 1996 年版，第 175 页；刘素萍：《继承法》，中国人民大学出版社 1988 年版，第 262～263 页。

3. 特留份①

特留份是指法律规定遗嘱人不得以遗嘱方式取消特定的法定继承人继承的遗产份额。其实质是赋予特定的法定继承人一定的继承份额来限制遗嘱人的遗嘱自由。特留份制度符合基本的道德规范要求，有利于对家庭成员的扶助和社会利益的保护。按照西方的一般遗嘱理论，遗嘱人在设立遗嘱时，如果没有给特留份权利人保留法定的份额，则其相应部分的处分无效。

在现代社会，遗嘱制度和合同制度担负着私法自治的重要使命。在我国，遗嘱自由原则是继承法的重要原则之一，在现行继承法中得到了充分的体现。当然，我国继承立法对遗嘱自由进行了一定的限制，主要表现在《继承法》第19条和继承法司法解释第37条规定上②，上述规定在我国继承法理论上被称为"必留份"制度，有别于"特留份"制度。现行继承法中的"必留份"规定仅考虑缺乏劳动能力又无生活来源的继承人的抚养问题，而忽视了保护其他法定继承人的合法权益，尤其是其他法定继承人尽了家庭成员间的法定权利义务且没有丧失继承权的情况。从实务中看③，若继承人中无缺乏劳动能力又没有生活来源的，被继承人就可以处分其全部遗产给他人，而不给法定继承人留下任何遗产，这样既违背了基本伦理、不合常情，也不利于家庭关系的稳定，更不适应现阶段家庭职能要求。对此，张玉敏教授认为，我国是当今世界上对遗嘱限制最少的国家，反过来说，我国继承立法给予被继承人的遗嘱自由是最多的。④因此，《继承法》第19条虽然对遗嘱自由加以一定限制，但其效果却不如特留份制度能够明显切实保护近亲属的合法权益。

考察我国古代历史，古代遗嘱称"遗命""遗令"或"遗言"等，最早见

---

① 特留份制度起源于古代罗马法。在《十二铜表法》时代，古罗马的遗嘱继承制度已逐渐普及，遗嘱自由原则亦得以确立，家长通过遗嘱自由指定继承人，以防止家产的分散，维护家庭的完整。但是到了共和制末期，家长滥用遗嘱自由权的现象日趋严重，有的奴隶主甚至立遗嘱将遗产留给情妇或家庭之外的人，而非子女。于是法律基于对近亲属的慈爱义务，创设了义务份制度。即遗嘱人的尊亲属、卑亲属及同父母兄弟姐妹，在其由遗嘱所受财产未达义务份（应继份额的四分之一）时，法律认为该遗嘱不符人伦道德，遗嘱人的上述近亲可向指定继承人提起"遗嘱逆伦之诉"，以求撤销遗嘱，恢复其法定应继份额。受罗马法该制度的影响，法国、德国、瑞士、日本、意大利均在其民法典中规定了现代意义上的特留份制度。因各国在道德观念、传统习惯上的差异，在特留份权利人范围、享有份额等规定上有所差异。参见史浩明《中国民事法律制度继承与创新》，人民法院出版社2006年版，第475～478页。
② 《〈继承法司法〉解释》第37条规定："遗嘱人未保留缺乏劳动能力又没有生活来源的继承人的遗产份额，遗产处理时，应当为该继承人留下必要的遗产，所剩余部分，才可参照遗嘱确定的分配原则处理。继承人是否缺乏劳动者能力又没有生活来源，应按遗嘱生效时继承人的具体情况确定。"
③ 如四川泸州黄某遗赠一案和杭州老人叶某遗赠保姆一案，对遗嘱自由原则提出了质疑，在社会上引起了广泛关注和讨论。
④ 张玉敏：《继承法律制度研究》，法律出版社1999年版，第246页。

于《国语·周语上》《左传·哀公三年》及《后汉书·樊宏传》等文献中。作为现代意义上的遗嘱，秦汉时已出现。[1] 遗嘱继承作为正式的法律概念，始见于《宋刑统·户婚》所引唐《丧葬令》中。[2] 据《折狱龟鉴》《名公书判清明集》等历史资料显示，古代官府承认遗嘱的效力，但官府有权撤销遗嘱中不合常理、侵犯孤幼权益的内容。[3] 上述资料反映了我国古代对遗嘱自由进行一定限制的习惯传统。在当今社会，对遗嘱自由进行一定限制，确立特留份制度符合中国民间的继承习惯和普通心理。正如史尚宽先生所言，对直系卑亲属、直系尊亲属、配偶及兄弟姐妹等近亲，不留一物而以遗产全部给他人，则不免悖义，而非道义上所可容许。[4]《韩国民法典》第1112条规定："继承人的特留份，适用下列各项规定：(一)被继承人的直系卑亲属，为其法定继承份额的二分之一；(二)被继承人的配偶，为其法定继承份额的二分之一；(三)被继承人的直系尊亲属，为其法定继承份额的三分之一；(四)被继承人的兄弟姐妹，为其法定继承份额的三分之一。"可见，韩国民法将特留份权利人范围界定在子女、配偶、父母和兄弟姐妹，并针对不同的继承人将特留份额做了区分。因此，我国继承法在规定"必留份"的同时，应增设特留份制度，尊重和反映传统的继承习惯。关于特留份权利人的范围应局限在与被继承人关系密切的近亲属，具体应包括配偶、直系卑亲属和父母，不能任意扩大权利人的范围。特留份的具体份额，考察国外特留份制度的立法经验，应确定为遗产的二分之一较为妥当和符合民众心理。

（四）遗产债务的清偿

关于遗产债务的范围，我国继承法并未统一规定，而是散见于有关条文和司法解释中，不利于继承人对遗产债务的全面认识和债权人利益的保护。关于丧葬费用是否属于遗产债务，根据陈苇教授主持进行的中国民众继承习惯调查的数据显示，近五成受访者认为丧葬费用应由子女承担，但也有近四成的被调查者赞同丧葬费用属于遗产债务的范围。[5] 结合国外的立法经验，根据我国民众

---

[1] 参见程维荣：《中国继承制度史》，东方出版中心2006年版，第288页。
[2] 参见《宋会辑稿·食货六一》之五八。
[3] 参见程维荣：《中国继承制度史》，东方出版中心2006年版，第294～295页。
[4] 参见史尚宽：《继承法论》，中国政法大学出版社2000年版，第609页。
[5] 参见陈苇：《当代中国民众继承习惯调查实证研究》，群众出版社2008年版，第107、288、428、521页。

的习惯，丧葬费用可以作为遗产债务，从遗产中支付，不足以支付的部分由子女承担。

虽然我国《继承法》第 33 条规定了无条件的限定清偿责任制度，目的在于消除封建社会"父债子还"的不合理现象。这在经济不发达的社会背景下符合社会现实，但随着市场经济的快速发展，民众的私有财产越来越多，债权债务关系变得比较复杂。实践中，继承人隐匿、转移遗产的现象比较常见，而被继承人的债权人难以查证，而且即使继承人隐匿、转移遗产行为被发现，也并不影响继承人的有限清偿责任，有恶意的继承人往往未受到应有的法律制裁。[1] 在此情况下，如仍实行无条件的限定清偿，往往损害被继承人债权人和国家的利益。另外，在以信用为基础的乡土社会，如果儿子有一定的清偿能力而不还父债，儿子的信用将会受到极大影响和道德谴责。因此，无条件限定继承在某些地域在某种程度上不符合乡村习俗。因此，实行有条件的限定清偿制度是符合我国现实生活和国情的。当然，继承人具有选择权，并不当然成为限定继承人。而继承人一旦实施了清偿，法律应认定这一清偿行为的法律效力，从而保护被继承人债权人的合法利益。

四、我国继承法立法中的民族性选择

针对我国现行《继承法》对反映传统民族文化的继承习惯和法律资源汲取的不足，未来立法修改时除了借鉴国外的立法制度和经验外，还应结合我国继承传统习惯和现实生活需求对其民族性进行充分的体现和强化。为此，我们提出以下立法修改建议。

（一）继承人的范围与顺序

《继承法》第 10 条建议修改为：

被继承人未立遗嘱的，遗产按照下列顺序继承：

第一顺序：子女

---

[1] 参见陈苇、宋豫：《中国大陆与港、澳、台继承法比较研究》，群众出版社 2007 年版，第 431 页。

第二顺序：父母

第三顺序：兄弟姐妹、祖父母、外祖父母

第四顺序：侄子女、外甥子女、伯、叔、姑、舅、姨

配偶为第一顺序和第二顺序无固定顺序法定继承人，与第一顺序血亲继承人共同继承时，继承份额一般应当均等。配偶与第二顺序血亲继承人共同继承时，其继承份额为二分之一。

继承开始后，由顺序在先的继承人继承，无前一顺序继承人，后一顺序继承人继承。

本法所说的子女，包括婚生子女、非婚生子女、养子女和有扶养关系的继子女。

本法所说的父母，包括生父母、养父母和有扶养关系的继父母。

本法所说的兄弟姐妹，包括同父母的兄弟姐妹、同父异母或同母异父的兄弟姐妹、养兄弟姐妹、有抚养关系的继兄弟姐妹。

《继承法》第 12 条建议修改为：

丧偶儿媳对公、婆，丧偶女婿对岳父、岳母，尽了主要赡养义务的，可以适当取得部分遗产。

养子女与生父母之间有扶养关系的，可以适当取得部分遗产。

（二）遗产范围

《继承法》第 3 条建议修改为：

遗产是自然人死亡时遗留的个人财产，包括：(1) 自然人的储蓄等动产；(2) 自然人的房屋、宅基地等不动产；(3) 自然人的股权等财产权利；(4) 自然人的著作权、专利权等知识产权中的财产权；(5) 法律规定的自然人的其他财产利益。与自然人的人身密不可分的权利、义务，不属于遗产。

遗产的继承应是对全部遗产的继承，不得选择其中的某一部分单独继承。[①]

[①] 参见麻昌华：《遗产范围的界定及其立法模式选择》，《法学》2012 年第 8 期。

(三) 遗嘱继承

《继承法》第 16 条建议修改为:

自然人可以依照本法规定采用公证、自书、代书、录音录像、口头等方式订立遗嘱处分自己的遗产,并可以指定遗嘱执行人。遗嘱的内容不得违背公序良俗。以公证、自书、代书、录音录像方式订立遗嘱的,可以对遗嘱进行密封,立遗嘱人应在封缝处签名或按捺指印。

两个以上的自然人不得共同订立遗嘱,但夫妻双方共同订立同一遗嘱,符合遗嘱有效条件的,应当认定有效。夫妻共同遗嘱从双方均死亡时开始生效。当夫妻双方生存期间有一方再婚或一方去世后另一方再婚的,共同遗嘱自行失效。

共同遗嘱人一方先死亡时,另一方可以变更或撤销遗嘱,但效力及于个人财产范围;如放弃行使变更或撤销权,则禁止将来行使变更或撤销权,但共同遗嘱中明确约定一方死亡后,生存一方可以自由变更或撤销遗嘱的除外。

《继承法》第 19 条建议修改为:

遗嘱人以遗嘱处分财产,在清偿债务之前,应当为依靠被继承人抚养的缺乏劳动能力有没有生活来源的继承人保留必要的遗产份额。

遗嘱人以遗嘱处分财产,应当为配偶、子女及直系卑亲属、父母保留特定的遗产份额。特留份额为清偿债务后遗产的二分之一。

(四) 遗产债务的清偿与分割

《继承法》第 33 条建议修改为:

遗产应按下列顺序清偿债务:(1) 合理的丧葬费用。(2) 应缴纳的税款。(3) 个人债务。继承人放弃继承的,债务清偿以被继承人的遗产实际价值为限。

继承人自愿选择有条件限定继承的,如果遗产的实际价值不足以清偿债务的,可以在遗产的实际价值范围内承担有限清偿责任。

继承人自愿选择无条件概括继承的,如果遗产的实际价值不足以清偿债务的,应当以继承人个人所有的财产承担清偿责任。有数个继承人的,继承人对债务承担连带责任。

《继承法》第 26 条建议增加一款为:

遗产分割时,生存配偶和依靠被继承人抚养的直系近亲属对基本的生活住房和生活用品等必要的基本生活资料,享有优先使用的权利。

五、结语

任何制度的设计和安排,都不能不考虑非正式的制度存在。法律对传统的继承和尊重也就必然包括对习惯法的继承和尊重,否则法无法演进。在习惯法与国家法并存的二元结构下,要实现法治现代化,其出路应该是打破二元文化结构,寻求法律文化结构的内部协调……使其由传统形态向现代形态转变。① 当国家制定法和民间法发生冲突时,不能公式化地强调以国家制定法来同化民间法,而应当寻求国家法与民间法的妥协与合作。② 因此,在我国继承法修改时必须从我国继承的民族传统和继承习惯的实际出发,尽可能采用类似功能的传统制度,充分体现我国继承制度的民族特性和民族文化,使其适应社会的新发展和新问题而不断调整,使继承法规范真正贴近民众的生活和心理,更好地被接受和适用。

第十一部分　侵权法的民族性解读

侵权法源于原始氏族社会的同态复仇形态,随着人类文明社会的演进和发展,其从民刑合一逐渐走向了分离和独立。在现代社会,无论是大陆法系国家,还是英美法系国家,侵权行为法都是一个极富挑战性的法学领域。③ 由于法律文化传统不同,各国侵权法在发展的方式和路径上亦不相同,反映了侵权法的演变与该国的民族历史、文化、习惯等息息相关。我国《侵权责任法》于2009年12月正式颁布,标志着民法典编纂阶段性任务的完成和中国特色的社会主义法律体系基本形成。纵览《侵权责任法》,其具有浓厚的民族色彩,渗透了诸多民族因素。在制定《侵权责任法》的过程中,立法者大胆吸收了中华民族历史与

---

① 参见王银梅:《回族继承习惯法与国家继承法的冲突与调适》,《宁夏党校学报》2008年第5期。
② 参见苏力:《法治及其本土资源》,中国政法大学出版社1996年版,第162页。
③ 麻昌华:《21世纪侵权行为法的革命》,《法商研究》2002年第6期。

现实所形成和积淀的传统、文化、习惯、风俗等法律资源，打破了迷信外国法的法学研究思潮，在法律术语、体系结构、制度设计、规则制定方面都体现出中华民族的特色。这是中国民事立法自物权法制定时开启的一种科学态度。[①] 张新宝教授明确指出，《侵权责任法》通过后，学者的主要工作应从立法论向解释论转移。毫无疑问，在今后相当长的一段时间内，正确理解和适用《侵权责任法》的条文含义既是执法者的任务，也是学者的任务。在《侵权责任法》实施的大背景下，对我国侵权法民族性的分析和阐释，亦为正确理解侵权法规范形成的重要问题。

一、侵权法民族性法律资源的总体调查情况

法律资源是指表现为法规范、法文化、法习惯、法传统、法心理等各种客观存在，它是法律制定的基础。进一步而言，民事法律资源可以表现为国家法，也可以表现为习惯或传统，在这些具体表现中，习惯或传统的形成时间是有差别的，有的是自古就有的，有的是近、现代形成的，但都会烙在该民族的现实交往或行为之上。我们在寻找法律资源的民族特性时，既要对自古以来形成的"传统"加以考察，也要对一定时间内形成的现代"传统"予以重视，而现代"传统"往往表现为我们常说的"中国特色"。

基于上述分析，关于侵权法民族性法律资源的考察，课题组主要从两个路径进行：一是通过调查问卷、个人访谈开展实地调研，对我国现实生活中关于侵权纠纷解读的习惯做法进行梳理，分析和探讨其存在的合理性和民情基础。二是通过对我国通过历史文献查阅古代侵权法的文本规范，对我国古代侵权法的特点进行总结，为我国现代侵权法的完善提供启示和借鉴。

在调研问卷中，关于侵权法的民族法律资源方面共设计了四个问题：(1) 在当地，打群架致人伤亡，由谁承担责任？选项：A. 由带头打架者承担全部赔偿责任；B. 可以由打架的任何一人承担全部赔偿责任；C. 由带头打架者赔偿，不足部分由其他参与人赔偿；D. 由带头打架者和参与者平均分担。(2) 在

[①] 麻昌华：《〈侵权责任法〉的解释论与立法论》，《法商研究》2002年第6期。

当地,在签了"生死状"的情况下打架斗殴而导致伤亡的,受害人的损失如何赔偿?选项:A.致害人赔偿;B.不能要求赔偿;C.致害人给予一点补偿;D.其他。(3)在当地,如有人无偿帮忙邻居收割庄稼或帮忙盖房,受伤了,一般损失由谁承担?选项:A.邻居承担全部责任;B.帮工人自己承担全部责任;C.双方共同分担;D.邻居给予适当补偿。(4)在当地,遇到辱骂他人毁损他人名誉时,怎么处理?选项 A.放鞭炮进行道歉;B.摆流水席向对方道歉;C.金钱赔偿;D.其他。从调研的数据分析,针对调研问题,侵权纠纷的现状为:(1)目前农村打群架主要集中在家族矛盾、宅基地纠纷、"老婆舌头"倒闲话以及孩子纠纷等方面。随着社会文明的进步,打群架的情形已普遍减少。自此类责任承担中,由带头打人者承担主要责任、其他参与人均承担一定的赔偿责任。如不能分辨主要责任人的,所有参与人均担。(2)义务帮工是我国农村地区普遍存在的一种社会关系,其尚处于熟人社会之中,在操办婚丧嫁娶等红白喜事、自建房屋、抢收抢种等急需人手之时,街坊邻居、远亲等前来帮忙而不收取报酬,是十分常见的。实践中按照有偿和无偿情况以及存在的过错程度的不同,损失由帮工人和被帮工人进行分担。(3)古代传统上的"生死状"在今天基本上已销声匿迹,但今天某些劳动合同的免责事由中存在着"生死状"的影子,现行民法对该类免责条款一般不予认可。(4)侵害他人名誉的现象从古到今在普通民众生活中司空见惯,就辱骂他人毁损他人名誉时该怎么处理,不同调研地区不同被调研对象看法也不一致。其中,赔礼道歉为主要责任方式,但赔礼道歉要求以公开的形式进行,这与中国传统"要面子""和为贵"的思想是一致的。

二、我国古代侵权法的民族特点与现代启示

中国古代侵权法作为中国法系的重要组成部分,内容极为丰富,充分体现了中国古代社会的民情和现实生活,与西方古代侵权法相比,具有自己独特的优势和特点。深入研究其所具有的民族性格,对丰富我国法学文化宝库和传播法学文化传统乃至完善现代侵权法具有重要的价值和意义。

(一)我国古代侵权法的民族特点

我国古代侵权法具有重视习惯和礼制,重视调解但禁止私和,因侵害对象

不同而责任不同等特点，主要表现在以下几个方面。

1. 民法刑法相结合，重刑轻民，民事侵权适用刑事制裁方式

如《周礼》"司救"一职所处理的行为，包含有民事违法行为，所适用的制裁也包括"责让"方式，但从"司救"的职务看，这里的制裁是一种行政制裁。《周礼·地官·司救》："司救掌万民之衺恶过失而诛让之。以礼防禁而救之。凡民之有衺恶者三让而罚……"，意即责让三次，不听，则加以挞击；三罚不听，则给予刑事处分。同时，刑事附带民事制裁又可能转换成刑事制裁。《唐律疏义》卷第六"犯罪应征正赃及赎，无财可备者，皆据其本犯及正赃，准铜每二斤各加杖十，决讫付官、主"。"付官、主"是一种民事后果。这是对官户、部曲、官私奴婢而言。薛元升《唐明律合编》指出："应征正赃及赎，不能完缴，如何科断，唐律无文。而官私奴婢有犯，应征正赎无财者，准铜二斤，各加杖十，良人似亦可照办。"是否受皮肉之苦，决定于有财无财，所以这项规定对富人是有利的。有一部分行为，在制裁上，刑事附带民事，既坐且偿。但也有一部分行为，属于民事侵权行为，偿而不坐，例如误毁、亡失私物，偿而不坐。如误杀伤官私牛马，不坐但偿其减价。由此可见，我国古代的侵权制度是在礼法不分、诸法合体中以及各种不同性质的行为和制裁方式混合适用中逐步产生的。

2. 刑事主观状态上有故意与过失之分，而民事上没有这种划分

因为故意致害人身或财物，无不构成犯罪行为。但刑事上的过失逐步演化出民事上的过失，所谓偿而不坐即涉及民事上的过失。

3. 严格区分被侵害对象，主要分为侵害人身和侵害财物两大类

侵害人身方面，不涉及纯粹的民事侵权，完全属于刑事犯罪的范畴，但对刑事案件的处理可能附带民事后果。在侵害财物方面，有些情况属于单纯的民事侵权，不涉及刑事制裁。需要注意的是，被侵害的财物往往有官私之分，制裁的方式与程度并不完全相同。对官物的保护从严，但从严主要体现在刑事上。如《笺释》："夫遗失、误毁在私物则只赔偿，在官物则仍坐罪。以过失所当原，而官物不可误也。"但有时致害私物的赔偿反而多于致害官物的赔偿。不过这不是一条原则。对于官物，又区分为本司之物和他司之物。本司畜产损食本司公廨，只坐不偿；损食他司公廨，既坐且偿。对于私物，又区分为亲属之物和非亲属之物。这种区分的意义也主要表现在刑事方面。如按明律，故杀他人猪羊，准盗论；故杀缌麻以上亲猪羊，坐赃论。就民事说，二者皆"追偿减价。"

4. 注重调解

《周礼·地官·调人》："凡过而杀伤人者，以民成之；鸟兽亦如之。"即由乡里之民进行调解。杀伤人为刑事，杀伤他人鸟兽应为民事，故意者也可能构成刑事。可见，不论民刑，都适用调解方法。调解不同于私和，调解有官府调解和乡里调解（如明代的耆老之职）之分。私和指私下受财了事。一般情况下，刑事案件禁止私和；相对而言，民事侵权案件大部分可以私和，但损害官物，禁止私和。

（二）古代侵权法对现代侵权法的启示

在我国古代侵权行为法的具体制度上，有一些规定极具现代侵权法的先进意义，这也是我国古代侵权行为法的精华之所在。

1. 关于损益相抵的原则

在我国古代的法律中，已有损益相抵规定，且规定得比较明确。从《唐律》开始，就规定了"偿所减价"制度，一直延续到清代继续适用这一制度。"偿所减价"，是指原物受损之后，以其物的全价扣除所残存价值之差额，作为赔偿数额，适用的范围是牛马等畜产遭受损害的赔偿。这种制度所体现的就是损益相抵的原则。由此可知，关于损益相抵制度，在我国古代侵权法中早已存在，并长期适用。我国现代侵权法中这一制度并非从国外借鉴而来，乃是我国侵权法固有制度。

2. 关于相当因果关系

《清律·刑律·斗殴》"保辜"条规定："凡保辜者，（先验伤之轻重，或手足，或他物，或金刃，各明白立限。）责令犯人（保辜）医治。辜限内，皆须因（原殴之）伤死者，（如打人头伤，风从头疮而入，因风致死之类。）以斗殴杀人论。"其中"打人头伤，风从头伤而入，因风致死"，即为有相当因果关系。"别因他故死者，打人头伤，不因头伤得风，别因他病而死者，"不认为有因果关系，只按殴伤治罪。这是典型的相当因果关系的应用。可见，中国古代关于相当因果关系的实践应用，比外国相关理论的产生时间要早。

3. 法律确认对间接损失应予赔偿

中国古代侵权行为法对于财物损害事实区分直接损失和间接损失，并以明文规定间接损失应当赔偿。在清代律令条文中，多次出现"花利归官、主"和"苗子归官、主"等内容，这些都是物的孳息，都属于间接损失。这预示了现代侵权法对全部损失赔偿的发展趋势。

4. 侵权责任方式多样性

我国古代侵权法律规范中，侵权责任形式种类繁多，达15种之多，可以分为4个大的类别①，这些责任形式对现代侵权法的责任方式具有借鉴意义。

三、我国现行侵权法的民族性表现

法律并不是社会科学中一个自给自足的独立领域，能够被封闭起来或者可以与人类努力的其他分支学科相脱离。②法律是根植于特定历史时期、特定群体的一种文化，需要充分考察和反映本土国情。③法律都具有本土性，即便是比较上的借鉴，也难以通过简单的继受来完成，比较法上的参考只是在具有实际国情的根基上才能够发生实际效用。④我国《侵权责任法》的立法过程中，在充分借鉴国外侵权法先进制度和立法经验的前提下，立足于中国的国情和现实需要对各项制度和规则进行设计，充分地体现了民族特色和国际潮流的结合。侵权责任法的中国特色不仅在于其独立制定、独立成编的形式创造，而且在于其在立法精神、体系设计、制度安排等诸多方面的中国烙印和实质创新。⑤

（一）法律术语方面

现代侵权法上的"侵权"一词最初是"错误"和"不法侵入"的同义词。⑥侵权法从产生之初本质上为不法行为法。在西方国家，侵权法一般被称为"侵权行为法"或"不法行为法"。按照一般的观点，法律是一种行为规范，规制的

---

① 参见孙季萍：《明清侵权行为的民事法律责任问题》，《烟台大学学报》（哲学社会科学版）1992年第2期；蔡晓荣：《文本嬗递与"法意"薪传：中国近代侵权行为立法的一般脉络》，《政法论坛》2009年第6期；杨立新：《中国侵权行为法的百年历史及其在新世纪的发展》，《国家检察官学院学报》2001年第1期；陈涛、高在敏：《中国古代侵权法例论要》，《法学研究》1995年第2期。
② [美] E. 博登海默：《法理学：法哲学与法律方法》，邓正来译，中国政法大学出版社1999年版，第491页。
③ 约翰·亨利·梅利曼、罗杰里奥·佩雷斯·佩多莫：《民法传统》（第三版），[美] 斯坦福大学出版社2007年版，第150页。
④ 张晋藩：《中国法律传统与近代转型》（第2版），法律出版社2005年版，第427～428页。
⑤ 王利明：《侵权责任法的中国特色》，《法学家》2010年第2期。
⑥ 约翰·C. P·戈德堡、安东尼·J. 塞布克、本杰明·C. 兹普尔斯基：《侵权法——责任与救济》（第二版），威科出版社2008年，第3页。

对象即为人们的行为。从传统侵权法的历史演进来看，侵权法道德上的非难色彩浓厚，主要是对侵权行为的规制，而传统的侵权行为往往具有行为上的违法性和非难性，违法性也当然成为侵权责任构成要件之一。因此，长期以来，侵权法被称为"不法行为法"或"侵权行为"得到了西方和我国法学界的广泛认同。但我国《侵权责任法》在法律名称上并未接受两大法系的惯常称谓，而采用"侵权责任法"的名称，是侵权法名称上的一个创新。原因主要在于以下几个方面：第一，侵权法的法律地位不同。大陆法系国家的侵权法律规范主要规定在其民法典的债编中，侵权法并非单独制定或独立成编。而我国在2002年起草的《中华人民共和国民法典》（草案）将侵权责任法独立成编，并冠以"侵权责任编"。例如，《德国民法典》在第二编《债务关系法》的第27节规定了侵权行为，共31个条文；《法国民法典》将侵权行为和无因管理、不当得利一同规定在第四编非因合意发生的债中。第二，制定的时间不同。《法国民法典》和《德国民法典》制定于19世纪，我国侵权责任法则成立于21世纪。经过两个世纪的社会发展，社会现实和侵权的类型均发生了重大变化，仅仅对不法行为或违法行为的规制难以涵盖所有的侵权行为类型和侵权责任。如交通事故责任、环境污染责任和高度危险责任，大量的侵权行为本身具有合法性，并不具有非难性，但按照法律规定，行为人仍应当承担侵权责任。第三，传统名称不同。我国民法通则中使用的是"侵权的民事责任"，二十多年来司法实践中已经形成了责任法习惯，故而采用侵权责任法的名称是对我国民事立法经验的总结。第四，责任法的名称更符合我国民众的传统心理。在我国的法律传统中，人们对法律关注的重点不在于行为的义务，而在于行为的责任后果。因而，采用责任法的名称更能从实践中引起人们对侵权责任法的关注，充分发挥侵权法的指引、预防和惩戒功能。

（二）体系结构方面

《侵权责任法》沿用《民法通则》将侵权的民事责任和违约责任分离的传统，维护了侵权民事责任体系的完整性及逻辑性。在传统民法上，大陆法系国家民法典均将侵权法作为债法中的一个种类加以规定。但随着工业化进程的加快和风险社会的到来，侵权的类型和损害程度不断增加，使得侵权法所保护的权益范围不断扩张。如果按照大陆法系国家民法典的传统，将侵权法作为债法体系的分支，显然无法适应时代发展的需求。事实上，无论是大陆法系国家，还是英美法系国家，侵权责任法已经成为民法中最具有活力的增长点。① 侵权责任法与债法的分离，一方面沿袭和尊重了我国民法通则的立法传统，另一方面适应了我国社会转型中工业化和风险社会的社会客观现实的变化和发展需求。从比较法上而言，侵权责任法在成文法体系下，开创了一个新型的现代侵权法体系，凸显了我国民事立法的民族创新精神。

（三）制度设计方面

我国侵权责任法在一些制度设计上坚持以人为本的立法精神，具有鲜明的中国民族传统和特色。具体表现在：第一，以保护受害人权益为中心，将人身权益进行首要保护。从《侵权责任法》第 2 条列举保护的 18 种权利来看，将生命权、健康权放在首位，其次是是姓名权、名誉权等其他人身权，最后为所有权、用益物权、担保物权等财产权，这种权利顺序安排反映了在权益的保护地位上，人身权益高于财产权益。如《侵权责任法》第 53 条和第 87 条规定②，这主要是结合我国的社会保障制度不完善的环境下，如果不能确定具体的侵权人，受害人将得不到任何救济，不利于社会的稳定和秩序的维护。第二，多元化的责任方式。我国《侵权责任法》第 15 条明确列举了停止侵害、排除妨碍、消除危险、返还财产、恢复原状、赔偿损失、赔礼道歉、消除影响和恢复名誉等 8 种责任方式。但侵权的责任方式不仅限于上述 8 种，就赔偿而言，不仅包括财产性损失，而且还包括精神损害赔偿和惩罚性赔偿。大陆法系国家囿于侵权法属于债法的分支理论，侵权责任形式上主要有损害赔偿一种责任形式。第二，民法典的价值理性，就是对人的终极关怀。③ 我国侵权责任法着眼于中国社会现实的需要和未来民法典的终极价值目标，采用多元化的责任方式，从根本上体现了以人为本的立法精神。

（四）规则制定方面

《侵权责任法》第 24 条规定："受害人和行为人对损害的发生都没有过错的，

---

① 王利明：《侵权责任法的中国特色》，《法学家》2010 年第 2 期。
② 第 53 条规定，交通事故发生后发生逃逸或机动车不明的情况下，需要支付被侵权人人身伤亡的抢救、丧葬等费用的，由道路交通事故社会救助基金垫付。第 87 条规定："从建筑物中抛掷物品或者从建筑物上坠落的物品造成他人损害，难以确定具体侵权人的，除能证明自己不是侵权人的外，由可能加害的建筑物使用人给予补偿。"
③ ［美］艾伦·沃森：《民法体系的演变与形成》，中国法制出版社 2005 年版，第 269 页。

可以根据实际情况，由双方分担损失。"这一规定是基于我国传统"见者有份"的人情关系处理原则来确定的。①同时，我国法律具有对人的关怀传统，注重对生命健康权的保护。如第17条规定："因同一侵权行为造成多人死亡的，可以以相同数额确定死亡赔偿金。""同命同价"的适用标准符合了我国民众追求公平正义的传统心理。

四、侵权法立法中的民族性选择

（一）社会生活中民族法律资源的扬与弃

鉴于侵权纠纷类型的多样性和法律资源的广泛性，无法一一列举，我们主要撷取调研中以下几个问题进行分析。

1. 打群架责任承担主体及责任划分问题

据调查，目前农村打群架主要集中在家族矛盾、宅基地纠纷、"老婆舌头"倒闲话以及孩子纠纷等方面。随着社会文明的进步，打群架的情形已普遍减少。关于打群架责任的承担问题，调查数据显示，认为带头人承担全部责任的占33.2%，带头者承担承担责任、其他参与人承担补充责任的占32.8%，所有参与人平均分担的占18.3%，承担连带责任的占15.7%。这些选项的选择，是受访和问卷者基于自己的朴素法律意识、生活的环境、基于自己的理解或曾经经历过经验立场做出的，因此在一定程度上反映了普通民众对此问题的态度和看法。按照农村习惯，大部分认为责任主要由带头打架者承担。只有当带头人无力承担全部责任时，会要求其他参与人承担剩余责任。在打群架中，如果未造成严重伤害，派出所一般按照邻里关系纠纷处理，不会过多干预，大多由双方自行协商解决，如协商不成，再诉诸法律。在林州农村，邻居之间有时发生一些误会和纠葛。有了矛盾，多能严以律己，彼此谅解，很快消除。但也有的一方想不通，长时怄气。遇此，对方不厌其烦地主动上门认错或开导，并且托人解劝，对于长期难以解开的疙瘩，人们常在办理红白大事时来解决。一般有三种情况：一是办事者主动邀请对方，二是对方主动亲临帮忙，再就是由理事者

---

① 麻昌华：《〈侵权责任法〉的解释论与立法论》，《法商研究》2002年第6期。

出面说合，使双方到一起"说说"，俗话为"遇事解疙瘩"。另外，还有一部分调研对象认为应由"邀人者承担全部责任"，即其他参与人不承担责任。从受访者认识来看，出于亲属或朋友熟人等情面帮助邀人者还要承担责任于理于情也说不过去，应该由邀人者本人承担全部责任；一些受访者还谈到当地发生的打群架和聚众斗殴等事件等只处理领头人，其他参与者一般都没有处分，这些与传统思维"枪打出头鸟""罪不罚众"等思维有关。因此，对于共同致人伤亡的责任承担，由共同参与人承担连带责任，但在内部责任分担上应考虑到邀人者所起的主要作用，责令其承担主要的责任。

2. 辱骂他人侵害名誉权的民事责任方式问题

辱骂他人侵害他人名誉，在普通民众生活中司空见惯，就辱骂他人毁损他人名誉时该怎么处理，不同调研地区不同被调研对象看法也不一致。其中，选择金钱赔偿方式的，河北省调研地区比例最高，达到56%，在其他各省地区所占比例均超过20%，从所调研地区综合情况来看，选择金钱赔偿达34.7%。但是，在调研和走访过程中，有一种现象特别值得关注，即被调研对象一般都认为，在农村辱骂他人，除了金钱赔偿的方式以外，非金钱赔偿的方式更多，比例更大一些，比如在湖北省、安徽省、广东省、山西省调研地区选择其他处理方式的分别占51%、60%、50%、67%，综合调研地区的情况来看，也达到50.7%，也就是说，在民间社会，辱骂他人毁损他人名誉，各地存在着不同的形式，比如上述的放鞭炮进行道歉、摆流水席向对方道歉等多种"赔礼道歉"的形式。赔礼道歉是过错方把内心思想活动用语言表达出来的一种行为，是过错方主观上受良心驱使，为减轻自己良心痛苦而自觉自愿所做的一种行为。从调查情况看，这些"赔礼道歉"的形式也易于为双方当事人接受，这与中国传统"和为贵"的思想是一致的。

辱骂他人毁损他人名誉，"赔礼道歉"的责任形式具有存在上的普遍性。这一调研所反映出的民间大众对"赔礼道歉"责任形式的推崇，并不违反我国现行法律的规定。我国民事责任法律有将"赔礼道歉"作为责任形式的法制传统。早在中华人民共和国成立之前，在解放区的司法调解中，就使用赔礼道歉的方法。中华人民共和国成立后至改革开放前，我国的法院成为专政的工具，主要处理敌我矛盾，而作为人们内部矛盾的轻微的民事案件主要由单位领导、居委会、生产大队干部用调解的方式处理，他们一般会利用权力促使其中一方向另一方赔礼道歉，以达到促进邻里和睦，教育和影响群众，维护社会稳定的目的。

而在"文革"期间，我国公民的民事权利特别是人格权受到严重侵害。制定《民法通则》时，一方面，是为了吸取我国"文革"期间发生过的严重侵害人格权的教训；另一方面，也是总结我国处理民事纠纷的传统经验，赔礼道歉就写入了1986年颁布的《民法通则》里。① 中国民法将赔礼道歉作为强制责任立法，"在基本法中规定赔礼道歉的民事责任形式，是我国的首创。"② 已颁布实施的《侵权责任法》仍然认同并沿用，使之以强制赔礼道歉的形式成为侵权行为的一种非经济救济手段。

赔礼道歉源自以恻隐之心和羞耻之心为基础的人的良心（conscience）。③ 良心是人的道德自律的体现，是人内心的道德法庭，在规范人的社会行为中起着极为重要的作用。因此，良心应得到尊重和鼓励。行为人因其过错行为经自我反省而产生内疚感和悔恨，由内疚感和悔恨召唤而至的良心在行为上表现为赔礼道歉。赔礼道歉原本属于道德行为，有着精神抚慰、息事宁人、化解纠纷的作用，历来为中华文化与文明所推崇。现代司法崇尚人文关怀，主张节约诉讼资源，赔礼道歉如能为法律所用，将有助于其社会作用的充分发挥，不仅会在金钱之外给予受害人精神创伤非经济的补救，而且能通过避免纠纷激化为诉讼来有效节约司法资源。因此，在单纯以金钱赔偿为手段的经济救济难以完全补救受害人的精神损失的背景下，在法律中确立赔礼道歉的相关制度以鼓励促进其社会作用的发挥是很有意义的。

3. 帮工人损失责任划分问题

邻人有难，出手相助，是中华民族的传统美德。助人为乐原本是好事善举，但在帮工活动中也会发生一些意外，产生纠纷甚至对簿公堂。实践中，义务帮工是我国农村地区普遍存在的一类社会关系，其尚处于熟人社会之中，在操办婚丧嫁娶等红白喜事、自建房屋、抢收抢种等急需人手之时，街坊邻居、远亲等前来帮忙而不收取报酬，是十分常见的。在此过程中，可能发生帮工人致人损害或受害的情形，实践中也不乏此类案例。所谓义务帮工，是指为了满足被帮工人生产或生活方面的需要，帮工人不以追求报酬为目的，为被帮工人无偿

---

① 参见魏振瀛：《论请求权的性质与体系——未来我国民法典中的请求权》，《中外法学》2003年第4期；魏振瀛：《侵犯人身权的民事责任》，《法学杂志》1988年第1期。
② 魏振瀛：《侵犯人身权的民事责任》，《法学杂志》1988年第1期。
③ 参见王立峰：《民事赔礼道歉的哲学分析》，王利明主编《判解研究》2005年第2辑，人民法院出版社2005年版，第27页；冀宗儒：《论赔礼道歉作为民事救济的局限性》，《人民司法》2005年第9期。

提供劳务的行为。其与雇佣关系不同的是，雇佣关系是雇员在从事从属性劳动中发生的财产关系和人身关系。帮工人不收取被帮工人报酬，帮工活动是无偿的，是助人为乐行为；而雇主与雇员之间则存在着特定的经济利益关系，雇员为雇主创造利益并获取报酬，是等价有偿的商业行为。在帮忙中发生事故责任该如何划分？调查显示，认为被帮的人承担全部责任的占29.2%，双方共同分担的占28.7%，33.6%的人认为被帮者给予适当补偿，仅有6.9%人认为帮工者自己承担损失，其他的占1.6%。

为解决实践中存在的帮工人致人损害的责任承担问题，《最高人民法院关于审理人身损害赔偿案件适用法律若干问题的解释》第13条和第14条确立了义务帮工责任这一独立的为他人行为责任类型，基本符合我国农村义务帮工的实际情况。在此立法经验的基础上，我国《侵权责任法》第35条规定："个人之间形成劳务关系，提供劳务一方因劳务造成他人损害的，由接受劳务一方承担侵权责任。提供劳务一方因劳务自己受到损害的，根据双方各自的过错承担相应的责任。"未从立法角度将义务帮工责任单独规定为一类侵权行为形态，其此类侵权行为通常通过雇主责任解决。未来立法中应当参考现行司法解释的做法，单独规定义务帮工责任，进一步明确帮工人职务行为的判断标准为主客观相结合，即应当结合被帮工人的意图和帮工行为的外在表现综合认定。

4. 签订"生死状"受害人责任承担问题

在我国，"生死状"是古代擂台比赛之前比赛双方签定的一个"富贵在天，生死由命"的在被打死的情况下的免责条约。据资料表明，我国古代和现代官方基本不认同任何民间私下商定"生死状"之类协议的效力，而涉及生命予夺情形的官方更是明文规定不予承认。这说明我国古代公力救济的发达，这一点从我国古代众多的酷刑可见一斑。古代对"生死状"的认同只存在于西方社会，不过西方是另外一种称呼"决斗"或"荣誉决斗"。决斗最早兴起于中世纪早期的西欧，后来传入其他地区，直到第一次世界大战前后才绝迹。最早欧洲的法兰克人就将决斗作为一种证明自己的方式，选择司法决斗的人，是愿意以死来捍卫清白的。尽管被视为迷信，但司法决斗绝非背离理性而存在，其产生和运作植根于特定的历史背景和社会状况，具有独特功能。但是，现代世界各国的法律已经普遍摒弃了古代社会决斗精神的认同。如果你与别人决斗，不管是轻伤重伤乃至死亡，都会引起法律责任。在国内和国外均否认"生死状"免责效力的背景下，我们欲通过调查了解"生死状"在民间是否还有存在的情形，故设计了该题目。从调研反馈的信息来看，该种情况在目前农村已很少出现。47.3%的受访的村民认为农村目前没有这种情况。如果出现签订"生死状"决斗伤亡的，23.8%的认为应由致害人赔偿，不能要求赔偿的占14.5%，有13.6%的人认为可以适当给予一点补偿。

古代传统认为的"生死状"免责事由时至今日已受到刑法和民法的干预，不被法律所认可。在现代社会，也可见到类似于"生死状"的影子，如在四川金堂县，百名环卫工为保工作签"生死状"，称工作时出意外自己负责，即在某些用工合同中所见到的"工伤概不负责"条款。从表面上看，用人单位用一纸合同确定双方权责，明确约定"工伤概不负责"，似乎是用人单位与职工意思自治的结果。但是，从本质上看，一方是急于找活干的打工者，一方是想坐享赢利的用人单位，这样签订的所谓协议实质上毫无平等和公平可言。我国《合同法》第52条明确规定，违反法律、行政法规的强制性规定的合同无效。第53条规定："合同中的下列免责条款无效：造成对方人身伤害的……"我国刑法更是明文规定故意过失致人伤害或死亡的触犯刑法规定的要受到刑罚制裁。伤害双方自愿签生死状，但造成对方人身伤害的仍应受到法律制裁。"生死状"无论以何种形式，都是无效。人的生死不能作为合同内容即合同标的，除非经人民法院审判判决，任何个人、任何组织无权剥夺公民的生命。但在调研过程中，经过我们询问得知，他们所谓的"生死状"不是真正意义上的"生死状"，而是类似于现今法律上的一些免责条款，被调研者并不真正认可绝对的"生死状"，认为这与人性相悖，不公平，不合理。由此观之，对于双方签订的所谓"生死状"，即一方即使故意给对方造成伤亡，也不应承担责任，明显与社会公共秩序、善良风俗相违背，是对人性、人之尊严的泯灭，因此，对于这种所谓的"生死状"不应承认其法律效力，对普通民众要加大法律宣传教育的力度，发挥法律的引导功能，使普通群众避免因不懂法而触犯了法律。

（二）侵权法未来"入典"的民族性选择

虽然现行《侵权责任法》体现了现代侵权法的最新发展成果，但现行法律规定并非完美无缺，仍然存在一些漏洞，需要在司法解释和民法典编纂中加以弥补和完善。因此，立法应秉持开放的态度，一方面积极应对现代社会发展中产生的新情况和新问题，另一方面认真梳理现实生活中优秀的传统法律资源，使侵权法不断发展和进一步完善。《侵权责任法》实施之后，立法发展的直接目标就是编入未来民法典，立法研究的主要任务就是"入典"问题的研究。将《侵权责任法》置于民法典的体系中有以下问题值得研究。

1. 名称问题

一部法律的名称承载着关于该法的丰富信息。在独立存在的单行法中，将调整因侵权行为引起的法律关系的规范称为《侵权责任法》是可以的，甚至在某种程度上还是立法的"创新"。但是，把侵权责任法置于民法典之中作为一编，再命名为"侵权责任法"编就不再妥当了。因为按照《民法通则》的规定，民事责任包括侵权民事责任与违约民事责任，如果侵权民事责任称为"侵权责任法编"，那么与之相关的违约民事责任是否也要独立成"违约责任法编"？那么，民法典中的合同编又将如何编排？是将合同法编中的违约责任内容抽出来单独成编，还是仍然保持合同法本身的完整性？①

2. 侵权责任的性质问题

侵权责任的性质是指侵权责任的法律归属。在《民法通则》的制度设计中，侵权责任是作为民事责任的一种而存在的，与违约责任处于同等的地位。但是，《民法通则》是将民事责任作为一个制度整体来规定的，关于民事责任的一些共同性规则，像损益相抵、过失相抵、责任方式等，对于侵权责任与违约责任均可适用，规定在同一章（《民法通则》第 6 章）中并无体系上的冲突。但是，当侵权责任单独成法时，侵权责任是全部民事责任还是仍为单独的侵权责任？违约责任能否适用侵权责任法中的一般规定？这是侵权责任法在"入典"时必须解决的问题，且关涉到民法典中制度安排的立法技术问题。②

3. 侵权责任法的独立成编问题

《侵权责任法》的颁布实施本身就意味着侵权责任法的独立成编。但是，《侵权责任法》的颁布只是从形式上肯定了侵权责任法的独立成编，而对于与独立成编相关的诸多问题均无法得到明确的答案。关于独立的原因，直接关系到侵权责任法条文在民法典中的规范技术和规范方式。如果仅仅认为侵权行为法的独立主要在于满足外在需求，即侵权行为法是因为法律发展的需要而要求有更大独立的空间，那么在规范技术上通过完全规范即可。但是，如果认为侵权行为法的独立是因为该法自身内在需求而独立，那么在规范技术上就主要以不完

---

①② 参见麻昌华：《〈侵权责任法〉的解释论与立法论》，《法商研究》2002 年第 6 期。

全规范为主了。关于独立的性质，直接关系到民法典中债法与侵权责任法关系的规范安排。如果认为侵权责任法虽然独立成编，但其独立之后的性质仍然是债法的一部分，那么对于侵权责任法中的一些与债法总则相同的规范，即可合并于债法总则中规定而在侵权责任法编中省略。① 如果认为侵权责任法独立于债法，有别于债法，那么债法总则的规定对于侵权责任法来说无须服从，侵权责任法中的一般性规范即可继续在侵权责任法编中规定。

4. 侵权责任法与债法的关系问题

在传统民法中，侵权行为是债的一个发生原因，侵权行为法是债法的一个组成部分。然而，侵权责任法的独立成编使得其与债法的关系不明：是作为债法的一个分支还是独立于债法之外？两种不同的性质必然有两种不同的规范方式。关于第三人侵害债权问题，我国历来尊崇民法的传统观念，在财产权领域恪守债的相对性原则，在立法中并没有明确承认侵害债权制度，对于第三人侵害债权，我国法学界存在不同的观点。我国 1999 年颁布的《合同法》第 121 条规定："当事人一方因第三人的原因造成违约的，应当向对方承担违约责任。"从合同法的规定不难看出我国在立法中严格遵守合同的相对性，当合同债权受到损害时，只能依据违约责任的规定予以保护，而不适用侵权行为法的规定。对于债权人和债务之间没有按照双方约定履行合同的，应当追究其违约的法律责任，并且这种违约责任只能向合同的缔约一方行使，即使出现第三人恶意侵害债权的情形，从合同法上的角度衡量，第三人亦不承担合同上的任何责任，法律也没有赋予受害方绕过直接债务人而向第三人主张权利。这不能不说是我国《合同法》的一大缺憾。而随着债法的发展，在现实中出现了诸多的侵害债权案例，如果再坚持债的相对性原则，势必剥夺了债权人向第三人追究责任的权利，有违民法中的公平、正义。现实的变革自然产生了变革法律的需求。诸多赞成对债权进行侵权立法保护的学者，在对《合同法》"怒其不争"的同时将期待的目光投向了《侵权责任法》，但是，我国《侵权责任法》第 2 条以列举的方式界定了其保护的权利范围，而债权被排除在外。② 传统民法将物权和债权为性质完全不同的两种权利，债权的相对性排斥其绝对性的存在，这是对历史的误解，债权固有的相对性与债权的绝对性是两个截然不同的理论层面问题。债

---

① 参见麻昌华：《〈侵权责任法〉的解释论与立法论》，《法商研究》2002 年第 6 期。
② 苏艳英：《论债权的绝对性》，《学习与实践》2012 年第 4 期。

权是一种具有绝对性的相对权并非是对债权相对性的曲解，亦未说明债权就成了绝对权，而仅仅说明债权作为一种民事权利所固有的不可侵犯性，将受侵害的债权纳入侵权责任法的保护正是源于债权的这种"绝对性"。我们认为，鉴于债权的绝对性，在司法解释《侵权责任法》时应将第三人侵害债权纳入其保护范围。

5. 侵权责任法与物权法的关系问题

物权法是对作为绝对权利的物权进行规范的法律，其中必然有关于物权的保护制度，这在《物权法》第 3 章中作了规定。《物权法》第 34 条规定的返还原物、第 35 条规定的排除妨害、消除危险被称为物权保护的"物上请求权"保护方式；第 37 条规定的损害赔偿被称为"债上请求权"保护方式，而《侵权责任法》第 15 条规定的责任承担方式中也规定有返还原物、排除妨害、消除危险的物上请求权和损害赔偿的债上请求权。在民法典中是将物上请求权规定于"物权编"中还是规定在"侵权责任法编"中，关涉物权法与侵权责任法的规范适用问题，需要在"入典"时加以研究。

附 录

一 2011 年项目调研问卷

项目编号：10BFX057

亲爱的朋友，您好，我们是国家社会科学基金课题组的成员，进行课题调研，本次调研为纯学术性质调研，希望您能帮助我们回答下面的问题。谢谢您的合作！

调研地区：_____省_____市（县）_____乡（镇、街、区）_____村_____组

调研时间：2011 年_____月_____日

调研对象（姓名：_____性别：_____民族：_____年龄：_____）

调研人：_____

1. 你们这儿交付动产（动产所有权主人的变动），比如你们这儿买卖牛，采取什么交付方式？

A. 标记 B. 双方直接交接

C. 找中间人交接 D. 其他形式

2. 在当地不动产买卖，比如买卖房屋，买方得到房屋的形式是什么？

A. 到房产部门办理登记手续后取得

B. 签订契约，由中间人签字保证后取得

C. 谈好就行，不需要办理手续。

D. 以交钥匙为准。

3. 在当地宅基地是否可以出租给他人建房？

A. 可以，但只能出租给本村村民建房 B. 可以出租给任何人建房

C. 不可以出租 D. 不清楚

4. 在您本地房屋是否可以出典？

A. 可以，典期由双方自由约定

B. 可以，但典期固定为_____年

C. 不可以

D. 不清楚

5. 如果人去世后怎么获得土葬要用的土地？

A. 村里有公共墓地。

B. 使用村里的荒地。

C. 使用自己承包的土地。

D. 向其他承包人讨地——a. 有偿　b. 无偿

6. 在您当地，邀人打群架致人伤亡，由谁承担责任？

A. 由邀人者承担全部赔偿责任

B. 由所有参与打群架的人共同承担赔偿责任

C. 由邀人者赔偿，不足部分由其他参与人赔偿

D. 由邀人者和参与者平均分担

7. 在您当地，遇到辱骂他人毁损他人名誉时，怎么处理？

A. 放鞭炮进行道歉　　　　　　　B. 摆流水席向对方道歉

C. 金钱赔偿　　　　　　　　　　D. 其他

8. 在您当地,如果签了"生死状"而伤残的,受害人的伤残损失应如何赔偿？

A. 致害人赔偿　　　　　　　　　B. 不能要求赔偿

C. 致害人给予一点补偿　　　　　D. 其他

9. 在房屋租赁中，有一种说法叫"大修归东，小修归佃"，如果房屋需要维修，你认为由谁负担维修费较合理？

A. 大修归房东，小修归房客　　　B. 大修小修都由房东承担

C. 大修小修都由房客承担　　　　D. 双方协商承担

10. 买卖或出租房屋时，习惯找"中人"，如果买房人不支付房款、承租人不支付租金，中人应承担何种责任？

A. 没有中人

B. 有中人，中人承担全部责任

C. 有中人，先找责任人，不足部分再找中人

D. 有中人，中人和责任人共同承担

11. 买卖房屋的时候，卖方的亲属、同宗族的人是否对该房屋有优先购买的

权利?

A. 买卖自由, 不存在优先权　　B. 只有亲属优先

C. 亲属、同宗族的人都可以优先　　D. 亲属优先于同宗族的人

12. 经房东同意, 房客可以对租住的房屋进行改善或增设其他设施, 租赁期满, 增设物是怎么处理的?

A. 由房客拆除后带走　　B. 无偿归房东

C. 折价归房东　　D. 全价归房东

二　2012 年项目调研问卷

项目编号: 10BFX057

亲爱的朋友, 您好, 我们是国家社会科学基金课题组的成员, 进行课题调研, 本次调研为纯学术性质调研, 希望您能帮助我们回答下面的问题。谢谢您的合作!

调研地区:＿＿＿＿省＿＿＿＿市 (县) ＿＿＿＿乡 (镇、街、区) ＿＿＿＿村＿＿＿＿组

调研时间: 2012 年＿＿＿＿月＿＿＿＿日

调研对象 (姓名: ＿＿＿性别: ＿＿＿民族: ＿＿＿年龄: ＿＿＿)

调研人: ＿＿＿＿

1. 您认为您的承包地的所有权是谁的?

A. 国家　　B. 乡 (镇) 集体

C. 村集体/村小组　　D. 个人

2. 在当地, 承包农地时, 是和谁签订的承包合同?

A. 国家　　B. 乡 (镇) 集体

C. 村集体/村小组　　D. 没有签订合同, 口头协议

3. 在当地，村民外出打工，无时间耕种自己的承包地，一般会怎么处理土地？

  A. 租给别人耕种   B. 雇人耕种

  C. 暂交村集体处理   D. 撂荒

4. 您认为政府及村委会在土地流转中是否发挥了指导/服务等作用？

  A. 都发挥了   B. 政府发挥了，村委会没有

  C. 村委会发挥了，政府没有   D. 都没有

5. 在当地，人去世后一般使用什么样的土地埋葬？

  A. 使用县里和村里指定的公共墓地   B. 使用村里的荒地。

  C. 使用自己承包的土地   D. 向其他承包人有偿租地

6. 在当地，宅基地是否可以转让给他人建房？

  A. 可以，但只能转让给本村村民   B. 可以转让给村内和村外任何人

  C. 不可以转让   D. 不清楚

7. 在当地，买卖房屋的时候，卖方的亲属和同宗族的人是否对该房屋有优先购买的权利？

  A. 不存在优先权

  B. 只有亲属优先

  C. 亲属和同宗族的人都可以优先，不分先后

  D. 亲属和同宗族的人都可以优先，但亲属优先

8. 在当地不动产买卖，比如买卖房屋，买方取得房屋的方式是什么？

  A. 到房产部门办理登记手续后取得

  B. 签订契约，由中间人签字保证后取得

  C. 谈好就行，不需要办理手续

  D. 以交钥匙为准

9. 你们这儿动产买卖，比如买卖牛、羊等牲畜，一般采取什么交付方式？

  A. 双方直接交接

  B. 找中间人证明

  C. 签订书面协议

  D. 作标记，或其他形式_____（如有，请填写）

10. 在当地，如果向邻居借大额的现金，一般采取什么方式进行担保？

  A. 用自己的房屋   B. 用自己承包的土地

  C. 房屋和土地以外的其他财产   D. 找中间人担保

11. 在当地，有人在路上拾得别人丢失的财物，一般会怎么办？

　　A. 归还失主，可以要求酬金　　　B. 归还失主，不可以要求酬金

　　C. 归自己　　　　　　　　　　　D. 上交村委会或派出所

12. 如果您在自己承包的田地或自己宅院地下发现埋藏的有价值的物品，这个物品应归谁所有？

　　A. 归自己　　　　　　　　　　　B. 归国家

　　C. 归集体　　　　　　　　　　　D. 如能确认所有人，归原所有人

13. 在当地，打群架致人伤亡，由谁承担责任？

　　A. 由带头打架者承担全部赔偿责任

　　B. 可以由打架的任何一人承担全部赔偿责任

　　C. 由带头打架者赔偿，不足部分由其他参与人赔偿

　　D. 由带头打架者和参与者平均分担

14. 在当地，在签了"生死状"的情况下打架斗殴而导致伤亡的，受害人的损失如何赔偿？

　　A. 致害人赔偿　　　　　　　　　B. 不能要求赔偿

　　C. 致害人给予一点补偿　　　　　D. 其他

15. 在当地，如有人无偿帮忙邻居收割庄稼或帮忙盖房，受伤了，一般损失由谁承担？

　　A. 邻居承担全部责任　　　　　　B. 帮工人自己承担全部责任

　　C. 双方共同分担　　　　　　　　D. 邻居给予适当补偿

16. 在当地，养子女对亲生父母的财产是否享有继承权？

　　A. 没有

　　B. 如果生父母家还有其他孩子，则没有

　　C. 有，与被收养没有关系

　　D. 有，但要减少份额

17. 在当地，"配偶、子女、父母"三者对遗产的继承，一般会怎么处理？

　　A. 配偶优先继承　　　　　　　　B. 子女优先继承

　　C. 父母优先继承　　　　　　　　D. 三者平均继承

18. 解除婚约后，提出解约的一方是否要承担赔偿责任？

　　A. 要，婚约有法律效力，不履行要赔偿

　　B. 要，一方肯定为结婚做了很多准备

C. 不要，除非是恶意骗婚，骗取彩礼

D. 不要，婚约没有法律效力

19. 解除婚约后彩礼需要返还吗？不返还会怎么处理？

A. 需要。不返还的找媒人、村委会、居委会、政府机关协调

B. 需要。不返还到法院起诉

C. 不需要。彩礼是对方的赠予

D. 不需要。除非不能结婚是由女方过错导致

20. 在当地，夫妻结婚一般以什么作为判断的依据？

A. 办酒席 B. 领取结婚证

C. 以夫妻名义同居 D. 其他＿＿＿＿（如有，请填写）

三 项目调研访谈提纲

项目编号：10BFX057

访谈时间：＿＿＿＿年＿＿＿＿月＿＿＿＿日

调研对象：（姓名：＿＿＿＿性别：＿＿＿＿民族：＿＿＿＿年龄：＿＿＿＿）

访谈对象单位：

1. 在农村，村民买卖房子，一般采取什么方式进行？

2. 农村的宅基地可以私下交易买卖吗？如果可以，如何保护交易的履行？

3. 您认为村民之间的纠纷应通过什么途径解决更切合实际？

4. 现在农村的土地承包经营权和宅基地都办理有确权证书吗？

5. 农村的土地承包经营权可以私自转包吗？转包一般是有偿还是无偿的？

6. 您认为农村土地征收补偿的标准应如何确定？补偿的重点是村民还是村集体？

7. 在农村，如果拾得遗失物，一般如何处理？如归还失主，有权利向失主要求支付一定的金额报酬吗？

8. 在农村，如果村民帮助邻居收割庄稼或盖房，一般是无偿还是有偿的？如果不小心受伤的话，损失由谁承担？

9. 在农村实际继承中，儿子和女儿享有的的继承份额平等吗？还是女儿无继承的份额？老人的遗产是一方去世后开始继承还是待双方都去世后才开始继承？

10. 在农村，一般认为婚约是否必须要遵守？如果未能结婚，男方向女方交付的彩礼是否应当退还？

四　个人访谈记录①

个人访谈记录（一）

访谈时间：<u>2012</u> 年 <u>8</u> 月 <u>16</u> 日

调研对象：（姓名：<u>李某某</u>　性别：<u>男</u>　民族：<u>汉族</u>　年龄：<u>56</u>）

访谈对象单位：河南省桐柏县大河乡李沟村

1. 在农村，村民买卖房子，一般采取什么方式进行？为什么？

答：一般采用签协议的方式。因为觉得这样就很安全。大部分会找个中间人签个名，做个证。一般情况下买卖双方都会遵守约定的。

2. 当地农村的宅基地私下交易买卖的情况普遍吗？如果买卖，如何保护交易的履行？出现的违约纠纷一般通过什么方式解决？

答：基本上没有发生买卖。因为每家都有宅基地，我们这儿离县城比较远，一般没有外人来买。如果买卖，就是通过签个简单的书面合同。出现的违约纠纷一般通过本地基层民间组织进行调解，实在不行就到法院去起诉。

3. 您认为村民之间的纠纷应通过什么途径解决更切合实际？请说明理由。

答：如果是村民之间的纠纷，我认为通过村委会解决是最为切合实际的，

---

① 在调研实际中，大部分被访谈者要求在研究成果中回避个人真实姓名，为了尊重被访谈者的个人意愿，《访谈记录》只保留了被访谈者的姓氏，没有写明其名字，在此加以说明。

因为毕竟发生纠纷的主体都是一个村子的人，说话办事都较为熟悉，通过村委会或村干部解决更切合实际，更能体现解决问题的效率，也不用像到法院打官司一样浪费精力和花钱。

4. 当地农村的土地承包经营权、宅基地和房屋都办理有确权证书吗？未办证是什么原因造成的？

答：我们这土地承包一般都没有什么确权证书，宅基地一般都有宅基地证，房屋一般也没有。我们认为土地承包经营权是有国家政策保障的，不需要办理确权证书，同时房屋本来就是在宅基地上建造的，宅基地本来就有审批手续，没有必要再办理一个房产证。

5. 农村的土地承包经营权可以私自转包吗？在当地，转包一般是有偿还是无偿的？

答：一般可以进行私下的转包。因为现在很多人都出去打工了，有的没人种地，就把地转包亲戚或邻居来种。因为现在种地也不挣钱，大部分需要给一部分粮食或象征性地给一点钱弥补一下。

6. 您认为农村土地征收补偿的标准应如何确定？补偿的重点是村民还是村集体？

答：土地补偿的标准应当最起码满足基本的生存需求，但是应当考虑到农村居民失去土地之后的长远生存状况。补偿的重点应当是我们村民，因为土地是我们农民吃饭的本钱，没有了地，让我们如何生存？一旦都补偿给村里，村里就会留下一大部分，具体怎么用也不清楚。

7. 在农村，如果拾得遗失物，一般如何处理？如归还失主，有权利向失主要求支付一定的金额报酬吗？请说明理由。

答：一般情况下，如果找到失主，就会还给失主，如果找不到失主，丢的东西价值又不大的话就自行处理了，因为把遗失物交到公安派出所还得跑太远的路。如果还给失主，一般也不会主动要什么报酬，除非失主主动表示感谢的。

8. 在农村，如果村民帮助邻居收割庄稼或盖房，一般是无偿还是有偿的？如果不小心受伤的话，损失由谁承担？

答：在这种情况下，一般都为无偿的。如果不小心受伤的话，损失一般都由接受帮忙的一方来承担。毕竟给你家帮忙受的伤。但如果伤的比较重，接受帮忙的那家又不富裕，就尽力补偿一下医疗费，如果负担不起全部，只能自认倒霉了。都是邻居也都可以相互理解。

9. 在农村实际继承中，儿子和女儿享有的的继承份额平等吗？还是女儿无继承的份额？老人的遗产是一方去世后开始继承还是待双方都去世后才开始继承？按继承法规定，没有法定继承人的，遗产是否都收归国家所有？

答：在农村实际继承中，儿子和女儿并不享有平等的继承份额，一般情况下，女儿无继承的份额。老人的遗产一般情况下等双方都去世后才开始继承。没有法定继承人的，遗产也并没有收归国有所有。

10. 在农村，一般认为婚约是否必须要遵守？如果未能结婚，男方向女方交付的彩礼是否应当退还？请说明理由。

答：在农村，一般都认为婚约是要遵守的。如果未能结婚，男方向女方交付的彩礼应当退还。因为给付彩礼的目的就是为了结婚，如果没有结婚，就应当依据本着诚信的原则予以退还，这是符合当地的风俗习惯的。

11. 当地农村是否建立有统一的公共墓地？如无，一般使用什么类型的土地进行埋葬？请介绍当地的实际情况和做法。

答：本地农村并没有建立统一的公共墓地。一般都是在之前家族的祖坟周围进行埋葬。因为我们这是平原，大部分都是在耕地上。本地都相信风水，如果找到新的坟地，就给承包人一些补偿，一般说都是事先说好的。

个人访谈记录（二）

访谈时间：<u>2012 年 8 月 11 日</u>

调研对象：(姓名：<u>任某某</u>　性别：男　民族：<u>汉</u>　年龄：<u>47</u>)

访谈对象单位：陕西省蓝田县李后乡任家村

1. 在农村，村民买卖房子，一般采取什么方式进行？为什么？

答：写个字条就卖了，几乎没有任何手续。因为大多数农村房屋没有房产证。部分农村村民只有宅基地使用证，有的甚至没有宅基地使用证。

2. 当地农村的宅基地私下交易买卖的情况普遍吗？如果买卖，如何保护交易的履行？出现的违约纠纷一般通过什么方式解决？

答：单独卖宅基地的很少。一般要卖房，宅基地随房走的情况普遍。

没有保护。如果出现纠纷，一般都找村干部调解。

3. 您认为村民之间的纠纷应通过什么途径解决更切合实际？请说明理由。

答：那要具体看是什么矛盾？如果是邻里之间，一般由村里干部调解更切合实际。如果是兄弟之间，一般找自己家的长辈或亲戚调解更符合实际。家丑不外扬。如果实在调解不了，再通过法院来解决。

4. 当地农村的土地承包经营权、宅基地和房屋都办理有确权证书吗？未办证是什么原因造成的？

答：农村的土地承包经营权部分地方有证书，宅基地是过去有，现在没有。房屋没有发证。原因一是政府没有要求，二是百姓不愿花钱。反正祖祖辈辈都在这儿住，又不往外卖，有没有证都无所谓。

5. 农村的土地承包经营权可以私自转包吗？在当地，转包一般是有偿还是无偿的？

答：可以，私自转包是普遍现象。现在去外面打工的人太多了。反正地已经分好了，村里也不管太多，都是自己当家。有偿、无偿都有，多数是有偿转包。

6. 您认为农村土地征收补偿的标准应如何确定？补偿的重点是村民还是村集体？

答：听说我们这补偿标准比较低，现在一亩最多不超过5万。实际上应该按政府的卖地价格的三分之一来补偿比较合理。补偿费重点应该给村民。

7. 在农村，如果拾得遗失物，一般如何处理？如归还失主，有权利向失主要求支付一定的金额报酬吗？请说明理由。

答：大部分都是自行寻找失主并要求归还。只要是主动归还的，不要求支付报酬。如果东西比较贵，失主应当主动感谢捡到东西的人。人都应该有好心，滴水之恩还涌泉相报呢。这样，人才过得比较舒坦。

8. 在农村，如果村民帮助邻居收割庄稼或盖房，一般是无偿还是有偿的？如果不小心受伤的话，损失由谁承担？

答：一般过去都是无偿，现在帮忙收割庄稼大部分是无偿的，但盖房多数都是向外包，没有无偿帮忙。即便找邻居帮忙，如果时间比较长，一般要给工钱。

9. 在农村实际继承中，儿子和女儿享有的的继承份额平等吗？还是女儿无继承的份额？老人的遗产是一方去世后开始继承还是待双方都去世后才开始继承？按继承法规定，没有法定继承人的，遗产是否都收归国家所有？

答：不平等，嫁出去的女儿泼出去的水。女儿无继承份额。多数是老人都在世时就以分家的形式把父母财产分完了。不归国家，归集体，但这种情况很少。

10. 在农村，一般认为婚约是否必须要遵守？如果未能结婚，男方向女方交付的彩礼是否应当退还？请说明理由。

答：不是。应当退还。老百姓觉得除了彩礼，戒指、项链，包括饭钱都要全退。

11. 当地农村是否建立有统一的公共墓地？如无，一般使用什么类型的土地进行埋葬？请介绍当地的实际情况和做法。

答：大部分没有。使用自家承包地。农村讲究入土为安，火葬在农村推行非常困难。

个人访谈记录（三）

访谈时间：<u>2012 年 8 月 21 日</u>

调研对象：（姓名：<u>郭某某</u>　性别：<u>男</u>　民族：<u>汉</u>　年龄：<u>42</u>）

访谈对象单位：河南省林州市采桑镇棋梧村

1. 在农村，村民买卖房子，一般采取什么方式进行？为什么？

答：原来都是村民自己建房，现在有的地方搞新农村建设，一些有钱的村民就购买新农村开发的房子，因为在新农村社区生活更加方便，距离城镇较近，购物、就医、子女就学更加方便。

2. 当地农村的宅基地私下交易买卖的情况普遍吗？如果买卖，如何保护交易的履行？出现的违约纠纷一般通过什么方式解决？

答：农村的宅基地都是农村基层组织无偿规划，一般不允许私下交易买卖，如果买卖，都是靠村民的自觉遵守合约，如出现纠纷，一般都是由村委会和德高望重的人协调解决。

3. 您认为村民之间的纠纷应通过什么途径解决更切合实际？请说明理由。

答：如果是一般的小纠纷，由邻居或村干部调解一下就过去了。如果是大的冲突通过法律途径更切合实际，因为现在的公安机关出警速度特别快，村民出现纠纷如果拨打 110，一般基层公安派出所 10 分钟就可以赶到现场进行处置，而且还能掌握第一手材料。

4. 当地农村的土地承包经营权、宅基地和房屋都办理有确权证书吗？未办证是什么原因造成的？

答：除了房屋，基本上都办理了确权证书，未办证的原因大部分都是存在纠纷，有关机关不予办理。

5. 农村的土地承包经营权可以私自转包吗？在当地，转包一般是有偿还是无偿的？

答：可以私自转包，一般都是有偿，或交给亲戚，或交给关系好乡邻。

6. 您认为农村土地征收补偿的标准应如何确定？补偿的重点是村民还是村集体？

答：农村土地征收补偿的标准应根据各地的经济发展水平和现实的补偿标准，补偿的重点失地的村民，补偿给村集体那部分应该由村民大会决定如何使用，主要用于基础设施和福利建设。

7. 在农村，如果拾得遗失物，一般如何处理？如归还失主，有权利向失主要求支付一定的金额报酬吗？请说明理由。

答：如果知道失主是谁，一般是归还失主。现在的农村的民风总体上还是比较好的，如果失主感谢，是可以接受的。

8. 在农村，如果村民帮助邻居收割庄稼或盖房，一般是无偿还是有偿的？如果不小心受伤的话，损失由谁承担？

答：一般都是无偿，邻里之间帮个忙在农村都是很正常的，谁家都挡不住有个什么事。如果受了伤，损失由被帮者承担。

9. 在农村实际继承中，儿子和女儿享有的的继承份额平等吗？还是女儿无继承的份额？老人的遗产是一方去世后开始继承还是待双方都去世后才开始继承？按继承法规定，没有法定继承人的，遗产是否都收归国家所有？

答：一般是不平等，女儿不参与继承。因为农村老人的遗产较少，一般都是儿子在老人去世以后继承，没有法定继承人的，遗产是不会归国家所有，一般都是谁安葬归谁所有。

10. 在农村，一般认为婚约是否必须要遵守？如果未能结婚，男方向女方交付的彩礼是否应当退还？请说明理由。

答：如果讲道德，婚约一般是需要遵守，不遵守也没办法。如果未能结婚，男方向女方交付的彩礼应当退还，因为现在的彩礼金额太大，一般都是5万～6万元。

11. 当地农村是否建立有统一的公共墓地？如无，一般使用什么类型的土地进行埋葬？请介绍当地的实际情况和做法。

答：有公共墓地的标示，但未具体实施，一般是有风水先生看好位置后再协商用地。现在还是火化后进行土葬。

个人访谈记录(四)

访谈时间:2012 年 8 月 17 日

调研对象:(姓名:叶某某 性别:男 民族:汉族 年龄:29)

访谈对象单位:河南省汝南县人民法院

1. 在农村,村民买卖房子,一般采取什么方式进行?为什么?

答:农户买卖房屋,一般为购买对方在村集体指定宅基地上所建房屋,惯常做法为口头约定,交钱易屋,并且村民往往将集体所有的宅基地和地上房屋一并出卖。归其原因,多是农民对房屋等大宗交易合同的书面形式意识淡薄,更鲜有理解农村宅基权属及市场流转限制者。

2. 当地农村的宅基地私下交易买卖的情况普遍吗?如果买卖,如何保护交易的履行?出现的违约纠纷一般通过什么方式解决?

答:农村宅基交易并不普遍。如果买卖,一般通过交钱易屋易地的即时履行方式进行,很大程度上避免了违约行为的出现,惯常做法还有找群众威信高者居中作证保障交易履行的做法。如果出现违约,少有通过诉讼程序解决者,因合同本身违反现行法律,法院多以宣布合同无效解决,这往往与合同双方的愿望均违背,所以农户通过私力解决者居多。

3. 您认为村民之间的纠纷应通过什么途径解决更切合实际?请说明理由。

答:我认为村民之间的纠纷应以村集体及乡镇政府的民调组织调解解决优先,解决无果者再诉诸法律。因农村纠纷的多样性及地域差异性,决定了现行法律规定远远不能穷尽纠纷类型;而且农民普遍法治意识淡薄,而对传统乡规民约则较为遵从,且农民普遍有牵涉诉讼为耻的陈旧观念,司法程序解决往往难以收到好的社会效果。

4. 当地农村的土地承包经营权、宅基地和房屋都办理有确权证书吗?未办证是什么原因造成的?

答:早期的土地承包证和宅基地证往往办理有,近年已鲜有办理者。一者农村的土地流转因国家制定的土地承包经营权长期不变政策影响而多年不变,农村多子女家庭不多,及部分农户进城买房等因素造成农村现今对宅基的新生需求不多等。

5. 农村的土地承包经营权可以私自转包吗?在当地,转包一般是有偿还是无偿的?

答：私自转包土地承包经营权的行为已司空见惯，转包多为有偿行为。

6. 您认为农村土地征收补偿的标准应如何确定？补偿的重点是村民还是村集体？

答：我认为农村土地征收补偿的标准应以被征用地当地的普遍种植农作物收益为准，补偿对象应为被征用地承包农户，因集体土地是农户行使承包权以获取经济利益的物质载体。

7. 在农村，如果拾得遗失物，一般如何处理？如归还失主，有权利向失主要求支付一定的金额报酬吗？请说明理由。

答：农村拾到遗失物，除知道具体失主外，多以捡拾者据有处理。如归还失主，很少有索要报酬者，如果失物价值较大时，失主向送还者以金钱或礼物作为答谢的行为发生。

8. 在农村，如果村民帮助邻居收割庄稼或盖房，一般是无偿还是有偿的？如果不小心受伤的话，损失由谁承担？

答：因现今农村劳力多在外地务工，劳力不足，且受市场经济意识影响，农民的求偿意识普遍提升，帮工行为多为有偿。如果帮工人受伤，无论被帮助人有无过错，被帮助人往往要承担部分损失，帮助人有过错者适当减轻被帮助人负担。

9. 在农村实际继承中，儿子和女儿享有的的继承份额平等吗？还是女儿无继承的份额？老人的遗产是一方去世后开始继承还是待双方都去世后才开始继承？按继承法规定，没有法定继承人的，遗产是否都收归国家所有？

答：农村未出嫁女儿一般享有部分继承份额，而已出嫁女儿往往无继承份额。一般是老人双方均去世后继承开始。无法定继承人的情况，多为村集体主持全体集体成员均分遗产形式进行。

10. 在农村，一般认为婚约是否必须要遵守？如果未能结婚，男方向女方交付的彩礼是否应当退还？请说明理由。

答：当地民约一般认为婚约双方均应依约成婚。如未能结婚，视主动提出解除婚约者为谁而决定是否退还彩礼，如果是女方提出，则一般应全额退还，若为男方提出，则给付彩礼概不退还，究其原因，多是民约认为女方在婚约毁弃后承担的名誉损失较大，所以男方不应轻言毁约的传统意识存在。特别补充的是，因司法实践中对退还彩礼的情形及比例要求条件苛刻，近年出现有女方假借婚约索要巨额彩礼，而后出走或逼迫男方毁约，进而拒不退还彩礼的行为，对男方家庭造成沉重经济负担，任其发展，很可能造成其他纠纷发生。

11. 当地农村是否建立有统一的公共墓地？如无，一般使用什么类型的土地进行埋葬？请介绍当地的实际情况和做法。

答：目前几乎无统一公共墓地，亡故的人一般安葬于家族旧有墓地。

12. 你在办案过程中，除了上述问题，当地农村还存在哪些民事习惯需要将来制定民法典时考虑吸收和立法规制。如有，请谈谈自己的看法。

答：简要有如下几方面：第一，婚约彩礼问题，现行婚姻立法规定归于笼统，司法实践中法官自由裁量权过大，造成大量同类型案件异地判决迥异的情况。第二，现行立法对老人的赡养保障不力，儿女如均不履行赡养义务，无诉讼行为能力的老人往往无助。建议立法对村集体规制一定的监督和救助义务。第三，侵权案件中，农民请求务工费标准只能依据上年度全省农村居民平均收入计算，与农民普遍依靠外出务工收入维持家庭的具体情况严重脱节。

个人访谈记录（五）

访谈时间：<u>2012</u>年<u>8</u>月<u>16</u>日

调研对象：(姓名：<u>廖某某</u>　性别：<u>男</u>　民族：<u>汉族</u>　年龄：<u>35</u>)

访谈对象单位：河南省桐柏县大河镇人民政府

1. 在农村，村民买卖房子，一般采取什么方式进行？为什么？

答：一般采取订立书面协议的方式。买卖双方协商之后，一般会邀请村委会、村民小组组长、村民代表或其他村民小组成员等会在协议书上作为见证人签名，采取这种方式，买卖双方会认为协议效力较强，即使以后出现一方翻悔的现象，也有见证人，不至于造成不履行协议的后果。

2. 当地农村的宅基地私下交易买卖的情况普遍吗？如果买卖，如何保护交易的履行？出现的违约纠纷一般通过什么方式解决？

答：普遍。在现在城市化进程中，特别是城中村改造的过程中，发现这种现象在农村中普遍存在。一般在买卖的过程中，双方都签订有书面协议，协议上一般对会有两到三名村集体组织成员或者协议双方的长辈作为见证人签名。出现违约纠纷，一般都会先找村民委员会、村民小组组长、村民代表或长辈主持协商，一般都会邀请协议签订时见证人到场，如果协商不成，才到法院起诉。

3. 您认为村民之间的纠纷应通过什么途径解决更切合实际？请说明理由。

答：通过村委会或者村里边年长的人说和比较好。因为大部分村民对村委会都比较信任，且村民之间的矛盾一般都不是十分严重，村委会对实际矛盾情况比较了解，且对村民个人情况也比较了解，在调解时更能掌握双方的强弱点，比较容易化解矛盾。年长的人经历的事情比较多，在大家心目中威望比较高，他们说的话一般人比较信，且他们在说服别人时一般能以自己的生活中经历的事情为基础，爱打比方，比较容易使人产生信任感。

4. 当地农村的土地承包经营权、宅基地和房屋都办理有确权证书吗？未办证是什么原因造成的？

答：宅基地大部分都办理有宅基证，土地承包经营权和房屋大部分都没有。土地承包经营权无确权证书的原因主要有两个方面，一是现在城镇化进程及城中村改造，土地越来越少，人口流动比较大，集体经济组织成员变动也比较大，不便于土地调整；二是管理不规范。房屋没有确权证书的原因主要有：一是随着农民生活水平的提高，房屋改造现象比较普遍；二是私搭乱建现象比较普遍，房屋所利用的土地就不是通过规划取得的宅基地。

5. 农村的土地承包经营权可以私自转包吗？在当地，转包一般是有偿还是无偿的？

答：可以，有偿。一般都会觉得转包他人土地，从中会有收益，应该给一定的补偿。除非转包人明确不要补偿的。

6. 您认为农村土地征收补偿的标准应如何确定？补偿的重点是村民还是村集体？

答：在国家政策标准的范围内予以补偿，补偿的重点是村民。因为征收的土地都是经过政府与村集体组织协商确定的，国家给的有一定的标准，不可能超出标准给以补偿。但补偿的重点应该是村民，因为土地是农民的命根子，土地征收使大部分农民丧失了生活的主要来源。

7. 在农村，如果拾得遗失物，一般如何处理？如归还失主，有权利向失主要求支付一定的金额报酬吗？请说明理由。

答：一般都不会交公，主要原因有：（1）不知道交到什么地方。（2）存在"我拾到的就是我的"心理。如归还失主，说明拾得人素质比较高，既然有意识要归还失主，就没有想到要报酬、图回报。

8. 在农村，如果村民帮助邻居收割庄稼或盖房，一般是无偿还是有偿的？

如果不小心受伤的话，损失由谁承担？

答：无偿，农民虽然文化水平不高，但是一般都有"远亲不如近邻"相互帮助的心理。不小心受伤的话，损失应由双方共同负担。

9. 在农村实际继承中，儿子和女儿享有的的继承份额平等吗？还是女儿无继承的份额？老人的遗产是一方去世后开始继承还是待双方都去世后才开始继承？按继承法规定，没有法定继承人的，遗产是否都收归国家所有？

答：不平等，一般农村都有"嫁出的姑娘泼出去的水"这种观念，女儿大部分都没有继承的份额。老人在男女双方都在世的情况下一般都不和子女过，一旦一方过世，另一方都会和子女一起生活，相互会有个照应，但是都会分家，将老人的家产由子女继承。遗产并没有收归国家所有，都由对老人照顾比较多的人取得。

10. 在农村，一般认为婚约是否必须要遵守？如果未能结婚，男方向女方交付的彩礼是否应当退还？请说明理由。

答：一般都认为婚约应该遵守，如果未能结婚，彩礼应返还。理由：(1) 结婚的目的未达到；(2) 现在一般彩礼比较多，会造成男方家庭困难。

11. 当地农村是否建立有统一的公共墓地？如无，一般使用什么类型的土地进行埋葬？请介绍当地的实际情况和做法。

答：没有，一般都用耕地。我们所在的地方地势比较平坦，耕地比较多，大部分人家都有自己的老祖坟，一般一个大家族会有自己的老祖坟，这个家族里边死亡的人都会埋葬在一片地里，占着别人的地一般给人一点补偿就行了。

个人访谈记录（六）

访谈时间：<u>2012</u> 年 <u>8</u> 月 <u>7</u> 日

调研对象：（姓名：<u>张某某</u>　性别：<u>男</u>　民族：<u>汉</u>　年龄：<u>26</u>）

访谈对象单位：河南省通许县人民法院

1. 在农村，村民买卖房子，一般采取什么方式进行？为什么？

答：一般就是连房带地一块儿卖，多数签订有简单的协议。农村百姓不太懂法律怎么规定，有人买有人卖再有个简单的凭证就买卖了。

2. 当地农村的宅基地私下交易买卖的情况普遍吗？如果买卖，如何保护交易的履行？出现的违约纠纷一般通过什么方式解决？

答：私下交易挺普遍，县城边的倒有些会通过中介买卖。一般双方会签订协议或合同书，签字摁手印，有的还有见证人。出现纠纷一般会诉讼。

3. 您认为村民之间的纠纷应通过什么途径解决更切合实际？请说明理由。

答：村民之间的纠纷最好由村委村干部或与双方均有关系的中间人调和，这样更利于化解深层矛盾，不致纠纷解决了但矛盾还在。

4. 当地农村的土地承包经营权、宅基地和房屋都办理有确权证书吗？未办证是什么原因造成的？

答：只有宅基地办有证书。土地分给谁耕种就是谁的，从没办过证。房屋盖就盖了，房管局没强制办理过房产证，农村谁也不会主动去办证。

5. 农村的土地承包经营权可以私自转包吗？在当地，转包一般是有偿还是无偿的？

答：可以私自转包。在这当地，转包几乎都是有偿的，支付承包费或者按季给付粮食。

6. 您认为农村土地征收补偿的标准应如何确定？补偿的重点是村民还是村集体？

答：我认为应按农村年人均纯收入和剩余承包期限综合确定。补偿重点是农民，现在的农村集体利民兴民功能发挥的非常有限，主要目的是求稳。

7. 在农村，如果拾得遗失物，一般如何处理？如归还失主，有权利向失主要求支付一定的金额报酬吗？请说明理由。

答：一般就自己留着了。农村法律意识淡薄，不会主动上交。如归还失主，多数是不会要求支付酬金的。失主一般会主动感谢的，口头的居多。但两家的关系拉近了。

8. 在农村，如果村民帮助邻居收割庄稼或盖房，一般是无偿还是有偿的？如果不小心受伤的话，损失由谁承担？

答：一般无偿。如果受伤，主家会承担多数损失。双方应都是道义上的行为。

9. 在农村实际继承中，儿子和女儿享有的的继承份额平等吗？还是女儿无继承的份额？老人的遗产是一方去世后开始继承还是待双方都去世后才开始继承？按继承法规定，没有法定继承人的，遗产是否都收归国家所有？

答：一般嫁出去的女儿不参与继承，或者儿女之间协商，但有子女中一人强势多占份额的个例。老人的遗产都是待双方都去世后才开始继承。没有法定继承人的，没有收归国有，一般是亲属中谁送葬谁继承。

10. 在农村，一般认为婚约是否必须要遵守？如果未能结婚，男方向女方交付的彩礼是否应当退还？请说明理由。

答：在农村，并不是必须要遵守婚约，一般的观念是若男方提出解约或分手，则一分不退；若女方提出，则一分不少。但实际情况，哪边提出解约，都会退，只是双方纠葛退多退少的问题。见面礼、端茶钱一般不会退，但大礼应当退还。现在农村彩礼很重，不退对男方损失太大。

11. 当地农村是否建立有统一的公共墓地？如无，一般使用什么类型的土地进行埋葬？请介绍当地的实际情况和做法。

答：这边的农村一般都是在村子边的集体土地上有一块墓地，多数是上辈留传下来的。一般是在留存的未分包的集体土地上进行埋葬。

12. 你在办案过程中，除了上述问题，当地农村还存在哪些民事习惯需要将来制定民法典时考虑吸收和立法规制？如有，请谈谈自己的看法。

答：前几日，一位老太太来法庭要起诉自己的大儿子要求其退还自己承包的责任田用来盖房子。老太太老伴已故，有三个儿子两个女儿，大儿子早前在外地回村后未分上地，以单独赡养老太太为条件占有老太太宅基地和责任田，后由于某些原因开始冷漠对待甚至虐待老太太，将其赶出家，并霸占责任田。老太太不愿给其余子女添麻烦，以致无家可归。经村委、乡里社会法庭多次调解均无果，派出所亦来回推诿。现若起诉要求退还责任田，庭长则要求提供土地承包经营权证，实际上根本从未颁发过土地承包证，涉及土地的起诉法庭从不受理。若起诉要求赡养，则又要求将所有子女均列为被告，而老太太称其余子女均有难处又不愿全部起诉，且有三个子女在外地，即使起诉也不会来应诉。不知道怎样才能帮助老太太。

个人访谈记录（七）

访谈时间：<u>2012</u> 年 <u>8</u> 月 <u>9</u> 日
调研对象：（姓名：<u>陈某某</u>　性别：<u>男</u>　民族：<u>汉族</u>　年龄：<u>47 岁</u>）
访谈对象单位：河南省偃师市庞村乡东庞村

1. 在农村，村民买卖房子，一般采取什么方式进行？为什么？

答：一般买卖双方直接交易，签订一份简单的买卖协议。

因为农村房屋一般没有产权证，不需要到房屋管理部门进行变更登记。

2. 当地农村的宅基地私下交易买卖的情况普遍吗？如果买卖，如何保护交易的履行？出现的违约纠纷一般通过什么方式解决？

答：不能说宅基地私下交易买卖普遍，但情况还是比较多的。

这样的买卖，一般会有中间人，也会签订一份简单的买卖协议，通过中间人的从中说和来保障交易的履行。

如果一旦出现一方违约，首先是私下里协商，中间人从中调解，由此通过诉讼程序解决的非常少。

3. 您认为村民之间的纠纷应通过什么途径解决更切合实际？请说明理由。

答：村民之间的纠纷通过村民委员会调解比较切合实际。

因为现在农村村民们形成普遍意识有事先找村干部，村民委员会也比较负责，农村现在缺少比较有威望的族长一类的人出来主持调解纠纷，通过诉讼解决纠纷比较麻烦。

4. 当地农村的土地承包经营权、宅基地和房屋都办理有确权证书吗？未办证是什么原因造成的？

答：土地承包经营权没有确权证书，房屋除部分集镇上的以外一般都没有确权证书。宅基地一般都有"宅基地使用证"，但现在有很大一部分没有办理使用证。

现在当地还没有全面推行土地承包经营权和房屋确权证书，村民们也没有意识主动去办。宅基地使用证一直都有，村民们也都有意识去办证，只是近些年，为控制农村耕地减少，不再批准新的宅基地，但农村不办证乱占耕地建房的情况比较多。

5. 农村的土地承包经营权可以私自转包吗？在当地，转包一般是有偿还是无偿的？

答：土地承包经营权私自转包在当地农村非常普遍，一般也没人干涉。

土地转包一般是有偿的，也有部分是无偿的。因为很多人到外面打工，嫌回家种地太麻烦，收入也不高，与其让土地撂荒不如让别人种。

6. 您认为农村土地征收补偿的标准应如何确定？补偿的重点是村民还是村集体？

答：土地征收补偿标准应该根据土地征收后的收益情况来确定，补偿的重点是村民，因为集体资产可能会被侵吞，集体资产流失村民利益会受损。

7. 在农村，如果拾得遗失物，一般如何处理？如归还失主，有权利向失主要求支付一定的金额报酬吗？请说明理由。

答：在当地农村拾得遗失物，如果没人来找，一般都由拾得人占有，农村一是没有处理拾得遗失物的部门，二是老百姓也不知道交给谁。

如果拾得遗失物归还失主，拾得人没有权利要求失主支付一定的报酬，遗失物本来就不是拾得人的，拾得人有义务将遗失物归还失主。但若失主发出悬赏广告，说归还遗失物给予一定的报酬，拾得人有权利向失主要求按悬赏广告支付报酬，因为双方已经形成了合同关系。

8. 在农村，如果村民帮助邻居收割庄稼或盖房，一般是无偿还是有偿的？如果不小心受伤的话，损失由谁承担？

答：在当地农村，村民帮助邻居收割庄稼或盖房，一般是无偿的。

如果不小心受伤，损失应该有被帮助人承担，因为帮助人是无偿的，被帮助人获得了实际收益。

9. 在农村实际继承中，儿子和女儿享有的的继承份额平等吗？还是女儿无继承的份额？老人的遗产是一方去世后开始继承还是待双方都去世后才开始继承？按继承法规定，没有法定继承人的，遗产是否都收归国家所有？

答：在当地农村，儿子和女儿享有的继承份额不平等，一般情况出嫁女是无继承份额的。

老人遗产一般在双方都去世才开始继承，也有些情况是在老人还在世时将大部分财产分给子女，自己只留够满足基本生活的财产。

没有法定继承人的，遗产一般会归操办后事的近亲属所有，因为对没有法定继承人的人去世后，其后事一般由近亲属中的一人来操办。

10. 在农村，一般认为婚约是否必须要遵守？如果未能结婚，男方向女方交付的彩礼是否应当退还？请说明理由。

答：在当地农村，婚约并没有特别强的约束力。如果未能结婚，若是女方首先提出退婚，女方会把全部或大部分彩礼退还给男方；若是男方首先提出退婚，女方会少退或不退彩礼。

因为女方提出退婚，从情理上讲心里觉得理亏，再者不想有不必要的麻烦；男方提出退婚，从心理上会觉得理亏，不好意思要求女方全部退回彩礼，女方也会认为男方自己要退婚的，不退或少退彩礼是理所当然的。

11. 当地农村是否建立有统一的公共墓地？如无，一般使用什么类型的土地进行埋葬？请介绍当地的实际情况和做法。

答：当地农村基本上没有统一的公共墓地，前几年大力推行火葬时规划有墓地，但后来就不了了之了。埋葬占用地一般是集体土地。当地农村土葬还很普遍，占用的如果是耕地，会通过调换耕地或经济补偿的方式从承包人处取得土地。

前些年大力推行火葬，但效果不佳，且老百姓抵触很厉害。因为一是传统问题，二是实行火葬并没有减轻农民的负担，反而加重了农民的负担，尸体火化后仍按原有风俗安葬。

个人访谈记录（八）

访谈时间：<u>2012 年 8 月 7 日</u>

调研对象：(姓名：<u>王某某</u>　性别：<u>男</u>　民族：<u>汉</u>　年龄：<u>42</u>)

访谈对象单位：<u>河南省通许县练城乡赵楼村</u>

1. 在农村，村民买卖房子，一般采取什么方式进行？为什么？

答：双方签订契约，一般会有见证人签名。

2. 当地农村的宅基地私下交易买卖的情况普遍吗？如果买卖，如何保护交易的履行？出现的违约纠纷一般通过什么方式解决？

答：宅基地私下买卖并不普遍。买卖履行主要靠合同约束。出现违约一般私下找人说和调解，矛盾较大者会闹至法院，甚至出现暴力犯罪事件。

3. 您认为村民之间的纠纷应通过什么途径解决更切合实际？请说明理由。

答：以私下调解为宜。民间习惯、风俗往往更具有约束力。经法院处理，也是应以调解为主。一份生硬的判决书并不能真正解决问题。

4. 当地农村的土地承包经营权、宅基地和房屋都办理有确权证书吗？未办证是什么原因造成的？

答：土地承包经营权证书很普遍，也有很多承包户没有承包证，仅在村委有底册。原因有：村委填报不负责，随意填写，甚至发放空白证有村民自己填。有的干脆不发放承包证。

宅基地和房屋都没有确权证书。现状一直如此。

5. 农村的土地承包经营权可以私自转包吗？在当地，转包一般是有偿还是无偿的？

答：私自转包普遍存在，转包大多为有偿。以每亩100元至1000元不等，或支付相应的粮食。

6. 您认为农村土地征收补偿的标准应如何确定？补偿的重点是村民还是村集体？

答：农村土地征收补偿标准应以当地农民平均收入数额确定。补偿的重点应是村民，如果村集体确实能使补偿款保值并盈利，如有详细、科学的办实业计划或者在实施中，经大部村民同意可以向集体倾斜。

7. 在农村，如果拾得遗失物，一般如何处理？如归还失主，有权利向失主要求支付一定的金额报酬吗？请说明理由。

答：对一般物品，捡获者会予以保管并在知道失主后予以返还，并不会请求报酬。贵重物品会上交至派出所等组织，也不会请求报酬。原因大概是乡约民俗。

8. 在农村，如果村民帮助邻居收割庄稼或盖房，一般是无偿还是有偿的？如果不小心受伤的话，损失由谁承担？

答：一般是无偿。如果不小心受伤，损失一般由受帮助的邻居承担。如果数额过大，会出现矛盾，受帮助的的邻居不会全部承担，双方适当分摊。

9. 在农村实际继承中，儿子和女儿享有的继承份额平等吗？还是女儿无继承的份额？老人的遗产是一方去世后开始继承还是待双方都去世后才开始继承？按继承法规定，没有法定继承人的，遗产是否都收归国家所有？

答：农村实际继承中，儿子和女儿享有的的继承份额不会平等，一般是女儿无继承份额。老人的遗产往往在一方去世后就开始继承。在农村没有法定继承人的，遗产并不会就收归国家所有，而是由他人或集体占用。

10. 在农村，一般认为婚约是否必须要遵守？如果未能结婚，男方向女方交付的彩礼是否应当退还？请说明理由。

答：一般认为婚约应予遵守。如果未能结婚，男方向女方交付的彩礼是否应当退还，应看是谁提出的退婚，男方提出的往往会少要甚至不要，女方提出的应予退还。法院的判决也会影响退还彩礼问题。

婚约彩礼纠纷很普遍，或许有三分之一诉至法院，法院会根据情况酌定退还。以致即使是男方提出的，为了多得到退还，也会诉至法院。

11. 当地农村是否建立有统一的公共墓地？如无，一般使用什么类型的土地进行埋葬？请介绍当地的实际情况和做法。

答：没有统一的公共墓地。很奇怪，推行火葬后，地里的坟头并不会减少。进行埋葬的土地，一般有风水先生选定，多为普通的耕地。我认为应建立统一的墓地，以乡为单位即可。

个人访谈记录（九）

访谈时间：<u>2012</u>年<u>8</u>月<u>9</u>日

调研对象：（姓名：<u>任某某</u>　性别：<u>女</u>　民族：<u>汉</u>　年龄：<u>29</u>）

访谈对象单位：河南省灵宝市人民法院

1. 在农村，村民买卖房子，一般采取什么方式进行？为什么？

答：采用协商买卖的方式，因为没有有关部门对农村的房屋买卖进行管理，村民自行协商好就行了，也不需要办理什么手续。

2. 当地农村的宅基地私下交易买卖的情况普遍吗？如果买卖，如何保护交易的履行？出现的违约纠纷一般通过什么方式解决？

答：据我了解这种情况不是很普遍，如果买卖，大部分都是口头说好就行，最多就是找中间人写个书面协议，基本上很少出现违约的纠纷，如果出现了一般也找中间人或者村干部解决，大部分宅基地纠纷往往是因为历史原因或者登记部门发证登记有问题造成的。

3. 您认为村民之间的纠纷应通过什么途径解决更切合实际？请说明理由。

答：我认为村民之间的纠纷应当通过村里的干部组织解决更切合实际，因为村里的干部毕竟对双方之间的实际情况比较了解，而且村民们对他们也相对的比较信任，尤其是对村里比较有威望的老干部。但是现在村里的干部参差不齐，而且都是同村村民，难免有远近亲疏，也会导致村民不愿意找村干部处理，要求通过打官司争一口气，但是一旦走上法庭，就牵扯到面子问题，所以很难调和，因为在农村人眼里，谁把谁告了是非常不得了的事情，对当被告抵触情绪很大，导致场面不好控制，事情不好调和。

4. 当地农村的土地承包经营权、宅基地和房屋都办理有确权证书吗？未办证是什么原因造成的？

答：现在农村的土地承包经营权只有一小部分有土地使用证书，而且是很久以前的，土地证书上登记的土地已经与实际情况不符。宅基地有的有证，有的没证，房屋都没有证，一般证明房屋所有权的也就是宅基地证。

5. 农村的土地承包经营权可以私自转包吗？在当地，转包一般是有偿还是无偿的？

答：可以私自转包的，尤其是外出打工的比较多，在当地转包有的是有偿的，有的是让自己的亲戚干，是无偿的。

6. 您认为农村土地征收补偿的标准应如何确定？补偿的重点是村民还是村集体？

答：农村土地征收补偿的标准应当结合村民的家庭人口、收入以及以后对土地的依赖程度确定，因为现在农村土地紧缺，土地被征用后一次性虽然得到一笔补偿，但是往往没有多余的土地再分配给他们，有一部分人利用这部分补偿款可以做生意，也有的添给儿女买房，但对于对农业有依赖性的老一辈人来说，往往会出现家庭矛盾、赡养问题等。

另外补偿的重点应该是村民，但是现实中往往是把补偿款给村或组集体，然后由村或集体在发给村民，但是这部分款村民往往很久都不能拿到手，而且集体一般都要把一部分补偿款扣下了，分到村民手里的就不是很多了，也容易引起群体性上访事件。

7. 在农村，如果拾得遗失物，一般如何处理？如归还失主，有权利向失主要求支付一定的金额报酬吗？请说明理由。

答：在农村如果拾得遗失物，一般都是拿回自己家，基本上没有归还失主的，但如果是贵重的东西或者大笔现金，也有村民在失主经过打听得知后找上门来，可能愿意退回，至于支付不支付报酬，全看失主，失主一般会带礼物，但是支付报酬不好说。

8. 在农村，如果村民帮助邻居收割庄稼或盖房，一般是无偿还是有偿的？如果不小心受伤的话，损失由谁承担？

答：现在很少有像以前一样同村村民或者邻居帮忙收割庄稼或者帮忙盖房的，以前都是无偿的，但是现在如果要收割庄稼都雇佣的是收割机收割，如果是摘金针、香菇、苹果、桃、梨等，都是雇人给工钱，一般都是有偿的。

建房基本上都是将工程承包给没有资质的工队，如果不小心受伤的话，受害人一般会找包工头，但如果包工头和房主都不愿意出面支付的话，有当事人起诉房主和包工头要求共同赔偿损失的。

9. 在农村实际继承中，儿子和女儿享有的的继承份额平等吗？还是女儿无继承的份额？老人的遗产是一方去世后开始继承还是待双方都去世后才开始继承？按继承法规定，没有法定继承人的，遗产是否都收归国家所有？

答：在农村很少发生继承的纠纷，有的话也是兄弟比较多，为了老宅院发生纠纷，外嫁的女儿一般不参与。但是如果是牵扯到其他比如意外的赔偿款分割的话，无论是儿子和女儿都会来继承，尤其是引起诉讼的。

农村对父母的赡养问题，兄弟姐妹较多的，都是达成协议，谁养谁葬一般事先都是商量好的，谁赡养老人的东西就是谁的。

10. 在农村，一般认为婚约是否必须要遵守？如果未能结婚，男方向女方交付的彩礼是否应当退还？请说明理由。

答：现在在农村婚约不一定要遵守，现在的年轻人即使订婚后退婚的也很正常，按照以前的习俗，如果是男方不愿意了，支付女方的彩礼也就不应该要求女方退了，如果是女方不愿意了，彩礼是要退的。

但是现在因为订婚后起诉要求返还彩礼的案件逐年增加，引起的纠纷矛盾也比较突出，因为牵扯到法律规定与农村习俗的矛盾，处理起来十分棘手，而且现在年轻孩子订婚后，大部分都牵扯到订婚后已经同居的，这样要求返还彩礼就很难调解了，即使是订婚后没有同居的，因为牵扯了脸面和亲戚村人笑话等问题，男方要求退还彩礼女方也是不会同意的，起诉的话，如果能调解适当退还的，适当退还，不能调解的，判决适当返还，返还多少根据实际情况及彩礼的数额不等

11. 当地农村是否建立有统一的公共墓地？如无，一般使用什么类型的土地进行埋葬？请介绍当地的实际情况和做法。

答：没有建立统一的公共墓地，一般都是葬在自家地里或者集中的荒坡上。

个人访谈记录（十）

访谈时间：<u>2012</u> 年 <u>8</u> 月 <u>12</u> 日

调研对象：（姓名：<u>王某某</u>　性别：<u>男</u>　民族：<u>汉</u>　年龄：<u>52</u>）

访谈对象单位：陕西省户县白庙乡马村

1. 在农村，村民买卖房子，一般采取什么方式进行？为什么？

答：找村里有威望的人做中间人或见证人买卖双方签订转让合同。

因为是一种习俗。

2. 当地农村的宅基地私下交易买卖的情况普遍吗？如果买卖，如何保护交易的履行？出现的违约纠纷一般通过什么方式解决？

答：普遍。买卖后一般是中间人负责督促履行。出现违约一般也是先中间人调解，在村委调解，实在调不好才去法院。

3. 您认为村民之间的纠纷应通过什么途径解决更切合实际？请说明理由。

答：通过人民调解委员会或村民委员会调解更切合实际。

因为村民法律意识淡薄，主要还是靠熟人社会或亲戚关系相互约束。而且人民调解委员会和村民委员会对争议双方背景、个性等较为了解，一般人民调解委员会或村民委员会的组成人员在村里也是较有威望和诚信的人，他们的决定和说法较能为村民所接受。

4. 当地农村的土地承包经营权、宅基地和房屋都办理有确权证书吗？未办证是什么原因造成的？

答：办证的很少。

未办证是因为农民意识不到办理确权证书的重要性和必要性。

5. 农村的土地承包经营权可以私自转包吗？在当地，转包一般是有偿还是无偿的？

答：可以转包。

一般是有偿的。

6. 您认为农村土地征收补偿的标准应如何确定？补偿的重点是村民还是村集体？

答：平均亩产量乘以亩数乘以承包年限。

重点是村民。

7. 在农村，如果拾得遗失物，一般如何处理？如归还失主，有权利向失主要求支付一定的金额报酬吗？请说明理由。

答：实在点的人会自己询问别人是否丢失或交至村委会。有的直接归自己了。既然主动归还了，一般不会主动要求支付报酬的。

8. 在农村，如果村民帮助邻居收割庄稼或盖房，一般是无偿还是有偿的？如果不小心受伤的话，损失由谁承担？

答：收庄稼一般无偿。盖房有偿。

大部分损失由被帮的邻居承担。

9. 在农村实际继承中，儿子和女儿享有的的继承份额平等吗？还是女儿无继承的份额？老人的遗产是一方去世后开始继承还是待双方都去世后才开始继承？按继承法规定，没有法定继承人的，遗产是否都收归国家所有？

答：不平等。基本上女儿无份额。双方都去世时开始继承。

没有法定继承人的，遗产一般都没有收归国家所有。

10. 在农村，一般认为婚约是否必须要遵守？如果未能结婚，男方向女方交付的彩礼是否应当退还？请说明理由。

答：应当遵守。农村人依然遵循男女婚姻媒妁之言的习俗。

彩礼退还没有应当不应当。一般男方先提出分手的就不退，女方提出的退。

11. 当地农村是否建立有统一的公共墓地？如无，一般使用什么类型的土地进行埋葬？请介绍当地的实际情况和做法。

答：没有公共墓地。一般埋葬于自家承包地里。

个人访谈记录（十一）

调研时间：<u>2011</u> 年 <u>8</u> 月 <u>13</u> 日

调研对象（姓名：<u>刘某某</u>　性别：<u>男</u>　民族：<u>侗族</u>　年龄：<u>79</u>）

访谈对象单位：贵州省天柱县坌处乡三门塘村

1. 在农村，村民买卖房子，一般采取什么方式进行？

答：书面协议的方式进行，并请人证实。

2. 农村的宅基地可以私下交易买卖吗？如果可以，如何保护交易的履行？

答：宅基地可以卖给任何人，但首先要问问本村人是否购买，本村人不买则可以卖给外地人。卖方拟定卖契作为凭证，买房即可获得该宅基地。

3. 您认为村民之间的纠纷应通过什么途径解决更切合实际？

答：和解。由寨子里比较有威望的人进行调解。

4. 现在农村的土地承包经营权和宅基地都办理有确权证书吗？

答：都办有确权证书。

5. 农村的土地承包经营权可以私自转包吗？转包一般是有偿还是无偿的？

答：可以。转包给同村村民，由其自愿给予一定补偿。

6. 您认为农村土地征收补偿的标准应如何确定？补偿的重点是村民还是村集体？

答：应当长期发放，按照田地收获每年付给一定数量的金钱。重点补偿村民。

7. 在农村，如果拾得遗失物，一般如何处理？如归还失主，有权利向失主要求支付一定的金额报酬吗？

答：归还失主。不要酬金。

个人访谈记录（十二）

调研时间：<u>2011</u> 年 <u>8</u> 月 <u>17</u> 日

调研对象（姓名：<u>李某</u>　性别：<u>女</u>　民族：<u>汉族</u>　年龄：<u>40</u>）

访谈对象单位：云南省巍山县

1. 在农村，村民买卖房子，一般采取什么方式进行？

答：一般没有买卖房屋的情况。

2. 农村的宅基地可以私下交易买卖吗？如果可以，如何保护交易的履行？

答：宅基地不可以买卖。

3. 您认为村民之间的纠纷应通过什么途径解决更切合实际？

答：本民族内部发生纠纷，由本民族中威望较高者调解；民族间发生纠纷，先协商解决，解决不了，可以由政府（比如公安局派出所）干预。

4. 现在农村的土地承包经营权和宅基地都办理有确权证书吗？

答：土地承包经营权没有确权证书，林地有确权证书。

个人访谈记录（十三）

调研时间：<u>2011</u> 年 <u>8</u> 月 <u>13</u> 日

调研对象（姓名：<u>杨某某</u>　性别：<u>男</u>　民族：<u>侗族</u>　年龄：<u>54</u>）

访谈对象单位：贵州省天柱县垅处乡三门塘村

1. 我们这个村子的房屋一般以什么样的方式进行买卖的？

答：房屋旧的话就卖掉了，人口多的话，基本不卖。

2. 一般都卖给谁？

答：一般都卖给外地老板。

3. 要不要签合同？

答：要签。

4. 那一般以什么样的方式交付房屋？是登记么？

答：一般都是把东西搬一下，签合同就行了。不过，还是要到县里去办登记的。

5. 我们这里的宅基地可不可以转让？

答：是依法转让的。

6. 一般怎样保证转让的顺利进行呢？

答：签合同，有见证人在场。也是要办理登记这些手续的。

7. 我们这里村民之间的纠纷一般都怎么解决？

答：一般由村委会处理，按照我们当地的风俗习惯。村委会解决不了的，就到镇里去调解。再调解不成，就到县整治办。

8. 我们村承包地和宅基地有没有确权证书？

答：有。土地承包使用权证书和宅基地使用权证。

9. 村民承包的土地能不能转让？

答：这个要看情况。家里人都搬出村子的话，已经没人了，可以转包给别人，转包双方协商费用，有的是有偿的，有的是无偿的。如果出去打工的话，一般都是租给别人种。

10. 我们这里征收土地的问题一般都是怎么解决的？

答：有土地征收补偿的标准。

参考文献

一、著作类

[1] 前南京国民政府司法行政部编:《民事习惯调查报告录（上册）》，胡旭晟、夏新华、李交发点校，中国政法大学出版社 2005 年版。

[2] 跃进：《东方现代民族主义文学思潮发展论》，中国社会科学出版社 2011 年版。

[3] 中国社会科学院民族研究所：《斯大林论民族问题》，民族出版社 2000 年版。

[4] 李景铭：《民族理论与政策》，甘肃人民出版社 2008 年版。

[5] 伍雄武：《中华民族的形成与凝聚新论》，云南人民出版社 2000 年版。

[6] 何勤华：《西方法学史读本》，上海交通大学出版社 2010 年版。

[7] 文正邦：《法哲学研究》，中国人民大学出版社 2011 年版。

[8] 谢怀栻：《大陆法国家民法典研究》，中国法制出版社 2004 年版。

[9] 杨立新：《中国百年民法典汇编》，中国法制出版社 2011 年版。

[10] 张晋藩：《中国法律的传统与近代转型》，法律出版社 2009 年版。

[11] 梁启超：《梁启超法学文集》，中国政法大学出版社 2000 年版。

[12] 张丽、宋宏飞：《法律移植及本土化研究》，中国人民公安大学出版社 2010 年版。

[13] 吴经熊：《法律哲学研究》，会文堂新记书局 1937 年版。

[14] 梁凤荣：《中国传统民法理念与规范》，郑州大学出版社 2003 年版。

[15] 张晋藩：《中国法制史》，商务印书馆 2010 年版。

[16] 孔庆明、胡留元、孙季平：《中国民法史》，吉林人民出版社 1996 年版。

[17] 张文显：《法理学》，高等教育出版社 2003 年版。

[18] 李永军：《民法总论》，中国政法大学出版社 2008 年版。

[19] 龙卫球：《民法总论》，中国法制出版社 2001 年版。

[20] 邓正来：《中国法学向何处去》，商务印书馆 2006 年版。

[21] 巫昌祯：《婚姻与继承法学》，中国政法人学出版社 1997 年版。

[22] 史尚宽：《亲属法论》，中国政法大学出版社 2000 年版。

[23] 高凤仙：《亲属法理论与实务》，台湾五南图书出版公司 2007 年版。

[24] 张澎军、张慧君：《马克思主义哲学原理》，高等教育出版社 2003 年版。

[25] 张文显：《法理学》，高等教育出版社、北京大学出版社，2003 年版。

[26] 王泽鉴：《债法原理》，中国政法大学出版社 2001 年版。

[27] 陈苇：《外国婚姻家庭法比较研究》，群众出版社 2006 年版。

[28] 戴东雄：《亲属法实例解说》，台湾顺清文化事业有限公司 2000 年版。

[29] 陈小君主编：《合同法学》，高等教育出版社 2003 年版。

[30] 朱采真：《现代法学通论》，世界书局 1931 年版。

[31] 王新宇：《民国时期婚姻法近代化研究》，中国法制出版社 2006 年版。

[32] 陈苇：《婚姻家庭继承法学》，法律出版社 2002 年版。

[33] 黄文艺：《中国法律发展的法哲学反思》，法律出版社 2010 年版。

[34] 王洪：《从身份到契约》，法律出版社 2009 年版。

[35] 费孝通：《乡土中国——生育制度》，北京大学出版社 1998 年版。

[36] 巫昌祯：《婚姻与家庭法学》，中国政法大学出版社 1999 年版。

[37] 史尚宽：《亲属法论》，北京：中国政法大学出版社 2000 年版。

[38] 张文显：《法理学》，高等教育出版、北京大学出版社 2003 年版。

[39] 彭万林：《民法学》，中国政法大学出版社 1994 年版。

[40] 杨立新：《人身权法论》，中国检察出版社 1996 年版。

[41] 刘引玲：《配偶权问题研究》，中国检察出版社 2001 年版。

[42] 叶英萍：《婚姻法学新探》，法律出版社 2004 年版。

[43] 巫昌祯：《婚姻法执行状况调查》，中央文献出版社 2004 年版。

[44] 孔祥瑞、李黎：《民法典亲属编立法若干问题研究》，中国法制出版社 2005 年版。

[45] 高其才：《当代中国婚姻家庭习惯法》，法律出版社 2012 年版。

[46] 王利明：《我国民法典重大疑难问题研究》，法律出版社 2006 年版。

[47] 史尚宽：《亲属法论》，中国政法大学出版社 2000 年版。

[48] 陈苇：《外国继承法比较与中国民法典继承编制定研究》，北京大学出版社 2011 年版。

[49] 陈苇:《当代中国民众继承习惯调查实证研究》,群众出版社 2008 年版。

[50] 耿淡如:《十九世纪的历史学与历史学家》,商务印书馆 1989 年版。

[51] 刘素萍:《继承法》,中国人民大学出版社 1988 年版。

[52] 郭明瑞、房绍坤:《继承法》,法律出版社 1996 年版。

[53] 史浩明:《中国民事法律制度继承与创新》,人民法院出版社 2006 年版。

[54] 张玉敏:《继承法律制度研究》,法律出版社 1999 年版。

[55] 程维荣:《中国继承制度史》,东方出版中心 2006 年版。

[56] 史尚宽:《继承法论》,中国政法大学出版社 2000 年版。

[57] 梁治平:《乡土社会的秩序、公正与权威》,中国政法大学出版社 1997 年版。

[58] 苏力:《法治及其本土资源》,中国政法大学出版社 1996 年版。

[59]《马克思恩格斯全集》(第 4 卷),中央编译局译,人民出版社 1995 年版。

[60] 冯心明:《港澳民法概论》,经济科学出版社 2007 年版。

[61] 冯卓慧:《汉代民事经济法律制度研究:汉简及文献所见》,商务印书馆 2014 年版。

[62] 冯卓慧:《唐代民事法律制度研究:帛书、敦煌文献及律令所见》,商务印书馆 2014 年版。

[63] 傅荣:《私法复兴:俄罗斯新民法典研究》,吉林人民出版社 2003 年版。

[64] 高鸿钧:《伊斯兰法:传统与现代化(修订版)》,清华大学出版社 2004 年版。

[65] 何勤华、李秀清、陈颐:《新中国民法典草案总览》(上卷、中卷、下卷),法律出版社 2003 年版。

[66] 何勤华、魏琼、荆月新等:《法律移植论》,北京大学出版社 2008 年版。

[67] 胡旭晟:《解释性的法史学:以中国传统法律文化的研究为侧重点》,中国政法大学出版社 2005 年版。

[68] 李丽辉:《法律与民族性——日本法律近代化何为可能》,法律出版社 2012 年版。

[69] 李丽辉:《明治宪法的生长:日本法律转型中的精神因素考察》,中国民主法制出版社 2013 年版。

[70] 李秀清、何勤华:《外国法与中国法:20 世纪中国移植外国法反思》,中国政法大学出版社 2003 年版。

[71] 李志敏:《中国古代民法》,法律出版社1988年版。

[72] 吕丽、潘宇、张姗姗:《中国传统法律制度与文化专论》,华中科技大学出版社2013年版。

[73] 苗鸣宇:《民事习惯与民法典的互动:近代民事习惯调查研究》,中国人民公安大学出版社2008年版。

[74] 石佳友:《民法法典化的方法论问题研究》,法律出版社2007年版。

[75] 施沛生:《中国民事习惯大全》,上海书店出版社2002年版。

[76] 王成礼:《法治的均衡分析》,山东人民出版社2008年版。

[77] 王泰升:《台湾法的断裂与连续》,台湾元照出版公司2002年版。

[78] 易清:《新中国民法法典化历程考论》,知识产权出版社2010年版。

[79] 张晋藩:《中华法制文明的演进》,中国政法大学出版社1999年版。

[80] 赵晓耕:《新中国民法典起草历程回顾》,法律出版社2011年版。

[81] 朱晓喆:《近代欧陆民法思想史——十六至十九世纪》,清华大学出版社2010年版。

[82] [美] 哈罗德·J.伯尔曼:《法律与宗教》,梁治平译,中国政法大学出版社2003年版。

[83] [美] 博登海默:《法理学:法律哲学与法律方法》,邓正来译,中国政法大学出版社2004年版。

[84] [德] K.茨威格特、H.克茨:《比较法总论》,潘汉典等译,法律出版社2003年版。

[85] [法]C.L.孟德斯鸠:《论法的精神》,彭盛译,当代世界出版社2008年版。

[86] [美] 格伦顿、戈登、奥萨魁:《比较法律传统》,米健、贺卫方、高鸿钧译,中国政法大学出版社1993年版。

[87] [古希腊] 亚里士多德:《政治学》,吴寿彭译,商务印书馆2009年版。

[88] [意] 桑德罗·斯奇巴尼选编:《婚姻、家庭和遗产继承》,费安玲译,中国政法大学出版社2001年版。

[89] [德] 弗里德里希·卡尔·冯·萨维尼:《论立法与法学的当代使命》,许章润译,中国法制出版社2001年版。

[90] [美]艾伦·沃森:《民法体系的演变与形成》,中国法制出版社2005年版。

[91] [日] 高见泽磨著:《现代中国的纠纷与法》,何勤华、李秀清、曲阳译,法律出版社2003年版。

[92][美]吉尔兹:《地方性知识:事实与法律的比较透视》,邓正来译,载梁治平主编《法律的文化解释》,生活·读书·新知三联书店1994年版。

[93][美]克利福德·吉尔兹:《地方性知识:阐释人类学论文集》,王海龙、张家瑄译,中央编译出版社2004年版。

[94][日]大木雅夫:《比较法》,范愉译,法律出版社1999年版。

[95][日]穗积陈重:《法典论》,樊树勋译,上海昌明公司1907年版。

[96][德]托马斯·莱赛尔:《法社会学导论》,高旭军等译,上海人民出版社2008年版。

[97][德]萨维尼:《当代罗马法体系Ⅰ》,朱虎译,中国法制出版社2010年版。

[98][德]托马斯·莱赛尔:《法社会学导论》,高旭军等译,上海人民出版社2008年版。

[99][德]威廉·冯·洪堡:《论人类语言结构的差异及其对人类精神发展的影响》,姚小平译,商务印书馆1997年版。

[100][德]克雷斯蒂安·冯·巴尔著:《欧洲比较侵权行为法》(上卷),张新宝译,法律出版社2004年版。

[101][德]克雷斯蒂安·冯·巴尔著:《欧洲比较侵权行为法》(下卷),焦美华译,张新宝审校,法律出版社2004年版。

[102][古希腊]亚里士多德著:《尼各马科伦理学》,田力苗译,中国社会科学出版社1992年版。

[103][德]马克斯·韦伯:《儒教与道教》,王容芬译,商务印书馆1995年版。

二、论文类

[1]麻昌华:《论法的民族性》,《广西民族研究》1993年第1期。

[2]张生:《中国"古代民法"三题》,《法学家》2007年第5期。

[3]李秀清:《中国移植苏联民法考》,《中国社会科学》2002年第5期。

[4]陈小君:《农村土地制度的物权法规范解析(下)——学习〈关于推进农村改革发展若干重大问题的决定〉后的思考》,《法商研究》2009年第1期。

[5]张新宝:《典权存废论》,《法学杂志》2005年第5期。

[6]柴荣:《中国古代先问亲邻制度考析》,《法学研究》2007年第4期。

[7] 刘厚琴:《宗法伦理与汉代家系继承制度》,《南都学坛》2007年第3期。

[8] 王崇敏、陈敖翔:《论民法典的民族品格》,《当代法学》2007年第1期。

[9] 杨立新:《中国侵权行为法的百年历史及其在新世纪的发展》,《国家检察官学院学报》2001年第1期。

[10] 孙季萍:《明清侵权行为的民事法律责任问题》,《烟台大学学报(哲学社会科学版)》1992年第2期。

[11] 苏力:《曾经的司法洞识》,《读书》2007年第4期。

[12] 崔吉子:《韩国传贳权立法对中国民法典的启示——兼谈法律移植过程中如何对待本土资源》,《华东政法大学学报》2009年第1期。

[13] 曾宪义:《论传统法的反思》,《法学家》2007年第5期。

[14] 杨立新:《百年中的中国民法华丽转身与曲折发展——中国民法一百年历史的回顾与展望》,《河南省政法管理干部学院学报》2011年第3期。

[15] 沈文朋:《农村承包经营户:从独立民商事主体到适当的有限责任》,《华南师范大学学报(社会科学版)》2012年第3期。

[16] 王利明、周友军:《民法典创制中的中国民法学》,《中国法学》2008年第1期。

[17] 张力:《公民、自然人,抑或其他——论俄罗斯民法文化中公民概念的价值取向》,《河北法学》2007年第3期。

[18] 李红润:《论我国未来民法典对法律行为内涵的继受》,《河南教育学院学报(哲学社会科学版)》2012年第5期。

[19] 蔡立东:《法人分类模式的立法选择》,《法律科学》2012年第1期。

[20] 崔拴林:《论我国私法人分类理念的缺陷与修正》,《法律科学》2011年第4期。

[21] 李友根:《论个体工商户制度的存与废》,《西北政法大学学报》2010年第4期。

[22] 童列春:《中国农地集体所有权的虚与实》,《农村经济》2011年第10期。

[23] 苟军年:《从法律移植视角看民间习惯与国家法关系之协调》,《西部法学评论》2012年第3期。

[24] 佟柔、王利明:《我国民法在经济体制改革中的发展与完善》,《中国法学》1985年第1期。

[25] 李建华、许中缘:《论民事习惯与我国民法典》,《河南省政法管理干部学院学报》2004年第2期。

[26] 魏振瀛:《侵犯人身权的民事责任》,《法学杂志》1988年第1期。

[27] 冀宗儒:《论赔礼道歉作为民事救济的局限性》,《人民司法》2005年第9期。

[28] 王洪平、房绍坤:《民事习惯的动态法典化》,《法制与社会发展》2007年第1期。

[29] 郑永福、李道永:《清末民初民间借贷中的民事习惯》,《江西财经大学学报》2012年第1期。

[30] 郑永福、李道永:《清末民初房产交易中民事习惯的历史考察》,《中州学刊》2010年第4期。

[31] 曹诗权:《中国婚姻家庭法的宏观定位》,《法商研究》,1999年第4期

[32] 韩松:《婚姻权及侵权责任初探》,《中南政法学院学报》1993年第3期。

[33] 王利明:《侵权责任法的中国特色》,《法学家》2010年第2期。

[34] 麻昌华:《遗产范围的界定及其立法模式选择》,《法学》2012年第8期。

[35] 杨立新:《对修正〈继承法〉十个问题的意见》,《法律适用》2012年第8期。

[36] 王银梅:《回族继承习惯法与国家继承法的冲突与调适》,《宁夏党校学报》2008年第5期。

[37] 麻昌华:《21世纪侵权行为法的革命》,《法商研究》2002年第6期。

[38] 麻昌华:《〈侵权责任法〉的解释论与立法论》,《法商研究》2002年第6期。

[39] 杜江涌:《论尊重习惯法原则在继承立法中的贯彻》,《内蒙古社会科学》（汉文版）2005年第1期。

[40] 孙季萍:《明清侵权行为的民事法律责任问题》,《烟台大学学报》（哲学社会科学版）1992年第2期。

[41] 蔡晓荣:《文本嬗递与"法意"薪传:中国近代侵权行为立法的一般脉络》,《政法论坛》2009年第6期。

[42] 陈涛、高在敏:《中国古代侵权法例论要》,《法学研究》1995年第2期。

[43] 范忠信:《"亲亲尊尊"与亲属相犯:中西刑法的暗合》,《法学研究》1997年第3期。

[44] 高立忠：《传承与超越：全球化背景下中国传统文化的走向》，《学习与探索》2002年第4期。

[45] 胡旭晟：《20世纪前期中国之民商事习惯调查及其意义》，《湘潭大学学报（哲学社会科学版）》1999年第2期。

[46] 黄道秀：《俄罗斯民事立法在向市场过渡时期的发展———E.A.苏哈诺夫教授访谈录》，《比较法研究》1994年第3.4期。

[47] 黄积虹：《论我国合同法中交易习惯的适用》，《云南大学学报法学版》2013年第4期。

[48] 黄进：《法律的统一化和民族性并行不悖》，《政治与法律》1995年第4期。

[49] 黄文艺：《法律与民族性格——一种法律研究范式的梳理与反思》，《法律科学》2010年第6期。

[50] 蒋军洲：《伊斯兰埃及民法典西化的成功与失败》，《河北法学》2008年第1期。

[51] 李素艳、刘万东：《中国传统文化的"天人合一"境域》，《学术交流》2004年第11期。

[52] 廖明：《试论法律的民族特性》，《中南民族学院学报》（哲学社会科学版）1992年第5期。

[53] 廖杨：《港澳法治社会中的民族问题》，《贵州民族研究》1999年第3期。

[54] 林鸿、方能藏、唐朝晖：《论民法典编纂中民族精神的构建》，《经济与社会发展》2004年第10期。

[55] 刘巍：《〈法国民法典〉与法兰西民族文化》，《华中理工大学学报》（社会科学版）1997年第2期。

[56] 马忠法：《从罗马法的影响看民法的世界性与民族性》，《中央政法管理干部学院学报》1997年第6期。

[57] 马作武：《传统法律文化的价值评价》，《学术研究》2003年第12期。

[58] 倪正茂：《当代中国法律体系及其发展模式探索》，《上海社会科学院学术季刊》2001年第1期。

[59] 钱弘道：《法律的经济分析工具》，《法学研究》，2004年第4期。

[60] 渠涛：《日本民法编纂及学说继受的历史回顾》，《环球法律评论》2001年秋季号。

[61] 任喜荣:《伦理刑法传统与刑法民族性》,《法制与社会发展》2002 年第 1 期。

[62] 申建平:《德国民法典的演进及其分析》,《学习与探索》2000 年第 6 期。

[63] 孙笑侠:《论市场经济社会法的民族化与社会化》,《杭州大学学报》1993 年第 4 期。

[64] 苏力:《变法,法治建设及本其土资源》,《中外法学》1995 年第 5 期。

[65] 宋海彬、蔡伟:《有关民族与"民族性法"的几点思考》,《宁夏社会科学》2012 年第 6 期。

[66] 温世扬、周珺:《〈物权法〉的中国特色与时代精神》,《江西社会科学》2007 年第 3 期。

[67] 吴治繁:《论民法典的民族性》,《法制与社会发展》2013 年第 5 期。

[68] 肖海鹰:《论中华传统文化的生命力》,《佳木斯大学社会科学学报》2014 年第 5 期。

[69] 谢耿亮:《法律移植、法律文化与法律发展——澳门法现状的批判》,《比较法研究》2009 年第 5 期。

[70] 许章润:《法律:民族精神与现代性》,《中外法学》2001 年第 5 期。

[71] 许中缘:《论民族主义与中国大陆民法典》,《华中法律评论》第 2 卷,华中科技大学出版社 2008 年版。

[72] 徐国栋:《认真地反思第四次民法典起草的组织方法》,《法律科学(西北政法大学学报)》2003 年第 5 期。

[73] 姚建宗:《法律传统论纲》,《吉林大学社会科学学报》2008 年第 5 期。

[74] 于语和、戚阳阳:《国家法与民间法互动之反思》,《山东大学学报(哲学社会科学版)》2005 年第 1 期。

[75] 岳纯之:《继承与创新:法国民法典解析》,《南开学报(哲学社会科学版)》2003 年第 1 期。

[76] 曾凡跃:《法理念的普遍性问题研究——超民族性的视角》,《现代法学》2003 年第 4 期。

[77] 曾祥耿:《中国传统文化凝聚力阐释》,《广东省社会主义学院学报》2014 年第 2 期。

[78] 张谷:《论中国民法的民族性》,《法学家》1995 年第 3 期。

[79] 张永辉、麻昌华:《民法总则民族性解读》,《贵州民族研究》2014 年

第 1 期。

[80] 赵万一:《中国民法典制定的应然与实然》,《中国政法大学学报》2013年第 1 期。

[81] 周叶中、银新力:《论法律的民族性与世界性》,《法学评论》1995年第 2 期。

[82] 王明锁:《中国民商法典编纂的重大疑难问题——附〈中华人民共和国民商法典"通则篇"草案建议稿〉》,《晋阳学刊》2016年第 3 期。

[83] 杨振山:《民法典制定中的几个重大问题》,《政法论坛》2003年第 1 期。

[84] 江平:《制定一部开放型的民法典》,《政法论坛》2003年第 1 期。

[85] 刘召成:《人格权主观权利地位的确立与立法选择》,《法学》2013年第 6 期。

[86] 哈斯巴根、麻昌华:《法的民族性与民法典的制定》,《贵州民族研究》2013年第 5 期。

后　记

　　民法作为一种国家制定或认可并以国家强制力保证其实施的行为规则，必须要与该共同体因长期共同生活所形成的相对稳定的风俗、习惯、道德规范等传统行为规则保持一定的契合度，法律所体现的精神、意志要与共同体在历史中日渐形成的共同心理、共同价值、共同意志等保持一致，即民法规范与制度要反映一个民族共同体的共同要素及其属性。《民法典》编纂的过程，实质上是一个民事法律资源选择、民法规范完善和体系化的过程。在这一过程中，如何对待广泛存在于民间社会的民事习惯等法律资源，即将哪些习惯规则上升为民事法律，习惯规则上升为民事法律规范的合理性何在等问题，都是在《民法典》编纂时必须要考量的重要问题。2010 年，由本人主持的课题《民法典编纂中的法律资源选择》获批国家哲学社会科学基金项目，本书是该项目研究的最终成果。

　　该项目的研究大致分为三个阶段：一是项目总体设计与实证调研阶段。这一阶段在本人的主持下，本着科学性与通俗性、历史性与现代性相结合的原则，对调查问卷和访谈提纲进行了精心设计，最终形成了两个包括物权、债权、侵权、婚姻、继承等有关方面的调研问卷，课题组分为 5 个调研小组分别于 2011 年和 2012 年奔赴豫、陕、冀、晋、鄂、徽、云、贵、粤九省进行走访调研与数据汇总分析，为项目的深入研究提供了真实的研究数据与资料。二是中期成果研究阶段。在这一阶段项目组成员在《法商研究》《法学》《法学评论》《贵州民族研究》《学习与实践》《河南师范大学学报（哲学社会科学版）》《现代经济探讨》等 CSSCI 来源期刊上发表了多篇相关学术论文，为最终成果的形成奠定了坚实基础。三是最终成果形成阶段。该阶段本人具体负责写作大纲的拟定与书稿的审定工作，课题组宋敏、苏艳英、曹昌伟、岳红强、张永辉、哈斯巴根、何国强、陈震、尚国萍等其他成员具体承担了调研走访、数据统计分析和书稿部分的撰写等工作。本书各部分撰稿人为：第一部分麻昌华、宋敏、尚国萍，第二部分宋敏、曹昌伟、苏艳英、陈震，第三部分岳红强、尚国萍，第四部分何国强，第五部分哈斯巴根,第六部分张永辉,第七部分苏艳英,第八部分曹昌伟,第九部分何国强,第十部分尚国萍,第十一部分岳红强。另外,中南财经政法大学法学院民商法学专业2010级、2011级硕士研究生罗朋、王琴、何抒然、裴辉、杜阳阳、黄洋洋等同学参加了实地调研和数据整理等工作。该项研究成果是我们整个研究团队共同思考和探讨的结晶,既凝含着我们辛勤的汗水,又凝结着我们共同的心愿。在中国民法典加快编纂工作进程之际,如果该成果的部分观点能够为民法典编纂工作增砖添瓦,将是对我们整个研究团队的最大回馈与肯认。

在整个研究和写作过程中,除了对第一手调研数据进行分析研究外,我们还引用和借鉴了一些专家、学者的论著和观点,得到了一些同行专家提出的宝贵意见与建议,在此,向他们表示衷心的感谢!由于受学识、能力、经验、经费等因素所限,调研的个别题目设计不尽合理,侧重点存在一些偏差,调研区域的代表性和调研总结的概括性难免有待进一步研究和论证,研究成果中如有疏漏、缺陷甚至错误之处,敬请各位专家、学者、读者不吝指正!

在本书即将付梓之际,衷心感谢各位专家、学者在项目研究中给予的指导、支持与帮助;感谢调研地域相关部门和基层组织以及每一位受访人士对问卷调查和访谈工作的大力协调与积极配合,你们的无私支持与热情参与使我们项目组成员备受感动和鼓舞,在此,再次表示深深的谢意和由衷的敬意!最后,感谢湖北人民出版社领导与责任编辑对本书出版的指导帮助与辛劳付出!

麻昌华

2019年6月于武汉